칭기즈칸의 매력과 마력

21세기 현대전과 기업경영에 주는 시사점

지은이 : 이상기
펴낸곳 : 계몽사
주소 : 서울 강남구 봉은사로55길 35
전화 : 02-542-3330
신고년월일 : 2020년1월29일
신고번호 : 제2020-000092호
ISBN : 979-11-6712-811-9(03800)

이 도서의국립중앙 도서관 출판시 도서목록CIP)은
서지정보유통지원시스템 홈페이지(http://seoji.nl.go.kr)와
국가자료 공동 목록 시스템http://www.nl.go.kr/kolisnet)에서
이용하실 수 있습니다. (CIP제어번호CIP2020018230)

디자인   최경일, 김경화
@이상기 2022
*책값은 뒤 표지에 있습니다

서평
〈추천의글〉
　*황 학수 전 헌정회 사무총장(전 국회의원)

서문
〈책을 펴내며〉
　*저자 이 상기

추천의 글

황학수 전 헌정회 사무총장(전 국회의원)

몽골 하면 가장 먼저 두 가지 이미지가 연상된다. 광활한 몽골 초원과 칭기즈칸이다. 800년 전 유라시아 대륙에 걸쳐 가장 넓은 땅을 차지하였던 몽골 제국! 칭기즈칸은 유교, 불교, 이슬람교, 기독교 문명권을 모두 통합하여 동서양 교류의 역사를 새롭게 태동시켰다.

우리에게는 몽골의 고려 침공에 따른 뼈아픈 역사와 더불어 고려와 몽골 왕실 간 결혼동맹이라는 특수한 인연도 있다. 당시 몽골 제국의 침입으로 고려는 막대한 공물과 공녀(貢女)를 원나라로 보내야 했지만, 한편으로는 결혼동맹 덕분에 제국의 부마국이 되기도 했다. 또한 결과적으로는 불심으로 외세를 물리치려는 발원을 모아 조성한 팔만대장경이 오늘날까지 전해져 무엇과도 바꿀 수 없는 나라의 보배이자 인류의 유산이 되었다. 또한 몽골반점이라는 유전적 유사성 외에도 외모, 언어구조까지 유사한 데다 서로가 주고받은 문화적 영향이 의복, 언어, 의례 등에 두루 남아있어 친근감을 느끼게 한다.

몽골은 우리에게 동병상련의 나라다. 근세사에서 주변 열강들로 인한 시련 속에서도 대한민국이나 몽골 모두 과거 찬란했던 역사적 전통을 꿋꿋하게 이어왔기 때문이다. 13세기에 맺었던 몽골과의 인연은 수백 년간 중단되었으나 역사는 한·몽 관계를 다시 맺어 주었다. 1988년 서울 올림픽은 북방외교의 결정적인 계기를 마련해 주었다. 우리에게 생소하기만 하던 사회주의 국가 중 가장 먼저 수교한 국가가 바로 몽골이었다. 고려와 몽골의 인연이 다시 맺어진 격이다.

몽골제국의 위대한 지도자 칭기즈칸에 대한 재조명이 몽골에서조차도 이때부터 제대로 이뤄지기 시작하였다. 1992년 이전까지 사회주의 체제에서 교육받은 세대는 학교에서 칭기즈칸에 대하여 전혀 배우지 못했다고 한다. 이를 반증하듯이 몽골 최고의 영웅으로 선전하였던 수흐바토르 광장이 민주화 이후 옛날 역사를 되찾으면서 명실상부한 영웅인 '칭기즈칸 광장'으로 이름을 바꿨다.

이때부터 몽골제국을 건설한 칭기즈칸의 역사적인 고증이 이뤄지고, 그의 리더십과 그가 추구했던 정신이 조명받기 시작했다. 대부분의 몽골인들은 칭기즈칸이 세계에서 가장 넓은 영토를 정복하여 몽골제국과 원나라 건국의 기초를 닦은 영웅 정도로 생각했다. 하지만 1995년 워싱턴포스트는 지난 1,000년 동안 인류사에 가장 큰 영향을 미친 인물로 칭기즈칸을 선정했다. 800년 전에 살았던 칭기즈칸이라는 위대한 인물이 현대적 의미에서 새롭게 주목받기 시작했다.

이 책을 쓴 이상기 회장은 나를 인생 후반전의 멘토로 여기는 후배인데, 몽골과는 각별한 이력과 경험을 갖춘 전문가다. 문무를 겸비한 군사외교관으로서 그는 두 차례의 몽골 근무를 통해 한·몽 관계 증진에 크게 기여했으며, 그러한 공로로 몽골 정부로부터 친선외교훈장을 받았다. 공직에서 물러난 뒤에는 국내 로펌의 몽골 대표직을 수행하면서 몽골 국립대학교 법학대학원에서 외상투자법을 연구하여 한국인으로는 최초로 몽골 법학박사 학위를 취득했다. 이를 바탕으로 박형준 국회 사무총장(현 부산시장)의 정책자문관 시절부터 몽골 유력 인사들과 끈끈한 인맥을 바탕으로 한·몽 경제협력 및 우호증진에 기여하고 있는 그는 자타가 공인하는 몽골통이다.

이런 그에게 칭기즈칸을 연구하게 된 배경과 이유를 물었더니 이렇게 설명했다. "칭기즈칸의 군사 전술과 전략은 시대를 뛰어넘어 현대전에도 그대로 적용될 정도로 결정적인 영향을 끼쳤고, 21세기 디지털 경영의 측면에서 기업가들에게도 많은 것을 시사하고 있기 때문입니다. 기업의 경영이든 군대의 전투든 결국 시장과 영토를 장악하는 근본 개념은 같기에 경제안보 개념에서 칭기즈칸의 전술·전략은 연구할 만한 가치가 있지요."

칭기즈칸은 여타 전쟁 영웅들과는 분명히 다른 인물이다. 소수 부족의 리더였던 그는 몽골 대제국 건설을 통해 진정 동서양 교류의 물꼬를 텄다. 시대를 뛰어넘는 만고불변의 진리와 원리를 꿰뚫었고 그대로 실천했기 때문이다. 그러기에 800년이 지난 현재까지도 기업경영과 군사사상에 영향력을 미치고 있는 것이다.

미국 하버드대 교수이며 소통 이론가인 폴 스톨츠는 인생의 역경에 부딪힐 때 성공한 사람의 유형을 제시했다. '역경'이라는 산을 만나면 모든 힘을 다해 정복해버리는 클라이머(Climber)형 만이 성공할 수 있다고 스톨츠 교수는 역설했다. 이런 관점에서 나는 칭기즈칸의 가장 큰 성공 비결은 '혼자서 역경을 넘어가려 하지 않았다'는 점이다. 그는 먼저 '역경을 같이 넘어가려는 사람'을 배양했고 '역경을 같이하려는 캠퍼들'과 함께 꿈과 비전을 공유했다. 그는 야성과 지성을 겸비하였기 때문에 강약 조절과 선후 완급을 명쾌하게 분별하는 지혜로운 판단력을 가졌다.

〈칭기즈칸의 매력과 마력〉은 갖은 난관을 극복하고 클리이머(등반가)의 자세로 몽골 초원을 통일하고, 주변국으로부터 시작해 원거리로 외적 영역을 확대한 과정과 함께 그의 다양한 리더십과 그가 후세에 남긴 유산이 무엇인지 상세히 다루고 있다. 누가, 언제, 어디서 무엇을 이룩했는지의 역사적인 스토리보다는 왜, 무엇을, 어떻게 했는지에 대한 설명에 더 초점을 맞춘 책이라고 추천하고 싶다. 특히 칭기즈칸의 성공 요인을 면밀히 분석해 놓았는데, 다양한 영역에서 이 성공 요인들을 적용시켜 발전시켜 나가는 데 많은 도움이 될 것으로 여겨진다.

다시 신냉전 시대와 대전환 시대가 도래하고 있다. 초격차 기술의 패권경쟁 시대로 돌입하고 있다. 치열한 생존경쟁의 파고를 넘어야 할 시점이다. 결국 선택과 집중을 통해서 국가 경쟁력과 자구적인 국가 방위력을 강화해야 한다. 작지만 강한 국가를 건설해야 한다. 글로벌 연대 구축을 통해 파트너십을 확대해야 한다.

이 모든 것은 칭기즈칸이 정복사업을 위해 평생 추구하려던 전략개념이었다. 이른바 창조성, 혁신성, 신속성, 유연성, 연결성의 추구였다. 안보는 경제를 뒷받침하고, 경제는 자유와 번영을 위한 필수 조건이다. 칭기즈칸의 포괄적인 전술·전략은 경제안보 시대에 사는 우리에게 절대적으로 필요한 사고라고 생각한다.

2022년 올해로 벌써 한·몽 수교 32주년이 되었다. 2021년 양국은 '전략적 동반자 관계'로 외교관계를 격상시켰다. 몽골은 자원 부국으로, 한국은 수출 강국으로 상호 시너지 효과 창출의 여지가 많다. 격상한 개념에 걸맞게 한·몽 관계가 양국의 미래를 더 멀리 내다보고 더 넓고 더 깊게 전개되기를 기대한다.

'시작이 반이다'라는 속담이 있다. 새로운 것에 항상 도전하고 노력하는 필자의 자세를 격려하고 싶다. 이번 저서 출간을 계기로 칭기즈칸에 대한 더욱 깊이 있는 연구와 함께 한·몽 관계 발전에도 많은 기여가 있기를 기대하고 응원한다.

황학수 전 헌정회 사무총장(전 국회의원)

책을 펴내며

칭기즈칸의 〈매력과 마력〉 속으로…

인류의 기나긴 역사를 보면 불가사의한 일들이 많다. 절대 불가능할 것 같은 일이 실제로 일어나고, 거대한 역사의 물줄기를 바꿔놓는다. 칭기즈칸이 이룬 몽골 제국의 정복사업은 그런 불가사의의 대표적인 사례. 작은 부족의 장(長이)으로 시작한 칭기즈칸은 어떻게 몽골초원을 통일하고 동쪽의 금나라부터 서쪽의 호라즘, 탕구트, 페르시아와 동유럽까지 정복했을까. 흔히 그는 '잔인한 정복자'로 알려져 있는데, 그것만으로 동서양에 걸친 광대한 정복사업을 설명할 수 있을까. 군대의 편성과 관리부터 무기 및 전술 개발, 지역마다 다른 지형과 자연환경에 대한 능동적 대처, 공평무사한 성과 보상에 이르기까지 탁월한 전략적 리더였기에 대역사가 가능했던 것이다.

그의 어린 시절은 불운의 연속이었다. 하지만 그는 절대로 환경을 탓하지 않았고, 자신의 운명을 달갑게 받아들였다. 목숨을 건 전쟁이 그의 소명이자 과업이었다. 그의 삶은 그야말로 투쟁과 전쟁으로 점철되었다. 중국 원(元)나라 유행한 '조씨고아(趙氏孤兒)'라는 산곡(散曲·가곡)에 "봉산개도(蓬山開道) 우수가교(遇水架橋)"라는 말이 나오는데 칭기즈칸의 삶이 딱 그러했다. 산을 만나면 길을 열고, 물을 만나면 다리를 놓았다.

칭기즈칸은 어린 시절부터 갖은 고초와 난관을 이기고 몽골초원을 통일해 1206년 대몽골국을 세웠다. 그는 여기에 만족하지 않았다. 당시 몽골초원의 인구는 약 100만 명에 불과했다. 몽골 제국의 번영을 위해 그는 더 비옥한 땅을 찾아 나섰다. 이를 위해 모두가 힘을 합쳐 정복사업을 벌여 더 큰 파이를 나누자며 내부의 응집력을 외부로 돌렸다.

그 결과 그는 금나라·호라즘·탕구트를 정복하고 더 나아가 페르시아와 동유럽까지 정복·통치하는 역사상 세계 최대의 제국을 건설했다. 그야말로 13세기 당시 명실상부한 세계사의 서막을 열고 '팍스 몽골리카'를 실현했다. 몽골 제국의 창시자인 칭기즈칸이 '불굴의 화신'이자 '전쟁의 신'이라는 평가를 받는 것은 이런 까닭이다.

도대체 무엇이 자그마한 부족장이었던 그로 하여금 대제국을 이루도록 만들었을까.

가난한 데다 글도 읽을 줄 몰랐던 그는 어떻게 엄청난 영토를 정복하고 문명국가에 손색없는 세계 제국을 경영했을까. 더욱이 800년이 지난 현재까지도 군사 전략은 물론 기업경영에도 영향력을 미치고 있는 것일까. 그만의 남다른 비결, 매력(魅力)과 마력(魔力)이 있기 때문이다.

칭기즈칸의 어머니는 아들에게 "넓은 초원만큼 넓은 마음을 가져야 몽골을 통일할 수 있다"고 강조했다. 그래서 몽골제국을 통일한 뒤 그가 가장 먼저 한 일이 국기를 제작해서 통합정신을 강조한 것이었다. "한 사람의 꿈은 몽상이지만 만인의 꿈은 현실이다"라고 강조했던 그는 꿈(비전)의 공유를 통해 몽골 부족의 대동단결을 이끌어냈다. "자만을 삼키지 못하면 남을 지도할 수 없다"라는 생활신조는 그를 개방적인 리더로 만들었다.

그는 또한 "계속 이동하면 살고, 성을 쌓으면 패배한다"라는 유목민 특유의 노마드 정신으로 부단한 혁신과 도전을 통해 조직을 계속 업그레이드했다. 아울러 새로운 전장 환경과 정세에 능동적으로 대처하기 위하여 유연한 전략·전술을 개발하고 선진 문명국의 군사 장비를 참고해 새로운 무기와 장비를 개발함으로써 전투력을 극대화했고, 영토를 더욱 넓혔다. 유목민족 특유의 기동성과 간편성에 중점을 두고 스피드와 살상력·파괴력으로 숫적인 열세를 보완하였다.

이처럼 부단한 업그레이드 작업이 가능했던 것은 어느 극단에 치우지지 않고 유연한 그의 실용주의 정신 덕분이다. 그는 강함과 부드러움, 야성과 지성, 신중함과 과감함, 신속성과 여유, 유연함과 강직함, 난폭함과 자비로움을 동시에 갖추고, 강력한 카리스마로 포용하고 통섭하는 리더였다. 외적인 강인함으로 상대를 압도하는 권위를 가졌을 뿐만 아니라 스스로 절제하면서 주위를 돌아보는 내적인 성숙함도 동시에 지녔던 것이다.

칭기즈칸의 리더십과 그가 추구한 정신 및 생활철학은 남다른 매력(魅力·Charming point)이었다. 그런 매력에 사로잡혀 그를 따랐던 동지들과 같이 이룩한 엄청난 정복과업은 그야말로 마력(魔力·Magic power)으로 구현되었다. 그의 장점과 특징은 매력으로 표현되었고, 그와 동지들이 마력처럼 이룩한 결과물은 인류의 역사와 문화유산으로 길이 남았다.

필자는 칭기즈칸을 연구할수록 그에게는 분명 사람의 마음을 사로잡아 끄는 매력이 있음을 실감할 수 있었다. 그는 당장 눈앞의 사소한 이익보다는 주위 사람들의 마음을 얻음으로써 바람(風)을 일으켰고, 이를 통해 민심을 한데 모았다. 전쟁을 수행함에 있어서도 이 같은 방식으로 가까운 부하들은 물론 말단 병사들의 마음까지 사로잡아 상상을 초월하는 마력(魔力)을 발휘했다.

그의 통합적 리더십과 전략은 군대 조직의 경영과 관리는 물론 21세기 디지털 시대의 기업 경영에도 관통하는 원리를 제공하였다. 변화에 신속히 적응하고 효율적으로 대처하였다는 관점에서 칭기즈칸만큼 연구할 만한 가치가 있는 전쟁영웅도 드물다. 그의 매력은 과연 무엇이며, 어떠한 모습으로 마력을 발휘했는지가 연구의 핵심적인 테마였다.

먼저 제1장에서는 그가 몽골 초원의 최강자가 되기까지 어떠한 고초를 겪었고, 어떻게 슬기롭게 극복했는지 사건별 분석을 담았다. 2장에서는 그가 외부의 적을 상대로 정복사업을 전개한 배경과 원인, 남긴 영향에 중점을 두었다. 3장에서는 칭기즈칸 군대가 활용한 병법과 특성을 분석했고, 4장에서는 그의 탁월한 리더십과 정신·사상을 조명하였다. 5장에서는 동서양에 걸쳐 광대한 제국을 이룩한 그가 남긴 업적과 영향을 현재의 시각에서 살폈다.

1995년 워싱턴포스트(WP)는 새 밀레니엄을 앞두고 지난 1000년간의 가장 중요한 인물로 칭기즈칸을 선정했다. 단지 그가 위대한 정복, 전쟁의 영웅이어서가 아니라 그의 리더십과 사상적인 뿌리, 그가 운용했던 전술·전략에 주목하기 위해서였다. 무기체계가 첨단화된 현대식 군대, 날로 치열한 생존경쟁이 펼쳐지는 디지털 시대 기업 경영에 그의 리더십 원칙과 전술·전략이 아주 주요한 시사점을 주고 있다는 것이다.

칭기즈칸은 여타 전쟁 영웅들과는 확연히 달랐다. 조직 운용에 있어서 원칙을 중심에 두고 변칙으로 보강했고, 겉으로는 난(亂)과 폭(暴) 같은 이미지를 보여주는 것 같지만 계(戒)와 율(律)을 군사행동의 기조로 삼았다. 몽골군대는 외양은 남루한 몽골 기마병 같았지만 무질서 속에 질서가 존재하는 최강의 전사조직이었다. 이를 바탕으로 그는 시대를 앞서는 '3D 전략'을 구사했다. 차별(differentiation), 탈중앙화(decentralization), 발전(development)에 초점을 맞추고 그의 군대를 경영하였다.

자신만의 차별화된 장기(長技)나 특기(特技)가 없으면 상대에 비해 경쟁우위를 점할 수 없고, 전장에서 주도권을 쥘 수도 없으며, 시장을 장악할 수 없다. 의사결정 체계가 복잡하거나 관료화되면 신속 대응능력이 떨어져 결국 패하게 된다. 상대를 능가하는 전투능력을 발휘하고, 경쟁자를 압도하는 상품을 출시하려면 조직이 신속히 움직여야 하고, 전문화와 슬림화를 지향해야 한다. 또한 지속적인 연구·개발(R&D)로 다양한 전장 환경에 신속히 대응해야 한다.

칭기즈칸은 이를 달성하기 위하여 세 가지 원칙을 적용했다. 먼저 이소다승(以少多勝) 원칙이다. 기동력을 바탕으로 한 속도 우위, 강한 정신무장으로 '작지만 강한 군대'를 지향했다. 기동성, 즉응성, 효율성, 융통성과 전략적 유연성을 중시함으로써 '일당백(一當百)'을 지향했고, 그 결과 100만 몽골 인구로 그 100배 이상의 인구를 지배할 수 있었다.

그는 간편하면서도 조직적인 편제와 유능한 인력 양성으로 숫자가 적다는 약점을 보완했다. 의사결정 체계가 복잡하거나 관료화되면 신속 대응능력이 떨어져 결국 전쟁에 지게 된다는 점을 깊이 새겼다. 십진법에 따라 일사불란하게 만든 전시·평시 조직체계는 신속한 변화 관리 와 유연한 제대별 운용능력을 보장했다. 엄격한 규율과 치밀한 작전 계획은 적의 정곡과 의표를 찔렀다. 역참제도를 통한 효율적인 정보망 운용과 네트워크 구성은 적의 동태 파악 및 적시 병참지원 능력을 제고시켰다. 그야말로 철저한 준비와 치밀한 사전 계획을 통해 무에서 유를 창조했고, 불가능을 가능으로 만들었다. 날쌘돌이 다윗이 거대한 골리앗을 이길 수 있다는 교훈을 주었다.

둘째, 화이부동(和而不同) 원칙이었다. 그는 평생을 전장에서 동지들과 꿈과 비전을 공유하면서 보냈다. 목표 달성을 위해서 때로는 어떤 것을 과감하게 양보할 수 있었고 포용할 수 있었다. 동고동락과 검소하며 절제된 생활은 그의 평소 생활신조였다. 그는 부하들과 끊임없이 소통하고 주위 사람들의 의견에 귀를 기울이는 개방적 리더십을 견지했다. 설령 적이라고 해도 차후에 활용할 가능성이 있으면 포용했다. 기술자를 우대했고, 인재는 능력 위주로 적재적소에 기용했다. 민족, 인종, 종교가 달라도 일단 복종을 서약하면 차별 없는 동화정책으로 끌어안았고, 포로나 노예에게도 노력만 하면 신분 상승의 기회를 주는 포용적 리더십을 견지했다. 그는 '성과 있는 곳에 보상이 있다'는 현대식 성과급제와 인센티브 제도를 도입하여 전투 의지를 고양했다. 뛰어난 인재는 물론 상대국가의 선진 제도와 우수한 점도 적극 채택하고 도입하였다.

칭기즈칸은 실사구시의 정신에 따라 본질을 변화시키지 않는 범위 내에서 형식은 중요시하지 않았다. 자기의 중심은 무너뜨리지 않되 필요하면 타협과 포용을 통해 목표를 달성하였다. 화합하고 통합하되 부화뇌동하지 않고 처절하게 자기 본위의 정책을 일관되게 추진하였고, 생존을 위해서는 상대와의 공존을 마다하지 않았다.

셋째, 선택과 집중원칙을 고수했다. 약자의 생존법은 강자와 전력 차이가 가장 작은 영역을 찾아서 그곳에 전투력을 집중해 숫적 열세를 극복하는 것이다. 그는 언제나 처한 환경과 조건에서 전투력을 최적화, 최대화할 수 있는 방향을 모색했다. 이는 장비와 병법은 물론 병참 능력 향상에도 적지 않은 영향을 미쳤고, 전사들의 전투 의지를 한곳에 결집시켜 더욱 용맹하게 만들었다.

칭기즈칸은 힘의 분산을 최대한 지양하는 대신 선택한 장소와 시간대에 힘을 결집했다. 방어하는 자의 '전투력 중심' 전략이 아니라 공격하는 자의 '의도 중심' 전략을 구사했다. 나의 장점은 최대한 부각하고 취약점은 지연하거나 노출하지 않는 방책을 선택했다. 적의 약한 고리를 찾아 특정 지역, 특정 시간에 집중적으로 타격해 일시에 섬멸하는 전략을 취했다. 이 같은 전략은 아무리 작은 힘이라도 다함께 뭉쳐서 그 영역에 힘을 집중하면 반드시 정복할 수 있다는 교훈을 주고 있다.

칭기즈칸의 사상과 전력은 800년이 지난 21세기 디지털 경영전략에도 통한다. 단지 차이점이라면 정복의 수단이 영토가 병기가 아니라 상품이며, 세계정복의 주체는 군대가 아닌 기업이라는 점이다. 그때나 지금이나 동일하게 적용되는 전략의 키워드는 리더십, 개방성, 속도, 기술, 효율이다.

역사 자료를 충분히 활용하기 어려운 상황에서 칭기즈칸이라는 위대한 인물의 글로벌 대제국 건설과 경영을 분석하는 데에는 한계가 있었음을 미리 고백하지 않을 수 없다. 겨우 스토리에 대한 단편적인 분석 작업을 한 수준이라 눈 감고 코끼리를 더듬은 소감을 써놓은 듯 부족하고, 이제야 칭기즈칸 연구의 시작이라는 생각이 든다. 하지만 역사적인 맥락을 놓치지 않으면서 새로운 각도에서 몽골제국과 칭기즈칸을 바라볼 수 있었던 점은 작은 성과라고 자평한다.

몽골은 우리와 국경을 접해 있진 않지만 정서적으로 너무나 가까운 나라이며, 우리의 미래 발전 전략 측면에서 매우 소중한 국가이다. 전략적인 위치를 보더라도 러시아를 비롯하여 CIS(독립국가연합) 국가들을 향한 전진기지일 뿐만 아니라 광물자원 부국이라는 사실만으로도 그 중요성은 아무리 강조해도 지나치지 않다는 점에서 지속적인 관심과 연구가 필요하다고 하겠다.

마지막으로 이 책을 쓰도록 동기를 부여해 주시고, 인생 후반전의 '멘토 역할'까지 해주고 계신 황학수 전 헌정회 사무총장께 진심으로 감사드린다. 아울러 서툰 문장을 감수해 주신 서화동 한국경제신문 논설위원님, 몽골의 생생한 현장감을 살리기 위해 소중한 작품 사진을 제공해 주신 Batbaatar Tserendorj 몽골사진작가협회 회장님에게도 각별한 고마움을 전합니다.

저자 이 상기

목차

서평
〈추천의글〉 ··· 4
　*황 학수 전 헌정회 사무총장(전 국회의원)

서문
〈책을 펴내며〉 ··· 7
　*저자 이 상기

제 1장　　칭기즈칸의 몽골제국 통일 과정

1. 칭기즈칸의 어린시절: 가정환경과 배양된 DNA ···················· 19
2. 몽골 부족의 토테미즘과 몽골 선조의 근원 ·························· 21
3. 몽골의 자연환경과 칭기즈칸의 강력한 생존본능 ··················· 23
4. 몽골 초원에서 조혼과 족외혼이 성행했던 까닭 ···················· 26
5. 칭기즈칸 모친의 자녀교육: '안다(Anda)'와 자력갱생(自力更生)'의 조합 ··· 28
6. 칭기즈칸의 선조 시대 상황: 약육강식의 법칙이 지배했던 강자존의 시대 ········ 30
7. 칭기즈칸의 늑대 본성과 늑대경영 방식: 위계질서와 강력한 카리스마 ········ 33
8. 칭기즈칸의 성공은 어머니에게서 시작됐다 ·························· 36
9. 샤머니즘 과 칭기즈칸의 권위 ··· 39
10. 현명한 선택과 네트워크 구축에서 비롯된 칭기즈칸의 생존 비결 ········ 42
11. 적대적 공존과 상호보완적 공존 ·· 45
12. 세 번의 위기에서 테무친을 구한 세 가지 인연 ··················· 48
13. 바둑의 두 집과 칭기즈칸의 기반 확보 ······························· 51
14. 동맹과 결별을 통해 '초원의 정복자'로 ······························· 53
15. 칭기즈칸, 시운(時運)과 인화(人和)로 대반전 ······················· 55
16. 결혼동맹과 칭기즈칸의 '네트워크 구축' 전략 ······················ 58
17. 칭기즈칸의 평등 리더십과 귀인의 출현 ····························· 60
18. '발주나 맹약', 칭기즈칸의 위기 복원력과 통합정신 ············· 62
　　18-1. 코페르니쿠스적 대전환 계기 된 '발주나 맹약' ··········· 66
19. 설득력과 영적인 권위로 몽골제국의 초석을 이루다 ············ 70

20. 길, 결, 꼴이 달랐던 몽골 제국 통일 과정 ································ 73
21. 칭기즈칸 승부수…'시대정신' 구현과 '대도무문' 발현 ············ 76
22. 공정한 분배와 엄정한 원칙이 만든 강한 전투력 ···················· 80
23. 몽골제국 탄생…칭기즈칸의 시대정신과 통합 정신의 구현 ···· 82
24. 칭기즈칸의 용인술과 인재경영 ·· 86
25. 칭기즈칸의 차별화된 인재관… '인재 양성' 대가 ···················· 90
26. '몽골제국'의 탄생과 치국평천하의 시작 ································ 94

제2장   몽골 주변국에서 원거리 점령

27. 몽골 제국 '첫 단추'…통합정신 구현과 제도화 ···················· 100
28. 칭기즈칸의 샤머니즘 탈피…알에서 깨어나다 ······················ 104
29. 칭기즈칸의 주변국 복속…실크로드 교역로 확보 ················ 108
    1. 탕구트 정벌… 교역로 확보와 금나라 침공 준비
    2. 서요 복속… 서역 정복의 시발점
30. 금나라와의 패권다툼…만리장성 함락과 중원지배 ·············· 112
31. 호라즘 제국 정벌과 유라시아 정복 ······································ 116
    1. 칭기즈칸의 왕위 계승… 호라즘 원정 대비

제3장   몽골 군대 특성과 전술, 전략

32. 몽골제국 군대 재편…사회통합, 동원과 원정 능력 제고 ···· 126
    1. 칭기즈칸의 군대 특성과 병법
    2. 몽골군 기동성…몽골 말(馬)과 기병의 합작품
    3. 칭기즈칸 역참제도…몽골 제국 '네트워크' 핏줄
    4. 칭기즈칸 군대가 강한 이유… 조직의 시스템화와 칸의 리더십
    5. 칭기즈칸 군대의 강인한 무형전력
    6. 칭기즈칸 전쟁 개념의 발전과 전개
    7. 몽골군이 남긴 유산…'망구다이' 전술
    8. 칭기즈칸 이소다승(以少多勝) 전략…기동력·간편성

    9. 칭기즈칸 전격전...기동성과 간편성
    10. 칭기즈칸 군대 우수성...배경과 원인

제4장   칭기즈칸 사상

33. 칭기즈칸 정치사상...쿠릴타이 제도와 적용 ································· 148
    1. 칭기즈칸 평등사상...성과위주 분배로 참여의식 제고
    2. 칭기즈칸 종교사상...포용적 관용
    3. 칭기즈칸 벤처 정신...도전과 혁신
    4. 제국 경영의 주춧돌 놓은 칭기즈칸 여성중시 사상
    5. 칭기즈칸 노마드(Nomad) 정신... 미래 창조
    6. 칭기즈칸 실사구시 정신
    7. 칭기즈칸의 상무(尙武)정신...몽골민족의 시대적 용기 자극
    8. 칭기즈칸의 법치사상...'대자사크' 제정
    9. 칭기즈칸의 경제사상... 중상주의 와 공정한 분배
    10. 칭기즈칸 자립정신...'함께 서기'
    11. 칭기즈칸 절제정신...자기극복과 인내심
    12. 칭기즈칸 권학(勸學)정신...인재 배양과 창조적 경영의 기초
    13. 칭기즈칸의 순혈주의 배격 사상...통합의 원동력
    14. 칭기즈칸의 낙관주의 사상... 긍정적인 마인드 창출
    15. 칭기즈칸 리더십... 시대를 초월하는 교훈

제5장   몽골제국이 남긴 유산과 교훈

34. 몽골 제국이 남긴 유산... 실크로드 활성화 ································· 210
    1. 몽골 제국이 남긴 유산... 페스트 와 유럽 봉건사회 몰락
    2. 몽골 제국이 남긴 유산... 동서 문명의 진정한 교류
    3. 몽골 제국이 남긴 유산... 몽골 기병의 음식문화 와 증류주 전파
    4. 몽골제국이 남긴 유산... 고려의 대몽항쟁
    5. 결혼동맹과 고려의 몰락
    6. 대몽 항쟁과 삼별초가 주는 교훈

7. 몽골제국이 남긴 유산: 원의 풍습과 고려양의 유행
8. 몽골제국이 남긴 유산:칭기즈칸 정복사업과 현대판 디지털경영
9. 독일 기갑 전술과 러시아 군사 사상에 영향 미친 몽골제국의 유산

1. 칭기즈칸의 어린시절: 가정환경과 배양된 DNA
2. 몽골 부족의 토테미즘과 몽골 선조의 근원
3. 몽골의 자연환경과 칭기즈칸의 강력한 생존본능
4. 몽골 초원에서 조혼과 족외혼이 성행했던 까닭
5. 칭기즈칸 모친의 자녀교육: '안다(Anda)'와 자력갱생(自力更生)'의 조합
6. 칭기즈칸의 선조 시대 상황: 약육강식의 법칙이 지배했던 강자존의 시대
7. 칭기즈칸의 늑대 본성과 늑대경영 방식: 위계질서와 강력한 카리스마
8. 칭기즈칸의 성공은 어머니에게서 시작됐다
9. 샤머니즘 과 칭기즈칸의 권위
10. 현명한 선택과 네트워크 구축에서 비롯된 칭기즈칸의 생존 비결
11. 적대적 공존과 상호보완적 공존
12. 세 번의 위기에서 테무친을 구한 세 가지 인연
13. 바둑의 두 집과 칭기즈칸의 기반 확보
14. 동맹과 결별을 통해 '초원의 정복자'로
15. 칭기즈칸, 시운(時運)과 인화(人和)로 대반전
16. 결혼동맹과 칭기즈칸의 '네트워크 구축' 전략
17. 칭기즈칸의 평등 리더십과 귀인의 출현
18. '발주나 맹약', 칭기즈칸의 위기 복원력과 통합정신
        18-1. 코페르니쿠스적 대전환 계기 된 '발주나 맹약'
19. 설득력과 영적인 권위로 몽골제국의 초석을 이루다

제 1장

칭기즈칸의 몽골제국 통일 과정

1. 칭기즈칸의 어린 시절-가정환경과 배양된 DNA

　미국 워싱턴포스트는 지난 1000년의 역사에서 가장 위대했던 인물로 몽골제국(蒙古帝國)의 초대 황제였던 칭기즈칸(Chingiz Khan, 成吉思汗, 1162~1227)을 선정했다. 칭기즈칸은 전 세계가 모두 두려워했던 인물이었다. 그는 800여 년 전 세계에서 가장 강력한 리더십을 발휘했으며, 수많은 고난 속에서도 불굴의 의지로 아시아에서 중동, 유럽에 이르는 대제국을 건설했다. "내가 죽더라도 위대한 이름은 영원히 남을 것이다"라고 말했던 칭기즈칸이 세계 역사상 최대 제국을 이룩한 비결은 뭘까?
그의 어린 시절 성장 배경과 환경이 적지 않은 영향을 미쳤다고 한다.

칭기즈칸은 가정(Family), 연인(Female), 친구(Friend)의 '3F'로 인한 고초와 시련을 엄청나게 겪었다. 그의 원래 이름은 테무친(鐵木眞)이었다. 몽골의 역사서에는 "오른손에 주사위 뼈만 한 핏덩이를 쥐고 태어났다. 눈에는 불이 있고, 얼굴에는 빛이 있다"고 테무친의 출생 당시 모습이 묘사돼 있다. 그의 운명이 결코 예사롭지 않을 것임을 예고하는 장면이다.

어린 시절 테무친의 집은 상당히 부유했다. 자연히 교우 관계도 원만했다. 그러나 아홉 살 때 아버지 예수게이가 테무친을 약혼시키고 돌아오는 길에 이웃 부족인 타타르족에게 독살 당한 후 부족들의 배신과 외면 속에 테무친 일가는 풀뿌리를 캐고 들쥐를 잡아먹을 정도로 굶주림에 시달렸다. 그가 청년이 된 후 어릴 적 약혼녀를 수소문해서 찾았지만 그녀 또한 강제로 납치돼 다른 남자의 아이를 낳아 기르고 있었다.

어린 시절부터 테무친은 '벡테르' '자무카'와는 함께 자란 형제나 다름 없는 절친한 삼총사였다. 하지만 장차 부족 전체를 다스릴 우두머리인 '칸'의 자리를 놓고 벡테르의 아버지는 예사롭지 않은 테무친을 경계하기 시작했고, 벡테르까지 친구인 테무친을 살해하려는 의도를 갖게 했다. 결국 테무친은 벡테르를 죽이게 되고, 이 일로 인해 부족과 가족을 떠나 쫓기는 신세가 됐다.

그러던 중 테무친은 아버지의 옛 친구인 왕칸의 절대적인 신임을 얻게 됐다. 모든 부족과 군사들을 하나로 통합하여 새로운 국가를 건설하겠다는 거대한 포부를 가진 테무친은 왕칸의 뒤를 이어 칸의 자리에 오르게 되고, 전설 속 신의 아들 이름인 '칭기즈칸'으로 개명하게 된다. 분노와 복수심이 극에 달하였지만 이를 잘 극복해 27세에 드디어 부족장(칸)이 된 것이다.

칭기즈칸은 청소년기의 갑작스런 집안 환경 변화와 치열한 생존경쟁의 상황에서도 결코 굴복하지 않고 자신의 운명을 바꾸고자 과감히 도전했다. 그러한 과정에서 위기에도 좌절하지 않는 리스크 관리 능력과 용수철처럼 튀어오르는 복원력(resilience)이 자기도 모르는 사이에 길러졌던 것이다. 마치 적을 만난 도마뱀처럼 꼬리를 잘라내고 줄행랑을 치지만 다시 쑥쑥 자라나고, 비바람에 쓰러져도 잡초처럼 몇 번이고 다시 일어나는 7전8기의 정신은 어떠한 위기와 악조건의 환경에도 굴하지 않고 전투력을 재창조하는 힘을 갖출 수 있게 했다. 아울러 청천벽력 같은 환경적 변화나 신변 위협으로 인한 심각한 스트레스는 불굴의 인내와 신비스러운 광기(狂氣)의 DNA를 갖추도록 만들었다.

중국 역사서 '송사(宋史)' 소옹전에 '간고탁절(艱苦卓絶)'이라는 말이 나온다. "극단적 고통에 이르면 모든 것을 초월한다"는 뜻이다. 각종 물리적 환경과 심리적 환경은 그에게 성격 형성 뿐만 아니라 개인의 사고와 인생관에도 많은 영향을 끼쳤다. 창의적인 발상, 적응성, 강인한 인내, 추진력, 긍정적인 사고는 집단의 응집력 강화와 초감정으로 나타나는 강인한 집단 공동체 의식을 형성케 하였다. 칭기즈칸의 어록이 이를 말해준다. "증오, 허세, 불안으로 혼돈한 세상에서도 사랑하고 웃고 투쟁하는 사람이 되어라. 왜냐 하면 생존본능만 충분하다면 이러한 많은 종족은 결코 멸망하지 않을 것이기 때문이다."

바로 이러한 생존본능은 유소년 시절 그의 쓰라린 고통과 처절한 경험을 통해서 폐부 깊이 몸에 배어 있었던 것이다. 이를 바탕으로 점차 그가 이루려는 제국의 꿈이 펼쳐진다.

2. 몽골 부족의 토테미즘과 몽골 선조의 근원

　　기원전부터 중세에 이르기까지 북아시아 여러 민족이 남겨 놓은 청동이나 판금 예술품에는 이리와 암사슴이 전해지고 있다. '켄테이'는 몽골의 운명을 맡아 다스리는 듯이 국토를 두 개로 갈라놓고 있는 영산(靈山)이다. 북으로는 시베리아 삼림지대를, 남쪽으로는 스텝의 초원지대를 가로지르고 있다. 하늘에서 내려온 푸른 이리와 초원을 대표하는 숲의 암사슴은 이곳을 배경으로 사랑을 꽃피웠고, 그 사이에서 태어난 바타치칸이 장차 칭기즈칸을 배출하는 가계의 시조가 된다.

원시 부족사회에서 집단의 구성원과 상징적인 혈통관계를 갖는다고 생각되는 동물을 토템이라고 한다. 이런 토템을 숭배하는 원시 신앙이 토테미즘이다. 그 생명체에 내재하는 영(靈)이 인간들에게 이롭게 혹은 해롭게 영향을 미친다는 것이다. 사실 1000년 전 몽골엔 고등 종교가 없었고 토템 신앙이 종교였다고 해도 과언이 아니다. 중국에서 상고시대부터 용과 봉황을 중요한 토템으로 받들었던 것처럼, 이러한 고사를 바탕으로 몽골신화 속에서는 이리(또는 늑대)와 사슴을 민족의 신앙적인 존재로 여겨 왔다.

그래서 몽골 사람들에게 늑대는 생존을 위한 경쟁관계에 있지만 사냥 방법이나 초원에서 살아가는 지혜를 가르치는 교사로서 또는 신(토템)으로 숭앙받는 존재이다. 이 때문에 늑대 사냥을 금기시하는 풍습이 있고, 죽은 사람의 시체를 늑대의 먹잇감으로 바쳐야 천국에 가는 것으로 여겼다.

늑대는 야생동물 중 예로부터 인간과 가장 친숙하면서도 가장 위협적인 존재였다. 우두머리를 중심으로 철저한 수직적 위계 구조로 움직이는 영민한 무리동물이라 떼를 지어 사냥하지만 각 개체도 강인한 힘을 지닌 늑대 무리는 초원의 유목민들에게는 크나큰 공포의 존재였다.

늑대는 사냥감 중 가장 강한 상대를 선택해 떼를 지어 집요하고 끈질기게 공격하는 습성이 있다. 수컷 늑대는 암컷과 새끼를 위해 전적인 희생을 감수하는 집단의식이 강한 포유류로 알려져 있다. 그야말로 늑대는 초원과 산악을 주름잡는 야생동물 중 가장 용맹스러운 상징적 무리동물이었다.

그래서인지 칭기즈칸을 늑대에 비유한다. 칭기즈칸은 늑대의 특성과 유사하게 집단(혹은 가족)에 대한 애정이 강하고 어떤 열악한 환경 아래에서도 생존력(生存力)이 뛰어나 영민함과 민첩함으로 세계를 지배했다.

사슴은 예로부터 신령스러운 동물로 여겨져 왔고, 뭍짐승을 대표하는 동물로 십장생도에 등장한다. 초원을 상징하는 신성한 초식동물인 사슴의 생태적 특징은 커다란 뿔이다. 사슴의 커다란 뿔은 나무를 상징하는 것으로, 하늘과 땅(인간)을 연결하는 우주목(宇宙木)을 뜻한다. 왕이나 부족장이 머리에 쓰고 있는 출(出)자 형태의 금관 형상이 사슴뿔에서 나왔다는 설과 함께 사슴은 하늘과 소통하는 자, 하늘의 권능을 받은 신성한 존재로 해석되고 있다. 그래서 하늘과 땅을 연결한 매개자(메신저)인 사슴은 신선과 함께 다니는 신령스러운 존재로서 신선의 세계를 상징한다.

몽골인들에게 최고의 신은 영원한 푸른 하늘을 의미하는 '창천(蒼天)의 신' 쿠쿠 텡게리이다. 칭기즈칸도 훗날 생애의 전기를 맞을 때마다 이 영산에 올라가 제사를 지내고 신위(神威)의 가호를 받은 것으로 전해지고 있다. 그 푸른 하늘 아래 전설의 산악지대 동굴에서 나온 푸른 이리와 초원 암사슴의 조화는 바로 몽골인의 용맹함과 신령적인 고고함을 나타내는 것이다.

칭기즈칸은 몽골의 신화에 나오는 늑대 가운데서도 최고 신의 정기를 이어받은 '푸른 늑대'라는 뜻의 테무친이라고 불렸다. '푸른 늑대'는 천상의 빛을 뜻하기도 하고, 미래의 지도자란 의미도 있다. 그러므로 초원의 푸른 늑대, 테무친은 신출귀몰(神出鬼沒)하는 늑대의 민첩성과 집단주의, 사슴의 영원한 고고함과 신이 내린 숭고한 대업정신을 결합하여 '푸른 꿈'을 구현하고자 했다. 이에 테무친은 우선 고원 각지에 흩어져 있던 떠돌이 부족들을 일단 뭉치게 하면 평화롭고 풍요롭게 살 수 있다는 확신을 갖고 점차 그 꿈을 펼쳐 나갔다.

3. 몽골의 자연환경과 칭기즈칸의 강력한 생존본능

사람의 기질과 성격은 참으로 다양하다. 기질이 태생적인 요소, DNA에 담긴 유전적인 요소가 강하다면, 성격은 사회·문화와 학습의 영향이 크다. 기질은 타고나는 것이지만 성격과 인성은 태어나서 자라는 동안 어떠한 자연환경에서 어떻게 주변 환경에 노출되는지에 따라 상당한 영향을 받기 마련이다. 특히 태어나고 자란 지역의 여러 환경은 자신의 의지와 관계없이 끊임없이 느끼고 견디고 적응되면서 성격과 인성 형성에 결정적으로 작용한다.

이러한 측면에서 칭기즈칸이 태어나고 자란 날씨와 기후 등 자연환경에 대한 분석은 그의 기질과 성격을 분석하는 데 아주 중요한 요소라고 여겨진다. 인간이 심리적으로 가장 편안함을 느끼는 온도는 영상 22도라고 한다. 이를 기준으로 온화한 기후에서 자라난 사람들의 성격과 기질이 상대적으로 온화하고 개방적이며 정서적으로 안정적이었다는 연구결과도 있다.

몽골은 대륙성 기후이자 건성 냉대기후이다. 몽골의 기후 특징은 계절에 따라 큰 기온 편차, 강한 바람, 여름철에 집중된 강수량이다. 대륙성 기후로 연교차(1년의 기온 차이, 봄과 겨울의 기온 차이)가 심하고, 몸을 가누기 힘들 정도로 강한 눈보라, 비바람, 모래폭풍이 분다. 여름철에 강수량이 집중되어 있고, 고산지대에 위치한 탓에 자외선이 매우 강하다.

지세 및 지역의 특징을 보면 북부와 서부 지역은 고산지대의 바위와 삼림 지역이고, 남부와 동부지역은 거대한 고원과 물 한 방울 없는 고비 사막이다. 또한 분지 지역은 초원의 스텝으로 지세와 지형이 완전히 다르다.

해가 비치는 맑은 날이 연평균 220~260일이다. 겨울은 춥고 맑지만 건조하여 거의 눈이 내리지 않는다. 그러나 10월이 되면 매서운 칼바람이 부는 겨울이 시작되고 11월부터는 얼음이 물의 흐름을 완전히 가둬 버리고, 4월이 될 때까지는 녹지 않는다. 그야말로 몽골 전체가 시베리아처럼 된다. 그리고 7월 한여름은 열대와도 같은 더위로 변한다. 드넓은 초원은 뜨거운 태양 아래에서 몸부림친다. 몽골의 강수량은 4분의 3이 7~8월에 집중되어 있어 거의 한여름 낮에는 맹렬한 천둥과 번개가 치며 비가 쏟아진다. 그 결과 기온의 편차가 전 세계에서 가장 크다고 볼 수 있다. 겨울에는 섭씨 영하 40도 가까이 떨어지고, 여름에는 40도 가까이 올라간다. 그러니 연교차가 거의 80도나 된다.

그야말로 일 년 동안의 몽골의 기후와 대지는 '스텝(초원지대)의 미소'와 '통토의 왕국'이 선명하게 교차한다. 아주 짧지만 습한 더위와 극한의 추위와 건기를 견디면서 몽골인들은 인내심이 강하며 끈기가 있고 전투력이 강하게 단련되었다. 그래서 대체로 성격이 급하고 자극적인 것을 좋아한다.
 몽골인이 고대 세계에서 강철 같은 민족이 된 것은 이처럼 혹독한 기후가 상당 부분 영향을 끼쳤을 것으로 여겨진다. 그 어떠한 환경에도 이겨낼 수 있을 만큼 '극단에서 극단으로' 치닫는, 가혹하기 이를 데 없는 기후조건과 생활조건에 맞게 적응되어 있기 때문이다.

이러한 환경에서 살아남기 위한 생존본능의 핵심은 강력한 DNA로 무장된 체력과 정신력이다. 몽골 유목민의 얼굴은 유달리 거칠게 보인다. 갈색빛이 도는 얼굴, 떡 벌어진 가슴, 납작한 코, 우뚝 튀어나온 광대뼈, 단단한 근육질의 하체, 말타기에 적응된 앙가발이다. 작은 몸집의 몽골 말도 주인과 마찬가지로 거칠며 지구력과 저항력이 강하다.

 중세 유럽인들이 자연의 이점을 활용하여 인간 생활에 편리하게 인위적으로 인문환경의 거점도시를 만들었다면, 몽골의 유목민들은 자연환경에 순응하면서 자연과 그저 공존하고 더불어 함께 생활하는 방식을 채택했다. 인문환경의 생활 속에서는 접하는 모든 것들이 '사람의 손'을 거쳤지만 유목민들의 생활방식은 자연적인 상황과 여건에 맞추어 적응하는 쪽을 더 추구하였다고 볼 수 있다. 자연을 극복하는 것 혹은 자연을 이기는 것과 자연을 개발하여 이용하는 방법적 차이가 존재하는 것이다.
양떼를 거느리고 말을 타고 이동하는 '자연환경적인 삶'과 인간의 의지대로 살기 좋은 지역을 선택·개발·정착하는 도시형 '인문환경적인 삶'과는 아주 대조인 것이다.

유목민은 생득적(生得的) 본능을 중시하였고, 농경민은 체득적인 경험을 중시한다. 인간의 본성(기질과 성격)에 대하여 사회생물학의 관점에서 진화론적인 모델을 탐구한 생물학자 에드워드 윌슨(Edward O.wilson)은 "신(神)이 만들어서 집어넣어 준 것이 아니라 진화의 주범인 유전자(DNA)에 의한 결과물일 뿐이다."라고 정의하였다. 그래서 지구상의 생명체는 어느 것이나 필연적으로 유전자와 환경의 상호작용에 의해서 형성된다는 것이다.

이러한 각도에서 유전적인 '우연'과 환경적인 '필연'의 공동 작품으로 형성된 칭기즈칸의 DNA는 세계를 평정했던 다른 제국의 지도자와는 전혀 다른 방식으로 독특하게 배양되었다. '초원의 사나이' 칭기즈칸의 생존본능에는 그 누구도 범접할 수 없는 그 무엇이 존재한다. 철저히 선조 때부터 물려받은 독특한 기질(氣質·기력과 체질)이 존재한다. 편차가 큰 기후 변화와 모진 바람, 반년이 넘게 얼어붙은 겨울을 이겨내는 환경 적응능력이 세계를 정복할 수 있는 DNA를 형성하는 데 상당한 영향을 끼쳤다고 볼 수 있다.

4. 몽골 초원에서 조혼과 족외혼이 성행했던 까닭

당시 몽골 부족은 왼쪽으로는 요나라, 오른쪽으로는 금나라와 국경을 맞대고 있었다. 당시 천하는 916년 개국 이래 12세기 초반까지 약 200년간 만주와 중국 대륙을 지배했던 거란족의 요나라, 1115년에 여진족이 세워 중앙아시아와 중국 북부를 지배하다 1234년 몽골·남송의 공격을 받아 멸망한 금나라, 여러 부족 중에서 일정한 세력을 가지고 부상 중이던 몽골 부족의 '삼분지계' 구도였다.

칭기즈칸이 태어난 12세기 몽골 초원은 그야말로 약육강식의 전성시대였다. 외적으로는 북경의 금나라 궁정과 몽골족, 이들과 대대로 원수지간이었던 타타르족이 영토를 뺏고 빼앗기는 실랑이가 계속되고 있었다. 내부적으로는 나이만, 케레이트, 타타르, 메르키트 등 몽골 유목민 부족들 사이에 항상 충돌과 정복으로 얼룩진 '정글의 법칙'만이 존재하는 세상이었다.

부족의 규모가 커서 힘이 세거나 무기와 장비(특히 말)가 많고 좋아야만 살아남을 수 있었고, 남을 정복하지 않으면 불안감을 느낄 수밖에 없었다. 하지만 어떤 경우에는 다른 부족과 연대하여 다른 큰 부족들의 도전에 대응하는 이른바 합종연횡의 형국도 펼쳐졌다. 평시에도 언제나 적의 위협에 대비하면서 살아남기 위한 준비의 연속이었다. 그러다 보니 인근 부족들의 동향에 대해 주의를 게을리하지 않았고, 새로 등장한 부족의 도전에는 경계심과 경각심을 갖게 될 수밖에 없었다.

몽골 비사 첫머리에도 부족과 부족, 씨족과 씨족 사이에 복수와 강탈이 쉴 새 없이 되풀이되었다고 기술하고 있다. 말의 약탈, 부녀 폭행, 형제상잔은 다반사였다. 그렇다 보니 유목과 유랑생활로 대변되는 몽골 초원의 상황으로 볼 때 부족 통합은 매우 어려운 일이었다. 다른 나라를 정복하기보다 초원의 통합이 더 어려운 과정이었다.
이러한 당시 상황에서 조혼(早婚)과 족외혼(族外婚)은 자기 부족의 세력을 키울 수 있는 해결책이었고, 어쩌면 대대로 내려오는 통상적인 규율이었다. 부족 간의 조혼을 통해 연대를 약정할 수 있고, 부족 간의 결혼, 이른바 여성의 교환을 통해 동맹을 형성할 필요성이 있었다. 특히 원시사회에서는 다른 씨족과 혼인 풍습을 통해 부족의 연합이 이루어지고, 연맹 왕국을 형성하였다. 문제는 당시 상황에서 몽골인은 아내를 맞이하기 위하여 통상 약탈혼의 수단에 의지해야 하는 경우가 다반사였고 이로 말미암아 부족 간의 분쟁과 투쟁이 수없이 유발되었다는 점이다.

유목민의 습성은 서로 의심이 많아서 속을 터놓는 사이로 관계가 발전되기 전에는 흉금 없이 터놓기가 아주 힘들었다. 이에 따라 맹세에 의한 친형제 이상의 의형제 격인 '안다'가 매우 중요했다. 어떤 험한 일도 서로 같이 도모하는 우의를 맺는 것은 자기 부족을 지키는 데 아주 중요한 울타리가 되기도 하지만 때로는 스텝 제국의 패권을 놓고 무자비하게 격돌해야 했다. 하지만 혼인을 통한 부족 간의 연대는 대체로 강했다.

칭기즈칸은 아버지 예수가이가 약탈해서 애인으로 삼은 후엘룬과 사이에서 낳은 자식이었다. 칭기즈칸의 아버지는 그가 아홉 살이 되었을 때 그를 데리고 약혼자를 찾아 나섰다. 당시 몽골 부족과 제국의 확장 측면에서 결혼 동맹은 아주 큰 위력을 발휘했다. 강탈이든 합법적인 혼사든 부족 간의 연대나 동맹을 쉽게 만들었다. 때로는 관계를 맺는 다른 부족의 아들을 '데릴사위'로 여기고 키워서 후원해 주기도 했다. 부족 간의 결합은 단지 남녀 간의 사랑 이상의 의미를 갖는 것이었고, 부족 간의 결혼 풍습은 정략적인 보험에 가입하는 셈이었다.

결혼동맹(족외혼)을 통해 요충지의 부족장에게 시집을 간 뒤 남편과 함께 시집 부족의 통치자가 되면서 몽골제국의 확장과 유지에도 혁혁한 공을 세웠다. 족외혼을 통한 인연은 의형제 '안다'보다 훨씬 강력하게 작용했다. '피(인척)는 물(의리)보다 진하다'는 점을 여실히 증명하는 사례다. 몽골 초원의 외곽 부족들에게 시집을 갔던 여자들은 부족의 파수꾼들이 되어 전진기지이자 병참기지, 외부의 침입을 막는 방패막이 역할까지 해냈다.

훗날 칭기즈칸의 훌륭한 조언자이자 대단히 존경받는 '왕후'가 된 보르테가 열 살 되던 해 그의 부친 디 세치엔은 칭기즈칸의 부친 예수가이에게 "딸은 아버지 집에서 태어나지만 거기서 늙을 운명을 타고 나지는 않는다"고 말했다. 당시 몽골 부족의 결혼 풍습과 부족 간의 족외혼이 갖는 중요성을 방증하는 대목이다.

5. 칭기즈칸 모친의 자녀교육: '안다(Anda)'와 '자력갱생(自力更生)'의 조합

 칭기즈칸의 숙부 쿠투라는 '몽골의 헤라클레스'로 불릴 정도로 세력이 강대했으며, 칭기즈칸의 부친 예수가이에게 칸의 자리를 넘겨주었다. 칭기즈칸 테무친의 어린 시절 몽골에서는 다른 부족을 덮쳐 가축과 양식을 빼앗고 사람을 노예를 삼아 정복하고 지배하는 이른바 '땅뺏기'와 세력 다툼의 살육전이 다반사였다. 이러한 상황에서 칭기즈칸의 아버지 예수가이는 동몽골과 서몽골 중간 지대에 있던 케레이트족과 동맹을 맺음으로써 칭기즈칸을 위한 정치적인 기틀을 구축하였다. 하지만 예수가이는 동몽골 지역을 거점으로 대립각을 세웠던 타타르족에 의해 칭기즈칸이 아홉 살 때 독살 당했다.

 가족들 앞에서 갑작스러운 최후를 맞으면서 아버지가 외치듯이 남긴 유언은 장남 칭기즈칸과 어머니 커어룬의 가슴 속에 깊이 새겨질 수밖에 없었다. 아버지의 비극적 최후는 가세가 갑자기 기울기 시작하는 단초가 되었고, 같은 씨족의 우두머리를 놓고 대결과 반목의 형국으로 접어들면서 테무친은 쫓기는 신세가 되어버렸다. 씨족 간의 투쟁과 분열이 시작되고 고독과 궁핍 속에서 서로 반목질시(反目嫉視)하는 상황이 이어지면서 씨족은 뿔뿔이 흩어졌다. 잔인한 복수와 무기력, 무정부의 상태에서 결국 커어룬 부인이 집안의 모든 일을 책임질 수밖에 없었다. 편모 슬하에서 칭기즈칸은 성장하였다.

 후세의 몽골 역사가들은 테무친의 모친을 '커어룬 어머니'로 칭송하고 있다. 그녀는 어린 자식과 함께 따돌림을 당하고 한때 의지했던 모두에게 배반을 당하면서도 이에 굴하지 않고 일가의 지휘권을 장악하고 부족의 권위 회복에 대한 열망과 남편의 독살에 대한 복수심을 끝까지 포기하지 않았다. 유목민 부족의 주인 역할을 했던 과거의 영예가 하루아침에 사라지고 냉혹한 스텝의 환경에 내몰리면서도 그녀가 어떻게 아들들을 이끌었는지 잘 알려주는 일화가 있다.

'세계경영의 CEO, 칭기즈칸'(간디서원)을 쓴 프랑스이 동양사학자 르네 그뤼세는 칭기즈칸 어머니의 자녀교육 철학을 다음과 같이 묘사하고 있다. 어머니 커어룬은 다섯 명의 아들에게 화살을 한 개씩 나눠주고 그것을 꺾어 보라고 했다. 다섯 명 모두 각자의 화살을 손쉽게 부러뜨렸다. 그러자 이번에는 다섯 개의 화살을 한 다발로 묶어서 내밀었다. 그러자 아무도 화살 묶음을 꺾지 못했다. 어머니는 형제들에게 "한 개의 화살이 쉽게 부러지듯이 너희들 각자는 금세 꺾이고 말 것이다. 하지만 한 다발로 뭉치면 아무도 너희를 쓰러뜨리지 못할 것이다."라는 소중한 교훈을 주었다. 어떤 큰일을 도모할 때 형제끼리의 단합과 의로운 형제 '안다'의 중요성을 일깨워준 것이다.

아울러 추방된 신세가 된 아들 형제에게는 냉혹한 상황과 현실의 비참함을 이겨내는 비결을 알려주었다. "너희들과 한 패가 되어 주는 것은 너희들의 그림자뿐이야." "오직 너 자신만을 믿어라"라는 가르침으로 자립심과 자력갱생(自力更生)의 정신을 강조하였다. 살육과 보복으로 점철된 냉혹한 초원의 환경에서도 항시 꿈을 잃지 않고 살아남는 비결을 가르쳐주고 위험한 상황을 헤쳐나가는 지혜, 즉 생존비결을 제시했던 것이다.

커어룬의 탁월한 가르침과 지혜는 '여자는 약하지만 어머니는 강하다'라는 사실을 여실히 보여주고 있다. 어머니는 그야말로 인생의 요람(the cradle of life)이다. 누구나 모성애의 품 안에서 성장한다. 어린 시절에 가장 큰 영향을 미치는 사람은 동서고금을 막론하고 바로 어머니라는 점을 누구도 부인할 수 없다. 칭기즈칸의 위대한 성공은 어린 시절 어머니의 냉철한 교육이 있었기에 가능했다는 평가다.

칭기즈칸의 어머니는 '안다(Anda)'의 필요성과 함께 철저한 '자립'의 중요성을 강조하였다. 안다와 자립은 상당히 이율배반적인 개념이다. 약육강식의 상황에서 그때그때 포용적인 리더십과 배타적 카리스마의 절묘한 조합이라는 양면성을 철저히 지니도록 칭기즈칸은 길러졌다. 이와 함께 현장 학습과 실제 경험을 통하여 개인에게 체화되어 있지만 겉으로 드러나지 않는 지식인 암묵지(暗默知·Tacit knowledge)는 '세계 정복자'의 DNA 형성에 지대하게 영향을 미쳤던 것이다.

6. 칭기즈칸의 선조 시대 상황: 약육강식의 법칙이 지배했던 강자존의 시대

칭기즈칸이 태어나기 전 몽골 부족들의 주 생활 무대는 삼림과 초원이었다. 그렇다보니 목축을 생업으로 삼아 물과 풀을 따라 옮겨 다니며 사는 유목민이자 일정한 거처 없이 집단을 이루어 떠돌아다니는 유랑민이었다.
유랑생활에 익숙한 숲속의 사냥꾼과 스텝을 무대로 하는 유목민의 이중적인 생활상을 영위했던 것이다.

시베리아에서 중앙아시아에 걸쳐 고산지대의 삼림 아래에 짧은 풀들이 장구하게 펼쳐진 드넓은 초원인 '스텝(steppe)'은 평화스럽게 보이지만 그야말로 정글의 법칙이 적용되는 무대였다. '약자는 먹히고 강자는 먹는다'는 지극히 원론적이고 잔인한 약육강식의 법칙과 논리만이 통용되었던 것이 당시 몽골의 상황이었다.
힘이 센 부족은 다른 부족을 덮쳐 가축과 양식을 빼앗고 그들을 노예로 삼았다. 몽골의 한 시인은 이처럼 불의의 습격으로 쟁취한 '지배'를 부족의 명예로 자연스럽게 묘사했다. 스텝에서 부족 간 혈투는 다반사로서, 나중에 힘이 더 세거나 뛰어난 무기를 가진 자가 나타날 경우 잠자코 물러나 있거나 복속되는 것이 상책이었다.

이런 환경과 상황에서는 끼리끼리 더욱 강하게 뭉친 세력집단과 무장한 부족만이 생존을 보장받을 수 있었다. 남보다 응집력이 강한 공동체적 울타리를 만들거나 그런 공동체에 들어가야만 살아남는 것은 당연했다.
오늘날에도 사람들 간의 네트워크에 끼지 못하면 기회가 없거나 줄어드는데, 그 시대에는 생명을 보존하기 어려운 사회였다. 당시의 상황은 칭기즈칸의 어록(語錄)에도 생생하게 기술되어 있다. "가난하다고 말하지 말라. 나는 들쥐를 잡아먹으며 연명했고, 목숨을 건 전쟁이 내 직업이고, 내 일이었다." "나는 쫓겨나고 제외되고 고립되는 것을 전혀 두려워하지 않는다. 반대로 내 편이 많다고 해서 아늑함을 느끼거나 든든

함을 느끼지도 않는다. 나를 가슴에 품고 젖을 먹이면서 길러준 분과 조직이 가장 중요하다."

당시는 그러했다. 약자는 사라지고 강자만 남는다는 원리가 적용되는 시대였다. 강한 자만이 살아남는 강자존(强者存)의 법칙만이 존재하는 유목사회에서 힘의 균형이 틀어질 때면 어김없이 정복을 당해야 했다. 그러니 침입자에게 조그만 틈이나 빌미도 주지 않아야 생존할 수 있었다. 크고 튼튼한 조직, 구성원들의 응집력과 투쟁력만이 안전을 보장했던 것이다.

이러한 힘의 균형이 무너질 때 적의 침략을 받는 것이다. '정글의 왕자'로 불리는 호랑이와 표범들의 경우, 사파리 안에 그렇게 많은 수를 섞어 놓아도 예상 외로 평화롭게 보인다. 하지만 일단 먹이를 놓고는 한 치의 양보도 없는 상황이 펼쳐진다. 무정부 상태에서 잔인한 복수와 강탈만이 난무할 뿐이다. 약육강식의 정글에서는 살아남기 위해서는 자신만의 특별한 '무기'를 지니고 있어야 한다. 덩치가 왜소한 스컹크의 유독가스, 뿔도마뱀의 눈에서 뿜어어내는 피가 바로 천적들로부터 보호해주는 비장의 무기이다.

그러면 당시 초원의 부족이 살아남기 위하여 지녀야 한 무기는 무엇이었을까. '정글의 정복자'가 되려면 먼저 부족 간의 통합부터 이뤄야 했다. 규모의 경쟁을 위해 개개인을 낱낱이 엮어서 씨족을 하나로 뭉치게 만드는 것이다. 부족 간 연대와 맹세에 의한 의형제 안다(anda)를 통해서, 족외혼을 통해서 동맹관계를 맺는 것이다. 하지만 생존을 위해서는 때로는 배반과 언약의 파기도 주저하지 않았다. 이 때문에 서로 의심이 많아서 상대에게 좀처럼 속을 터놓는 사이까지 되기가 그리 쉽지는 않았다.

약육강식의 법칙이 지배하는 정글 속의 동물처럼 당시 초원의 부족들은 하루하루 목숨을 건 사투를 치열하게 펼쳐야 했다. 먹고 먹히는 동물의 세계와 같이 강력한 '원톱'이 전체를 지배하는 일두(一頭) 체제, 절대권력의 소유자가 바로 부족장이었다. 그 부족(장)만의 강점과 강력한 카리스마적인 능력을 갖추지 못하면 결국 침몰하고 정복당했다. 내일을 기약할 수 없는 상황에서도 정복의 욕심에는 끝이 없다. 그저 생명을 보존하는 선에서 모든 일이 끝났으면 좋았겠지만 결코 그럴 수 없었다. 끝없이 세력을 확충해서 스텝을 평정하는 완전한 정복자의 위치를 구축해야만 했던 것이다.

이러한 환경에서 배양된 칭기즈칸의 DNA는 냉철함과 강인함 그 자체였다. 유목민으로서의 현명함과 냉철함, 유랑민으로서의 공격성과 강인함을 동시에 갖췄다. 아울러 정복자의 야욕은 하늘을 찌를 수밖에 없기에 외줄타기 모험을 즐기는 기질이 점차 몸에 배어갔다. 한 곳에서만 머물 수 없는 유랑자의 미지의 세계에 대한 끝없는 동경과 함께 정복의 야망을 실현해 나가는 기질이다. 태생적으로 칭기즈칸은 강자만이 생존자가 될 수 있다는 강자존(强者存)의 법칙을 생존의 비결로 여겼던 것이다.

7. 칭기즈칸의 늑대 본성과 늑대경영 방식: 위계질서와 강력한 카리스마

칭기즈칸의 유년 시절, 몽골 초원은 마치 중국의 춘추전국시대처럼 가장 혼란한 시기였다. 이 지역을 통일할 만한 강력한 정치 세력이 없었기에 강력한 힘, 즉 위력(威力)만이 복종을 강요할 수 있었다. 어떻게 보면 분열되고 굶주림에 처한 씨족, 고립되어 보호자를 구하는 가족, 외부의 침입에 항상 떨고 있는 부락들로서는 강력한 카리스마를 지닌 부족에 복속 당해 지내는 편이 안전을 담보 받을 수 있는 길이었다고 할 수도 있다.

부족 및 씨족 내에서의 위계질서 또는 서열 정리는 유목민 사회의 필수적인 요소였다. 위계질서는 힘, 지위, 존경, 리더십으로 표현되며, 구성원들에게 실질적으로 물질적·정신적인 인센티브를 제공하므로 집단의 생존에 가장 효과적이고 필수적인 수단이었다. 아울러 당시 유목민의 초원 생활에서 위계질서는 정보의 효율적인 흐름과 통합을 가능하게 하여 안전과 방어의 효율을 높였다.

위계질서는 능력이 있다고 간주되는 개인에게 집중적 통제권을 부여해 더욱 훌륭한 결정을 내리게 해준다. 능력이 있는 사람은 능력이 부족하거나 평범한 구성원보다 더 나은 결정을 내리기 때문이다.
그야말로 유목민에서 볼 수 있는 통치의 전형으로, 힘 있고 능력 있는 우두머리의 위력에 의지하여 여러 부족들이 몰려들 수밖에 없는 것이다. 이에 따라 언제나 능력이 있는 개인을 지도자로 추대하는 것이 초원 집단의 일반적인 경향이자 관례였다.

특히 당시 부족의 영역 확대 방식은 몽골 민족의 토템인 늑대(이리)의 습성에서 엿볼 수 있다. 늑대를 토템으로 생각하는 초원의 유목민족은 하늘을 바라보며 우는 늑대가 천신, 즉 '텡그리'와 교감한다고 믿었다.
그들의 영혼을 천신에게 인도하는 천신의 대리자라고 여겼던 것이다. 이에 늑대 토템의 이데올로기는 당시 칭기즈칸의 몽골족 통일제국 건설과 부족장의 경영방식에 자연스럽게 녹아들 수밖에 없었다.
늑대는 철저한 위계질서 속에서 무리를 지어 생활한다. 보통 5~10마리가 몰려다니며 자기보다 덩치가 큰 짐승을 함께 사냥한다. 영역에 대한 집착도 강해서 분비물로 꼼꼼하게 표시하고 자기 영역을 굳건하게 지키기 위해 침입자에게는 무척 가혹하다.

통일된 위계질서와 강력한 카리스마는 씨족의 현안에는 각개전투를 하면서도 부족 발전을 위해서는 단결력과 응집력을 발휘하게 했고, 부족장에게 각자의 운명을 의탁하게 만들었다.

'守望相助 同舟共濟(수망상조 동주공제·서로 도와 어려움을 극복하며 같은 배를 타고 강을 건넘)'라는 중국 고사성어처럼 함께 어려움을 극복하기 위한 팀워크 정신을 만들어 주었다. 아울러 'All for one, one for all!'이라는 현대의 구호처럼 '한 사람을 위해 모두가, 모두를 위해 한 사람이!'라는 조직과 구성원 간의 끈끈한 연대를 토대로 전권을 위탁하도록 하였다.
그야말로 전지전능한 칸(khan·군주)과 함께 운명을 같이 하도록 신념화해 조직의 힘을 최적화하고 역량을 최대화하는 것이다.

늑대의 신비로운 전설 숭배와 사냥 방식은 몽골족의 통일에 많은 정신적인 기초를 제공하였고, 모든 부족이 몽골 부족 발전에 함께해야 한다는 신념을 갖게 한 것으로 여겨진다. '늑대 덕분에 나는 가족이 얼마나 중요한지 배웠다. 그래서 사람과 동물 가족에게 가장 큰 고마움을 전한다.

그들이 아니었더라면 내 꿈을 이루며 살아가지 못했을 것이다.'라고 칭기즈칸은 훗날 고백했다. 그 무법천지와 춘추전국 같은 상황에서 칭기즈칸은 '늑대 토템'에 입각하여 거칠지만 자유롭고 강인한 '낭성(狼性)'을 토대로 공격적이고도 조직적인 '늑대 경영'을 통해 몽골제국을 통일하였다고 볼 수 있다.
생존과 시련 극복을 위해 날카로운 지혜와 담대한 용기를 지닌 늑대를 닮아가는 것을 칭기즈칸은 자연스럽게 자기화하였던 것이다.

"인간을 만드는 것이 이성이라면 인간을 이끌어 가는 것은 감정(감성)이다."라는 프랑스 명언이 있다. 역사는 사람이 만들지만 사람은 환경의 소산이다. 중국 고사에 '강산이개 (江山易改) 본성난개 (本性難改)'라는 문장이 있는데 '강산은 바꾸기 쉽지만 본성은 고치기 힘들다'는 뜻이다.
그런 점에서 칭기즈칸에게 자연스럽게 스며들고 체화된 늑대 본성과 늑대경영 방식의 DNA는 대제국 건설에 주요한 기초를 제공하였다고 해도 지나치지 않다.

Дэлүүн болдог
Хэнтий аймгийн Дадал сумын нутаг Дэлүүн болдог нь
Эзэн Чингис хааны төрсөн газар. Түүний эцэг Есүхэй баатар
Татарын Тэмүүжин Үгэ хэмээх хүнийг олзлон аваад ирсэн
тухай сурвалжид тэмдэглэсэн байдаг.

Deluun Boldog
Deluun Boldog, which is located in Dadal Soum, Khentey Province, is a birth place of Chinggis Khagan. He was born when his father Yesugei Baghatur captured Temüjin Üge of the Tartars.

8. 칭기즈칸의 성공은 어머니에게서 시작됐다

인류의 역사를 돌아보면 최초에는 여성 중심적 사회질서였던 모계사회로 출발했다. 남성들은 모험적인 수렵과 채집, 침입자 등으로 인한 위험에 상시 노출돼있는데다 다른 부족과의 전쟁으로 희생되는 경우가 많아서 통상 여성보다 단명했다. 특히 12세기 몽골 초원의 경우 부족이나 씨족끼리 상호약탈과 상호보복이 다반사여서 가장(家長)의 생명은 그야말로 풍전등화 격이었다.

그러다 보니 힘센 씨족이나 부족에게 정복될 경우 여성은 자연히 복속 되는 것이 관례였다. 그래서 씨족끼리 부모들 간의 약정에 따라 어린 나이에 조혼을 시키는 것이 관례였고 이를 통해 씨족 간의 동맹 차원을 넘어선 핏줄 연대로 강력한 결합(bond)을 도모했다. 칭기즈칸의 경우에도 그가 아홉 살 때 훗날 부인이 된 보르테의 부친에게 아버지가 약혼을 제의해 일종의 데릴사위로 보르테의 집에 머물게 하였다. 남성이 장인·장모가 사는 집, 즉 '장가(丈家)'로 드는 일은 옛날 모계사회의 혼인 유습이었다. 이른바 남귀여가혼(男歸女家婚)이다. 신랑은 일정 기간 신부의 집에서 머물다 첫 아이를 얻으면 비로소 독립하거나 본가로 돌아왔다.

하지만 수시로 이동하면서 부락을 형성하는 수렵 위주의 생활에서 몽골 제국 설립과 함께 안정된 유목 사회로 정착되면서 점차 부계사회로의 전환과 함께 몽골의 결혼 방식과 풍습도 달라져 갔다. 이러한 관점에서 몽골에서 게르(ger·텐트)는 거주 시설 이상의 아주 중요한 의미를 내포하고 있다. 가족을 뜻하는 몽골어 'gerbur'는 '모든 텐트'라는 의미이고, 결혼은 'gerher'인데 '텐트를 세우다'라는 의미로 결국 새로운 텐트를 침으로써 가족의 일원으로 편입된다는 것이다.

칭기즈칸 가족의 경우를 봐도 모계사회의 전형적인 특징이 당시 몽골 초원의 문화와 환경에 여과 없이 투영되고 있다. 조혼으로 어린 나이에 임신을 하고, 때론 아이의 아빠가 누군지도 알 수 없는 상황에도 낳아서 키워야 했고, 남편이 데리고 온 배가 다른 아이조차도 양육 책임은 심지어 여자에게 있었다. 아버지는 항상 외부의 위험에 노출되어 있어 어머니가 아이를 양육하여야 했고, 남편의 유고 상황에서도 끝까지 계보(系譜)를 유지하는 것은 어머니를 중심으로 이루어졌다. 어머니로부터 자식에게 전통이 계승되어 유지되고 모계(母系) 위주로 결속된 사람들의 출신 집단(씨족, 혈족)이 부락의 기초가 되는 모계사회 분위기가 강했던 시기였다.

칭기즈칸 당시에도 오논강 상류의 몽골족과 메르키트족 간에는 여성의 납치와 유괴가 끊임없이 되풀이됐다. 칭기즈칸의 아버지 예수가이가 부인 커어룬을 차지한 것도 그 당시의 야만적 풍습이었던 강탈로 부인을 얻게 되는 드라마틱한 스토리였다. 불운하게도 커어룬은 칭기즈칸이 아홉 살 되던 해에 남편이 타타르족에게 독살을 당한 후 곧바로 부족 내에서조차 버림받았다. 우두머리가 죽으면 씨족 내 단결은 하루아침에 무너졌다. 졸지에 귀족에서 최하층 신분으로 전락했지만 커어룬은 배가 다른 자식 2명을 포함한 7명의 어린 아이들을 데리고 남편 씨족의 장남 계보를 지키기 위하여 그야말로 고군분투하였다. 이른바 모권(母權)의 성스러운 의무를 다하기 위해 최선을 다했던 것이다.

칭기즈칸의 어머니는 야무지게 사람들을 통솔할 줄 아는 위엄 있는 여성이었다. 특히 배가 다른 아이들까지도 공평하게 대했을 정도로 아량과 포용의 미덕을 보여주면서 칭기즈칸에게는 모든 형제들과의 단결력과 응집력을 각별히 강조했다. 그래서 훗날 몽골의 시인들은 그를 대모(代母) 격인 '커어룬 어머니'라고 존칭했다.

통상 어머니의 사랑은 조건이 없고 아버지의 사랑은 자신의 후계자이자 상속자로서 조건이 있는 사랑을 한다고 한다. 세상 모든 어머니는 무조건 헌신하는 존재였고 자기희생적인 모성은 때로는 시대를 뛰어넘는 위대한 인물을 만드는 제조기였다.

이러한 관점에서 보면 칭기즈칸의 유년 시절에는 어머니 커어룬(후엘룬)의 역할이 지대하였다. 유년기의 성장과 교육에서부터 칭기즈칸의 성년기에도 집안의 최고 어른으로 대우하였으며 중요한 사안마다 많은 조언을 받으려고 하였다.

모계사회에서 부족의 최고령 여성은 슬기로운 지혜를 제공하며 훈수를 두는 살아있는 '레알 권력'의 역할을 통상 수행했다. 칭기즈칸의 일대기에서도 어머니의 역할에 대해서 새로운 시각을 부여할 가치가 있는 대목이다.

어머니를 존경하고 사랑했던 칭기즈칸은 내내 많은 관심과 각별한 애정을 표시했다. 그는 어려서부터 어머니가 홀로 고생스럽게 자식들을 키우는 모습을 기억했고,

어느 정도 성장한 후에는 동생들과 함께 생계를 꾸려나가며 어머니의 부담을 최소한으로 줄여 주었다. 이와 관련 1930년대 몽골의 한 서정시인은 이들모자의 사랑과 형제애를 비교하는 글에서 "당신에게 열 겹으로 만든 실크는 한 겹 양모만큼이나 무겁지 못하다"라고 서술했다. 이는 다섯 명의 형제자매보다 어머니 한 사람의 사랑이 훨씬 더 크고 무겁다는 표현으로 칭기즈칸 모자의 애틋한 정을 잘 보여준다.

몽골족은 예로부터 민족 고유의 도덕적 가치관 가운데 효(孝)를 가장 기본적이고 중요한 것은 여기고 있다. 고대 몽골 사회에서 효는 가정과 가문, 부족사회의 윤리를 규정하는 버팀목이었다. 몽골제국의 창시자 칭기즈칸도 이러한 유년 시절 어머니의 정성스런 영향을 받은 때문인지 "사람에게 효도하고 순종하는 마음이 있다면 하늘(텡그리)이 반드시 알 것이다"라고 훗날 선포했다.

'여자는 약하지만 어머니는 강하다'라는 명언은 시대를 막론하고 자식들의 성장과 교육에 가장 큰 영향을 미친다는 사실을 잘 대변해 주고 있다. 세상을 움직였던 상당수의 위인은 위대한 어머니로부터 탄생되었다. 누구나 한 번쯤은 위인과 어머니의 일화를 들어본 경험이 있을 것이다. 칭기즈칸의 경우도 예외는 아니었다. 초원의 늑대에서 세계를 누빈 위대한 정복자가 된 그의 생애도 어머니(母)의 모성애와 가르침으로부터 시작되었다.

9. 샤머니즘 과 칭기즈칸의 권위

칭기즈칸은 부족장들에게 "내가 그대들의 왕이 되길 원한다면, 하늘과 땅을 만드신 신을 두고 나의 명을 따르겠노라고 맹세하라"고 말했다. 부족장들은 칭기즈칸에게 충성을 맹세했고, 칭기즈칸의 명을 받들어 대제국 건설을 도왔다. 주앵빌의 '성왕 루이 이야기'에서 칭기즈칸과 관련해 신권(神權),이른바 샤머니즘적인 권한에 대해 언급한 대목이다.

통치에서 중요한 덕목은 권위·정당성·믿음이다. 이는 추종자들이 우두머리를 자발적이며 절대적으로 믿고 따르게 하는 힘의 원천이다. 수장(首長)이 신격화된 위상과 권위를 갖추었을 때 추종자들은 그를 절대적으로 믿게 되며, 그런 신념이 자기 우두머리를 절대적으로 인정하게 만든다. 원시 부족국가에서는 신에게서 받은 신성한 권력, 즉 신권(神權)이 부족들을 통합하고 통치하는 중요한 수단이었다.

샤머니즘(shamanism)이란 치병(治病)이나 접신(接神)의 능력을 가졌다고 믿는 샤먼(Shaman, 아는 자·예언자)을 중심으로 하는 원시종교 또는 토속신앙이다. 이러한 샤머니즘적인 관념은 당시 투르크 몽골족에게 뿌리 깊이 박혀 있었다. 하늘에 하나의 신이 있듯이 땅에도 종족의 군주인 단 하나의 황제, 즉 칸(khan)만이 존재할 수 있다는 것이었다.

샤머니즘 시대에는 신탁(神託)이라는 이름으로, 중세에는 교황의 이름으로, 절대군주 시대에는 왕의 위치에 신의 권위를 더해 왕권신수설을 만들어 통치 권력을 합법화했고, 추종자들을 시녀화했다.
심지어는 질병 치유와 자연재해의 예방까지도 왕권(군주)의 전능함에 대한 하늘의 시험으로 인식되었다. 그래서 효과적인 치유와 사전 예방은 군주의 권위를 확보해주고 위엄을 부여해 준다고 여겼다.

토속신을 신봉하는 샤머니즘은 당시 몽골 부족사회에서도 부족이나 씨족의 의식 속에 녹아들어 있었다. 이는 통치자에 신통력을 기대하는 경향으로 이어졌고 부족장을 중심으로 응집력과 전투력을 강화하는 동기가 되었다. 부족장은 부족을 이끄는 데 있어서 그들이 믿는 신이 내려준 신성한 권위와 사명을 가졌다고 여기는 것이다. 통치의식에 샤머니즘이 끼어들면서 통치자 스스로가 피지배층인 부족을 대신한다고 믿었고, 부족의 운명을 책임진다는 생각에서 강력한 집권과 통치력을 발휘토록 하였다.

후대에 묘사된 것이긴 하지만 테무친의 경우도 샤머니즘 차원의 초자연적인 탄생 신화에서 유래하고 있다. 테무친은 청회색 수컷 늑대(이리)와 갈색 암사슴 사이에 태어난 토템신화의 대상으로 숭배되었고, 신격화된 후손이라는 점이 부각됐다. 당시 몽골 부족사회에서도 자연재해, 질병, 맹수들의 공격 등 집단의 생존에 위협이 되는 재앙을 막기 위해 하늘이나 높은 산, 조상 등 신성에 대하여 종교적인 의식, 즉 제사(祭祀)를 지냈다. 토템의식에 기반한 샤머니즘 성격의 '씨족 제사'로, 이는 조상숭배이자 통치수단으로 활용되었다. 부족장은 하늘에 대한 제사를 주관하면서 자신의 조상을 신격화해 제사 자체를 권위의 정당화 수단으로 사용하였다.

당시 제례의식이 부족 내에서 아주 중요한 의식이었음을 보여주는 사건이 있다. 테무친의 아버지인 예수가이가 독살되었다는 이유로 테무친의 어머니와 아이들은 씨족들의 제사에 초대받지 못했다. 이는 당시 몽골의 종교(제사) 의식과 샤머니즘 신앙에서 사회적으로 중대한 결과를 초래 하는 사건이었다. 예수가이 집안을 씨족이나 부족 공동체에서 따돌리고 그 부인과 유자녀들을 추방자로 만드는 것이나 다름 없었던 것이다. 이에 테무친의 어머니 후엘룬은 씨족들에게 "아이들의 노여움을 두려워할 날이 올 것"이라고 강경한 보복을 시사했다.

당시 투르크 몽골족의 조상신에 대한 제사와 샤머니즘적인 기도는 종교의식과 맹세 서약의 이중적 함의를 가졌다. 테무친의 어린 시절에 메르키트족이 테무친을 습격한 사건이 일어났다. 테무친은 부르칼둔 산으로 몸을 피했으나 아내 보르테는 납치되었다. 가까스로 목숨을 건진 테무친은 산이 자신을 보호한 것이라 생각하여 매일 부르칼둔 산에 기도를 올리고 신성하게 모시겠다고 맹세했다.

이러한 칭기즈칸의 샤머니즘적인 습관과 신봉은 훗날에도 이어져 이색 종교에도 관심이 많았다. 그는 호라즘 제국 복속을 위해 이슬람교에 대해 조사하고 이슬람 신학자들과 토론도 했다.

당시 칭기즈칸이 몽골 초원의 모든 부락을 통일해 몽골국을 건립하고 칸으로 추대될 수 있었던 것은 그가 가진 고도의 정치수단과 상상을 초월한 군사적 재능 외에 샤머니즘의 지원과도 큰 관련이 있다고 많은 역사학자들이 평가하고 있다.

칭기즈칸이 몽골 대제국을 건설하는 데 있어서 역사적으로 가장 중요한 참모로 기록된 야율초재도 큰 전쟁을 앞두고 명운을 점치는 훌륭한 점성가였다. 이는 칭기즈칸 자신은 물론 부족사회에서 샤머니즘의 영향력이 대단히 지대하였다는 점을 입증하고 있다. 하늘의 대변자로서 천신의 뜻을 전달하는 샤머니즘의 신봉은 12세기 몽골초원에서 신성한 권위에 대한 무조건적 복종과 함께 부족 구성원들에게도 강렬한 신념을 가져다주었다. 칭기즈칸은 부족원들에게 거대한 종교적 영향력을 행사하는 샤먼을 이용해 여론을 형성하고 부족 대통합과 주권 강화라는 대업을 완수했다. 이는 그의 중요한 정치적인 책략이었다.

10. 현명한 선택과 네트워크 구축에서 비롯된 칭기즈칸의 생존 비결

몽골 스텝 사회에서 삶은 외형적으로는 그야말로 평화스러운 것 같지만 내면적으로는 치열한 경쟁의 연속이다. 정복하지 않으면 복속 당하는 것이고, 지배하지 않으면 지배당하는 세상이다. 무자비한 전투 속에서 치열하게 살아남아야 결국 생존을 보장받을 수 있었다. 씨족의 운명을 씨족장이 개척해야만 하고 자위적 방어능력과 강력한 보복 및 공격 능력을 갖춰야만 생존을 보장받을 수 있었던 것이다.

테무친은 아홉 살에 아버지가 독살당한 뒤 어머니, 동생들과 함께 비참한 생활을 영위해야 했다. 특히 그의 고집스럽고도 강한 성격 때문에 혹독한 시련을 많이 겪었다. 더욱이 성장하면서 발생한 세 가지 충격적인 사건으로 인한 절박한 생활 속에서 무엇인가 돌파구를 찾아야 하는 한계상황에 놓여 있었다. 비록 추방된 가족이었지만 장차 자녀들이 성장하기 전에 테무친 일가를 없애버리려는 타치우트 족의 급습으로 테무친은 포로가 되었다. 칼이 채워진 감금 상태에서 파수꾼의 소홀한 감시망을 틈타 테무친은 구사일생으로 탈출했다. 테무친 가족에게 가장 소중한 자산인 말을 대부분 도난 당해 파산 상태에도 이르기도 했다.

메르키트족에 납치, 유괴된 정혼녀 보르테를 몇 달 후 임신한 몸으로 되찾는 정신적 고초도 겪었다. 하지만 이러한 절박함은 새로운 길을 모색하게 만들었고, 결국 새로운 기회를 창출하는 전환점이 되었다. 테무친은 이른바 '신의 한수'로 난관을 정면 돌파했다. 먼저 아홉 살 때 아버지를 따라가서 약혼한 보르테의 집을 찾아갔다. 그녀의 아버지는 장차 사위를 삼기로 한 테무친에게 비참한 세월을 보낼 때 아무런 도움을 주지 못한 데 대하여 미안함을 갖고 늠름한 청년 가장으로 성장한 테무친을 반갑게 맞아 주었다. 또한 보르테와 그를 결혼시키는 데 조금도 망설이지 않았다.
테무친은 당시 비교적 세력이 있던 온기라트족과의 결혼동맹을 통해 '사회적 배경'을 일약 얻게 되었다. 훗날 부인 보르테는 분별력 있고 사려 깊은 내조자로서, 칭기즈칸이 중대 사안을 결정할 때 선견지명이 있는 조언자로서의 역할을 톡톡히 해냈다.

한편 아버지 예수게이 시절부터 원한 관계에 있던 메르키트족에게 정혼녀를 빼앗긴 그는 전전긍긍할 수밖에 없었다. 테무친은 생전에 아버지가 자기 부족보다도 훨씬 강력했던 케레이트족의 우두머리인 토그릴과 의형제(안다)를 맺은 것을 기억하고 그들을 찾아가서 도움을 간청했다.

어린 나이이지만 그의 진심 어린 요청과, 특히 신부 측에서 결혼 예물로 준 흑담비 가죽 주머니는 토그릴 부족장의 마음을 움직이기에 충분했다. 테무친은 토그릴로부터 "내가 흩어진 너희 가족을 결집시키고 가족의 부흥을 도와주겠다"는 승낙을 얻어냈다. 덕분에 미래의 칭기즈칸은 토그릴과 연합함으로써 몽골 내의 적뿐만 아니라 불구대천의 원수였던 타타르족까지 정복하게 된다.

테무친이 이처럼 용기 있게 구원의 손길과 연대를 간청할 수 있었던 것은 사랑하는 정혼녀를 강탈 당한 고통과 수난 속에서 여러 가지 요소들을 면밀하게 검토한 결과였다. 결혼을 통한 부족 간의 혈맹 연대, 아버지와 안다(의형제)관계였던 부족과의 협력 공약 체결은 테무친이 세력을 확장하는 기반을 제공했다. 위기의 순간에 결단한 강력한 네트워크 구축과 확장이 그의 운명을 갈라놓는 결정적인 모멘텀이 된 것이다. 이는 그가 훗날 칭기즈칸으로 가는 길목을 열어주었다고 해도 과언이 아니다.

비록 어린 나이였지만 그는 자신의 기억, 꿈, 희망, 두려움, 고통 등이 융합된 능력의 최대치를 가동해 현명한 결단과 최선의 선택을 했다. 가족의 장래와 아버지 예수게이의 명예 회복 및 복수, 더 나아가 자기 씨족 및 부족의 운명을 깊이 고민한 끝에 내린 결단이었다. 그럼으로써 자기 존재의 가치와 살아 있어야 할 의미를 결정짓게 된 것이다.

그야말로 '순간의 선택이 운명을 좌우한다'는 비유가 딱 들어맞는 상황이다. '링크 업'을 위한 시도와 노력은 자신과 가족의 꿈을 키우고, 자신의 역량을 극대화했다. '네트워크 연결'이나 '네트워크 빌드 업'은 자신의 부족한 부분을 보완해주고 새로운 연대와 협력을 통해 스케일 업을 하게 한다. 과거 부족사회에서나 현대 사회에서나 그 핵심은 상통한다.

운명은 피할 수도 비켜갈 수도 없다. 인생의 고비마다 순간적인 선택의 차이는 아주 미약하지만 그 결과는 완전 다르다. 그리스 최대의 웅변가 이자 정치가인 데모스테네스도 "작은 기회로부터 종종 위대한 업적이 시작된다"고 하였다. 칭기즈칸의 사례가

이를 잘 반증하면서 우리에게 많은 시사점을 주고 있다.

장 롤 사르트르는 "인생은 B 와 D사이의 C"라고 했다. 탄생(Birth)과 죽음(Death) 사이의 선택(Choice)"이라는 뜻이다. 순간의 현명한 선택은 결국 운명을 바꾼다. 현명한 선택능력은 단순한 능력계발을 넘어 피할 수 없었던 처절한 경험과 고초를 통해서 그 싹이 트는 법이다.

11. 적대적 공존과 상호보완적 공존

유목 사회에서는 가족 단위로 독자적인 생활을 하면서 부족 단위로는 집단생활을 한다. 사람들이 가축을 몰고 다니면서 광대한 초원에 흩어져 있기에 그들을 모아 조직을 만드는 데는 불리했다. 이러한 생활방식에서 가장 필수적인 자산이 바로 말(馬)이었다.

흉노족은 오래전부터 말을 이동수단이자 전투의 필수 요소로 여겼다. 지금의 몽골고원에서 유목민 최초의 대제국(흉노)을 만들어 중국 한족(漢族)과 용맹 무쌍하게 대결하던 기마군단이었다. 흉노-몽골-투르크로 이어지는 북방 기마민족에게 말은 삶 그 자체이자 다른 부족들과 교류하는 데 있어서 유일한 기동수단이었다.

식물이나 동물이나 공존하지 않으면 생존할 수가 없다. 서로 다른 둘 이상의 생활체나 활동체가 함께 존재하는 것이 공존인데, 여기에는 적대적인 공존과 상호보완적 공존이 있다. 몽골 초원의 유목민 생활에서 말은 사람과 불가분의 관계이자 상호보완적인 공존의 필수적 대상이었다. 이에 비해 늑대는 불가근불가원의 적대적인 공존 관계였다.

유목민들은 농경민족이 세운 국가에 비해 인구도, 경제력도, 조직도, 무기도, 전술도 시원치 않았지만 그들에게는 거친 산야를 지속적으로 달릴 수 있는 빠른 기동성과 원거리 공격을 효과적으로 할 수 있게 했던 기마전술이 있었다.

그들은 풍부한 먹이를 제공하는 초지를 따라서 가축을 이끌고 이동하는 생활에 익숙했다. 따라서 언제라도 더 나은 미래가 있는 곳으로 미련없이 신속하게 기동했다.

흉노의 경우 기마민족 집단이 몽골고원에 있을 때는 중국사람이 흉노(匈奴)라고 불렀고, 유럽 정벌에서 게르만족을 공격할 때는 서양 사람들이 훈(Hun)이라는 이름을 붙였다.

말은 청각이 민감해 주변 경계에 적합하고 원거리 행동반경과 작전 반경을 보장하였다. 말과 자연을 벗 삼아 혹한과 혹서 속에서 훈련된 강건한 육체를 기반으로 일명 몽골 '조랑말'로 무장한 기마전사는 적의 습격이나 기습에 대한 반응능력이 매우 뛰어났다. 말은 유목민들에게 마유(馬乳)를 제공하는 '달리는 식량창고'이자 전천후 '운송 및 기동수단'이었다. 여기에다 '걸어 다니는 통조림'인 가축을 이끌고 각종 장비와 천막을 싣고 다닐 수 있어 언제라도 진격과 퇴각이 가능한 동원 시스템을 완벽하게 갖추고 있었던 것이다.

몽골 사람들은 어려서부터 말타기와 사냥을 반드시 배워야 했다. 중국 문헌에도 '몽골인은 말안장에서 태어나 양육되고, 평소에는 말타기와 사냥을 하며 지낸다'라고 기록되어 있다. 특히 평시에는 방목하는 가축을 돌보기 위한 기동수단이자 외부의 침입에 대비한 말은 몽골인에게 있어 필수품이었다. 전쟁터에서 중요 전리품 1호는 다름 아닌 말이었다. 말은 몽골인에게 그야말로 필연적인 동반자였다.

적대적 공생관계는 긍정과 부정의 요소를 모두 갖고 있다. 적대적 동반자인 사람과 늑대가 서로를 경계하면서 위협적인 모습을 보이지만, 실제로는 자신들의 이득을 채우는 공생관계라는 얘기다. 주목할 점은 늑대는 외부의 침입자에 대한 경계와 아울러 초원을 보호하는 중요한 기능을 수행한다는 것이다. 그러나 다른 한편으로는 유목민의 가축 중 특히 양을 한꺼번에 서너 마리씩 습격할 수 있기에 항상 경계 대상으로 팽팽한 긴장 관계를 유지해야 했다.

초원은 방목을 위해 아주 중요한 곳간이지만 매우 취약한 땅이다. 유목민들은 가축에게 풀을 먹여도 뿌리까지 먹지 않도록 목초지를 옮겨가며 초원을 세심히 보호한다. 다음 해를 기약해야 하기에 항상 초원의 유지를 위해 조심스럽게 대한다. 이때문에 늑대는 '초원의 적'이 아니라 보호하는 '파수꾼의 역할'을 수행한다. 늑대가 없는 초원에서는 쥐와 토끼, 가젤 등이 폭증해 초원의 풀을 죄다 먹어 치운다. 그러면 결국 초원이 사막화되고 말과 가축(羊)의 먹이가 없어지게 된다.

몽골초원을 유지하는 3대 요소는 말, 늑대, 인간이다. 이들은 모두 무리를 지어 자기 나름의 독특한 방식으로 상호 소통을 통해 군락을 이룬다. 특히 늑대는 약 2km 떨어진 곳에서도 들릴 정도의 '하울링'을 통해 서로 정보를 공유하며, 인간은 말을 동원해 부족 간의 연대를 공고히 하고 영역을 확장했다. 이는 자연과 동물과의 공존을 통해서만 인간이 그 넓은 초원을 평정할 수 있었음을 우리에게 알려준다. 칭기즈칸이 세계를 정복하는 데 있어서 기동전과 전격전은 말의 거친 숨소리, 웅장한 말굽소리와 함께 이룬 대장정이었다.

12. 세 번의 위기에서 테무친을 구한 세 가지 인연

누구나 인생에서 '세 번의 위기'와 '세 번의 기회'가 찾아온다고 한다. 위기를 기회로 만드는 역사의 동력은 운명적 만남에서 시작된다. 참으로 묘한 것이 사람과 사람의 만남이다. 인간과 인간이 만나면 불행한 사건도 생기지만 사소하게 여겼던 만남이 거대한 역사를 창출하는 운명적 인연이 되기도 한다.

칭기즈칸 당시 몽골 초원의 사회적 환경은 오늘만이 존재하고 내일은 없었다고 해도 과언이 아니었다. 하지만 눈앞의 이익을 놓고 배반과 보복이 펼쳐지는 척박한 상황에서도 인정과 의리라는 모럴이 다른 한편에는 분명히 존재했다.

테무친의 청소년 시절에도 세 번의 죽을 고비가 있었지만 반전을 이루어냈던 세 가지 인연이 있었다고 훗날 역사가들은 평가하고 있다.

첫 번째 위기는 칭기즈칸의 가족들을 홀대하고 버리고 떠났던 타이치오드족이 나중에 테무친이 장성해서 부흥할 경우에 대비해 복수의 싹을 완전히 제거하려고 급습했을 때였다. 테무친은 가까스로 도망쳐서 살아남을 수 있었다.

두 번째 위기는 도적 떼가 급습해 말 네필을 약탈하려고 했을 때였다. 대항하던 테무친이 목에 화살을 맞았으나 우연히 만난 보르추라는 젊은 청년 덕분에 구사일생으로 생명을 건질 수 있었다.

세 번째는 메르키트족의 수령 톡토아가 칭기즈칸의 아내 보르테를 유괴하고 테무친 일가를 부르칸 칼둔으로 몰아낸 게르 급습사건이었다. 톡토아는 동생의 약혼녀 후엘룬(칭기즈칸의 어머니)을 빼앗아간 칭기즈칸의 아버지에게 복수하려고 테무친 일가를 공격했다.

위기 속에서 테무친은 운명을 뒤집는 대전환점을 만들었다. 스텝의 암흑 속에서도 살아남는 방도, 우군을 확보하기 위한 '신의 한수'를 두었다. 숙명적인 인연을 용기 있게 찾아 나선 세 개의 사건이 있었다. 테무친은 아버지의 생전과는 다른 비참한 상황에서도 용기를 내 아버지가 생전에 맺어준 약혼녀 보르테의 아버지를 찾아가 결혼을 간청했다. 테무친은 '결혼 동맹'을 통해 처가 세력의 후광과 사회적 배경을 일시에 확보할 수 있었다.

메르키트족에 의해 유괴된 아내 보르테가 몇 개월 후 임신한 몸으로 돌아온 다음에도 테무친은 상처를 굳이 들춰내지 않았다. 변함없는 그의 순정은 단순한 사랑의 차원을 넘어선 각별한 배려와 존중하는 마음이 합쳐진 경외심(敬畏心)으로 발현되었다.

보르테 부인은 평생 칭기즈칸의 정신적 동지가 됐다. 위대한 '정복의 여정'에서 함께 한 아들 4형제를 잘 키운 어머니이자 사려 깊고 분별력 있는 훌륭한 '멘토' 역할을 톡톡히 해냈다. 특히 운명을 결정짓는 중대한 사안마다 그녀의 선견지명과 혜안은 더욱 빛을 발했다. 훗날 역사가들은 그녀를 정통성 있는 왕후로서 칭기즈칸의 위대한 역사를 함께 창조한 '영원한 동반자'였다고 묘사하고 있다.

결혼 후 안정을 찾은 테무친은 과거 도적 떼의 급습에서 테무친의 목숨을 구하고 말을 찾아준 은인인 '누클(盟友)' 보르추를 가장 먼저 찾아 자신의 무장으로 영입했다. 보르추는 칭기즈칸 곁에서 일신을 바치면서 운명을 함께했다. 칭기즈칸의 평생 무장이었던 그는 '대몽골 군'이 탄생할 때 최초의 원수가 됐다.

테무친의 아버지 예수가이는 스텝에서 가장 강력했던 케레이트족의 우두머리 토그릴을 복위시키는 데 참여한 적이 있었다. 아버지의 이런 의형제 인연을 기억하고 있던 테무친은 토그릴을 찾아가서 도움을 요청했다. 토그릴과 미래의 위대한 정복자의 만남은 칭기즈칸의 일생에서 매우 중요한 사건이었다. 테무친은 토그릴과 연합군을 구성해 메르키트족을 무찌르고 납치됐던 보르테를 되찾았다. 이를 계기로 테무친은 불구대천의 원수였던 타타르족과 몽골 내 부족들을 차례로 복속시키면서 몽골 초원의 강력한 부족으로 부상되기 시작했다.

운명적인 만남은 때로는 역사를 바꾸었다. 고려 후기 당대 최고의 무장이었던 이성계는 고려가 버린 아웃사이더이자 정치 낭인이었던 정도전과 만나 조선왕조를 열었다. 평민 출신 유비는 삼국지 최고의 장수 조자룡(趙子龍)과 당대 최고의 전략가 제갈량을 만나 훗날 촉한의 창업 군주에 오르는 단초를 마련했다.

칭기즈칸 또한 숙명적인 만남 덕분에 그야말로 역사적인 대전환을 이루었다. 갑자기

나락으로 떨어진 그는 영원한 반려자 보르테, 평생동지 보르추, 아버지의 의형제 토그릴과의 인연을 살린 덕분에 부활할 수 있었다. 누구나 운명적인 만남을 기대하면서 하루하루를 살아간다. 사람과의 만남을 소중하게 간직하고 가느냐 여부가 결국 성공과 실패를 가른다. 우연한 만남을 소중히 여기고 결코 떨어질 수 없는 끈끈한 인연으로 만들 때, 숙명적인 역사를 창출하는 필연으로 이어졌다.

13. 바둑의 두 집과 칭기즈칸의 기반 확보

바둑에서 두 집을 냈을 때와 그렇지 않은 경우엔 운명이 달라진다. 큰 그림, 즉 대국(大局)을 보면서도 당장 생존에 필요한 뇌관 하나인 두 집을 짓는 데 집중해야 한다. 제국 건설도 마찬가지다. 우선 필요한 것은 확고한 근거지 확보. 칭기즈칸은 몽골 초원을 통일하는 데 있어서 '아생연후살타(我生然後殺他·내가 산 후 상대를 죽인다는 뜻)' 전략을 구사했다. 두 집을 먼저 짓고 나서 상대의 돌을 잡으러 가야 한다는 뜻의 바둑 격언이다.

테무친이 태어나기 전에 세워진 최초의 몽골 왕국은 타타르족과 북경 금나라에 의해서 붕괴되었다. 이후 몽골 초원은 완전한 무정부 상태로 권력의 진공상태였다. 크게 보아서 북몽골의 패권은 메르키트족, 동몽골은 타타르족, 중앙몽골은 케레이트족, 서몽골은 나이만족이 장악한 사분(四分) 구조였다. 이처럼 막강한 주변 부족들을 복속시키려면 우선 몽골족의 통합이 필요했다.

테무친은 몽골 초원에서 안정적인 근거지를 확보하기 전에 삼중고를 겪었다. 아버지가 타타르족에 의해 독살된 이후 가문이 몰락했다. 그 결과 아비 없는 설움과 궁핍, 배고픔을 처절하게 겪어야 했다. 또한 아버지 예수가이가 메르키트족으로부터 어머니 커어룬을 탈취한 데 대한 보복으로 테무친은 결혼한 지 얼마 되지 않은 아내 보르테를 메르키트족에 빼앗겼다.

확고한 자리를 잡지 못한 테무친에게는 집안의 과거 명성을 찾기 위한 최소한의 지지 기반 구축이 급선무였다. 테무친은 이를 위해 동맹 관계 형성과 가문 재건에 뜻을 같이하는 집안 동생들의 절대적인 충성심과 지지를 끌어냈다. 그리하여 서로 간의 맹세를 통한 의형제인 '안다'를 만들었다.

테무친은 아버지의 '안다'였던 케레이트 왕 토그릴과 어린 시절 맺었던 의형제 자무카와 동맹을 맺어 아내 보르테를 되찾았다. 더 나아가 운명을 건 메르키트 족과의 결전을 통해 자기 부족의 안정을 되찾을 수 있었다. 이를 통해 그는 각종 외부 세력과의 제휴 및 연대는 단기간에 영향력을 극대화하는 방법임을 깨달았다. 훗날 역사가들은 이것이 칭기즈칸이 대업을 이루는 시발점이자 기초가 되었다고 평가하고 있다.

또한 내부 역량의 결집과 일치단결이 강력한 응집력을 만들어내면서 외부의 잦은 배신과 기만에도 추호의 흔들림 없이 불패의 고지에 올라설 수 있었다. 어린 시절부터 가장 사이가 좋았던 친동생 카사르, 이복동생 벨구테이는 몽골 부족이 자리를 잡기까지 테무친과 생사고락을 함께한 동반자였다. 테무친은 1206년 몽골제국이 공식적으로 건립되고 황제가 된 후 "벨구테이의 힘과 카사르의 활 덕분에 천하를 얻을 수 있었다"고 회고했다.

일단 신성 동맹을 통해 메르키트족과의 싸움에서 승리하였지만 동맹도 일시적인 방편이었고 잠시였다. 초원의 권력을 유지하기 위해 토그릴의 웅칸은 장차 자신의 권력에 도전할 가능성이 큰 자무카를 견제하기 위해 칭기즈칸을 끌어들이지만, 나중에는 칸을 견제하기 위해 자무카와 연합한다.

그야말로 몽골 초원의 패권을 놓고는 '영원한 적도 친구(안다)도 없다'는 정글의 법칙만이 존재했다. 제각기 온갖 교활한 술수와 음모, 기만과 배신으로 몽골 초원을 자기 수중에 넣는 것에 혈안이 되어 있었다. 결국 칭기즈칸은 이들 두 동맹자들과 초원의 패권을 놓고 격돌하게 되고, 넓은 도량과 포용력으로 초원의 민심을 얻으면서 최후의 승자가 되어 '전사자의 길'에서 '정복자의 길'로 나서게 된다.

쫓기는 말이 위태롭게 보여도 바둑에서 일단 '두 집'을 짓고 나면 항상 역전의 기회가 생기기 마련이다. 필경 공격하는 쪽에서 무리가 생길 수도 있고, 쫓기는 쪽에서는 수습과 타개책을 통해 반전을 노릴 수 있다. 힘이 부족하면 다른 세력과 연합하고, 일단 자력을 확보한 후 점진적으로 영토를 확장하는 칭기즈칸의 전략이 점차 발휘하기 시작하면서 영토는 넓어져 갔다. 결국 두 집을 지은 대마(大馬)는 불사(不死)한다는 것을 칭기즈칸은 여실히 증명해 보였다.

14. 동맹과 결별을 통해 '초원의 정복자'로

테무친의 청소년 시절, 쿠투루 칸의 치세를 끝으로 몽골왕국의 왕권은 공백 상태였다. 12세기 말 테무친과 타이치우트 씨족 간의 목숨을 건 내분이 있었지만 몽골의 여러 부족들은 힘을 합쳐 통일된 몽골왕국이 다시 세워지기를 소망했다. 칭기즈칸은 이러한 시대의 흐름, 즉 시대정신을 정확히 읽을 줄 알았다. 초기 몽골왕국의 칸으로 부상한 케레이트 부(部)의 군주 토오릴 칸과 어린 시절 '안다'였던 자무카, 이들과의 상호보완적인 공존 기간에 점차 수만 명의 부족들을 규합해 나갔다.

테무친은 스스로 단련해 목표를 향해 끝없이 노력하고 전진하는 자강불식(自强不息)의 자세를 견지했다. 그야말로 칭기즈칸의 어록에 나오는 '전사는 태어날 때 정해지는 것이 아니라 길러지는 것이다.'라는 말을 구현하는 시간들이었다.

케레이트의 군주 토오릴 칸은 선친의 가까운 친구였다. 그를 같은 편으로 만들면 100만의 우군을 얻게 되는 셈이었다. 토그릴은 테무친의 장래 가능성을 보았고, 테무친은 토그릴의 영향력을 이용했다. 테무친은 몽골 고원 최대의 군주를 우군으로 받아들여 그것을 이용하려는 과감한 도박에서 결국 이겼던 것이다.

이로써 테무친은 케레이트 왕(토오릴 칸)의 보호를 받는 산하 부족이 되었다. 이러한 '안다' 아들의 보호자를 자처한 맹세(계약)는 1203년까지 유효했고, 이 기간에 테무친은 토그릴의 지원에 힙입어 과거 몽골 왕국에 속했던 외로운 씨족들을 규합시켜 나갔고, 케레이트 왕 역시 테무친의 충성심 덕분에 반란이나 외부침략을 사전에 제어할 수 있었다.

테무친은 자무카와도 메르키트 족과의 싸움에서 일시 협력한 일로 인하여 어린 시절 우정의 유대를 새삼 공고히 했다. 하지만 '이두(二頭) 정치'란 초원의 정치 환경에서는 있을 수 없었다. 결정적인 사건의 전환점은 몇 년 동안 몸을 의탁했던 자무카의 진지를 떠나면서 생기게 된다. 새롭게 '푸른 호수' 지역에서 자리를 잡고 몽골 왕가의 핏줄을 이어받은 네 명의 왕족이 테무친을 칸으로 추대하게 된 것이다.

테무친이 몽골 씨족의 칸으로 추대되자 이들과 불화와 갈등의 조짐이 생기기 시작했다. 자무카는 당초 테무친 세력보다 우위에 있었다. 하지만 그는 왕족의 계보(혈통)가 아니었다. 게다가 변덕스럽고 신의가 부족하였으며 유난히 잔인했다. 웅칸 토그릴 역시 변덕스럽고 욕심이 많았다. 반면 테무친은 세력은 약했지만 언제나 부족민들과 동고동락하며 전쟁에서 어려움을 함께 하면서도 전리품을 골고루 나누어 주었다. 뛰어난 균형감각과 절제된 인내심, 특히 정치적인 포용력이 있었다.

몽골 비사에 따르면 그는 짐승 가죽을 두른 부족장 치고는 자기의 동맹자들조차도 귀인임을 느끼게 하는 무엇인가를 갖추고 있다고 평가했다고 한다. 많은 왕족들은 새로운 왕을 선출 하는 것보다 과거 몽골 부족의 권위를 회복하기 위하여 전쟁을 수행할 지도자가 필요하다고 생각했다. 이런 시대적 요구에 부합하는 인물이 바로 전사 칭기즈칸이었다.

자무카와 테무친의 패권 싸움은 이미 예견된 것이었다. 테무친은 자기 이익보다는 씨족의 명예를 위해 포용력과 배려를 통해 뿔뿔이 흩어진 몽골 씨족들의 마음을 얻는 데 주력하였다. 결정적인 사건은 자무카가 기습적인 '70늪' 싸움에서 테무친에 우호적인 여러 씨족들에게 야만적인 복수를 가한 것이었다. 중국 춘추전국시대에 행하던 형벌인데, 포로 70명을 70개의 가마솥에다 삶아서 죽인 것이었다. 이처럼 잔혹한 살상행위는 결국 평소 반감을 가져온 여러 씨족장들이 테무친 편으로 돌아서게 되는 결정적 계기가 됐다.

하늘에는 하나의 신만이 존재하듯이 당시 몽골 초원에도 하나의 황제만이 존재할 수 있다는 관념이 몽골족들에게는 뿌리 깊게 박혀 있었다. 이에 테무친은 초원의 천하통일을 위해 그에게 거추장스러운 힘센 부족들을 차례로 복속시키겠다는 생각을 품게 된다. 그는 '달리는 말은 말굽을 멈추지 않는다'는 마부정제(馬不停蹄)의 정신으로 '말 타고 말을 찾는' '기마조마'의 자세를 추구했다. 기마조마란 현상을 유지하면서도 더욱 나은 것을 찾아 나서는 것을 말한다. 결국 그것을 극복하는 순간부터 그는 진정한 정복자로 점차 성장하게 된 것이다.

15. 칭기즈칸, 시운(時運)과 인화(人和)로 대반전

역사적인 대반전의 기회를 잡으려면 본인의 노력도 중요하지만 시대적인 요청과 정세가 유리하게 조성되어야 한다. 모든 일의 성패는 때로는 자신의 노력보다 운에 달려 있다. 그야말로 '운칠기삼(運七技三)'이다. 맹자도 전쟁에서 이기기 위한 조건으로 천시(天時), 지리(地利), 인화(人和)를 꼽았다. 칭기즈칸의 경우 지리적으로는 가장 척박한 곳에 있었지만 천시와 인화로 지리적 불리함을 극복한 경우다.

최초의 몽골 왕국은 만주와의 경계지역에서 동몽골의 패권을 장악했던 타타르족과 여진족이 건국한 금(金·1115~1234)의 동맹군에 의해 멸망했다. 한때 몽골족을 치기 위해 타타르족을 이용했지만 세월이 흐르면서 금나라 입장에서는 타타르족 역시 성가신 존재였다. 당시 몽골 초원의 부족 간에는 상호 약탈과 살상이 끊이지 않았다. 다른 한편으로는 각 부족들은 금나라와 종속관계를 맺고 상황에 따라 복종과 침략을 일삼기도 하는 복잡한 형국이었다.

이러한 상황에서 금나라는 칭기즈칸이 이끄는 몽골 부족과 중앙몽골의 패자 케레이트족(토그릴 웅칸)을 요충지에 위치한 타타르족에 대항하는 세력으로 활용하고자 하였다. 이른바 오랑캐로써 오랑캐를 제압하려는 이이제이(以夷制夷) 책략을 통해 싸우지 않고도 균형과 견제를 달성하는 묘책(妙策)을 구사하고자 하였다. 이러한 당시의 주변 정세, 이른바 천시(天時)가 칭기즈칸에게 매우 유리하게 작용하고 있었다.

두 세력 모두 금나라를 섬기는 일종의 연방 세력의 부족으로 대우와 권위를 부여 받았다. 그래서 칭기즈칸은 타타르족에 대한 금과의 협공, 케레이트 웅칸과의 연합에서 더욱 기세를 발휘할 수 있었다. 이는 몽골 부족의 왕위를 노리는 의형제 자무카를 자극하기에 충분했다. 자무카가 칭기즈칸과 케레이트 웅칸의 사이를 이간질하려는 시도와 함께 반(反)칭기즈칸 세력 규합에 나서면서 결국 자무카와도 대결하는 상황으로 발전된다.

훗날 몽골 비사는 1203년 타타르족이 건재했더라면 칭기즈칸도 조상 대대로 포위당하여 결국 웅칸의 케레이트족 영향에서 벗어날 수 없었을 것이라고 서술하고 있다. 타타르족의 전멸은 칭기즈칸의 세력 확대에 결정적인 계기를 제공했고, 몽골에서 힘의 균형을 정반대로 바꾸어 놓았다. 이렇다 보니 웅칸 역시 칭기즈칸에 대해 의혹을 품기 시작하였고 이로부터 양자의 대립이 시작되었다.

초원의 우두머리를 놓고 영원한 친구도 영원한 적도 없는 약육강식 환경에서 경쟁자와 달리 칭기즈칸이 견지했던 장점과 차별되는 점은 무엇일까. 자무카나 웅칸과는 분명 다른 점이 칭기즈칸에게 있었다. 그의 주변에는 배반자가 없었고 시간이 흐를수록 추종자는 불어났다. 반면 욕심 많은 케레이트 왕 토그릴은 자기 육친(동생)들을 여러 죽였다. 심지어 죽음을 면했던 친동생조차 나중에는 나이만족에 망명한 후 그들의 도움을 얻어 토그릴을 몰아내고 케레이트 왕으로 즉위해 토그릴은 일시적이나마 도망자 신세로 전락하게 된다.

칭기즈칸은 심복 '4용사' 외에도 그의 말에 상처를 입힌 숙적 타치우트 족의 명장 '제베(화살)', 신분이 낮았지만 충성심이 강한 모칼리와 젤메가 전우(누케르)로 합류하면서 전투력이 더욱 공고해졌다. 칭기즈칸의 비장한 무기는 확실한 '자기 정체성'이다. 그는 협력관계에 있었던 경쟁자들과 갈등요소를 최소화하면서 인내심을 갖고 유대관계를 유지했다. 약육강식의 상황에서도 '몽골 부족의 통일을 위하여 뭉치자'라는 모토 아래 '동반 성장'의 비전을 제시했다. 그들과 동고동락하면서 더 나은 미래를 세우자고 설득했다. 오로지 '힘의 우위'와 '눈앞의 이익'만 추구했던 경쟁자들의 단견, 단기적 전술과는 확연히 달랐다.

그는 이른바 족호신임(族戶信任·종족신뢰)의 원칙에 따라 일관된 신뢰를 부족민들에게 보여주면서 사소한 전리품이나 눈앞의 이득을 취하지 않았다. 이로 인해 반대편의 많은 사람들도 시간이 흐르면서 칭기즈칸 편으로 돌아섰다. 칭기즈칸은 케레이트 웅칸의 두 차례 배반에도 불구하고 줄곧 은혜로 대했고, 주요 사안마다 이간질을 일삼는 자무카에게도 끝까지 인내로서 대해 스스로 무너지게 만들었다. 전술의 측면에서 때로는 패했지만 결국 전략에서는 성공하였다.

사소한 태도와 자세가 승부를 결정짓는다. 눈앞의 나무만을 보지 않고 숲도 볼 수 있느냐의 차이다. 장사꾼과 비즈니스맨, 정치꾼과 정치가, 전사와 정복자의 차별점이다. 부족 구성원의 작은 시도가 모이고 뭉쳐서 판도를 바꾸는 법이다. 비록 '작은 몸짓'에 지나지 않지만 오랜 세월에 걸친 진정성과 부단한 노력만이 결실을 맺는다는 점을 칭기즈칸의 제국 통일 과정은 알려준다. 작은 시냇물이 모여서 바다를 이루는 것처럼, 자기 왕국의 부활에 대한 부족 구성원의 열정과 '통일제국'을 향한 정복자의 집념 어린 노력으로 칭기즈칸의 꿈은 점차 현실화되어 갔다.

16. 결혼동맹과 칭기즈칸의 '네트워크 구축' 전략

꿈은 끊임없이 노력하고 과감하게 도전할 때 이루어진다. 하지만 약육강식의 논리가 우선하는 몽골초원의 가혹한 환경에서 외연 확대나 세력 확장을 위한 방법은 두 가지 뿐이다. 절대적인 힘의 우위로 다른 부족을 복속시키거나 결혼동맹을 통한 연대다.

결혼동맹을 통해 유력자들과 연합해 열세에 있는 여건을 극복하는 경우는 어느 나라 역사에서나 허다하다. 위세가 든든한 부족, 군사적으로 요충지에 있거나 경제·문화적으로 주요 거점에 있는 부족들과의 혈연관계를 통해 인위적이지만 필연적인 인연을 맺는 것이 결혼동맹이다. 이른바 충성스러운 후원자 역할을 인위적으로 만드는 것이다.

칭기즈칸은 선친의 안다(의형제)이자 주종관계에 있던 웅 칸을 아버지라고 부르며 그의 세력과 종주권을 인정하면서 잘 따르려고 하였다. 하지만 웅 칸은 칭기즈칸의 진정성 있는 보필에도 불구하고 불성실하게 약속을 위반하거나 전리품에 대해 자기 욕심만을 채우려는 태도를 보였다. 이처럼 무책임하거나 이기적인 웅 칸의 행동에 대해 칭기즈칸이 점차 경계하던 참에 돌이킬 수 없는 결별의 사건이 발생했다. 바로 전략적인 '결혼동맹' 제의에 대한 단호한 거절이었다.

양 가문의 결합을 더욱 굳건히 하기 위하여 칭기즈칸은 자신의 장남 조치와 웅 칸의 아들 생굼의 막내딸과 맺어주고, 대신 칭기즈칸의 왕족 계보인 여성을 생굼의 아들에게 출가시키자고 웅 칸에게 제의했다. 하지만 웅 칸의 아들 생굼은 칭기즈칸 아내 보르테가 메르키트족에 유괴됐을 때 임신해 낳은 조치를 아비 없는 사생아라고 무시하면서 혼사를 거절했다.

생굼은 가뜩이나 아버지 웅 칸이 칭기즈칸을 양자로 맞아들여 세력을 확장시켜 주는 데 불만을 품고 있던 터였다. 이런 상황에서 두 가문의 혼담은 웅 칸의 외아들인 생굼

입장에서는 향후 상속권(왕권)에 대한 문제가 발생할 가능성이 농후하다고 여겨지는 대목이었다. 케레이트족이 몽골족의 정통성을 가진 부족이라는 우월감도바탕에 깔려 있었다. 혼사를 거절당한 칭기즈칸의 자존심은 크게 상했고, 이를 계기로 그가 웅 칸에 대해 전부터 품어 왔던 충성심이 노골적인 적대감으로 바뀌었다고 몽골비사는 전하고 있다.

더욱이 친구이자 최대의 잠재적인 정적 자모카는 칭기즈칸의 종형제 쿠차르를 칭기즈칸의 영지로 보내 둘째 아들 차이다이에게 조치의 출생 비밀을 폭로했다. 형제간에 정통성 다툼을 유도해 가족 내분을 일으키려는 이간계(離間計)를 쓴 것이다.

반면 웅 칸의 친동생 자카캄부는 웅 칸이 형제들을 죽인 데 해 늘 불만을 갖고 있었고, 웅 칸에 대한 음모가 탄로나자 나이만족에게로 망명했다. 하지만 칭기즈칸이 케레이트족을 정복한 다음에도 줄곧 개인적으로 친밀한 관계를 유지하면서 자기 딸을 칭기즈칸의 막내아들과 혼인하게 했다. 자카캄부의 딸은 독실한 기독교 신자로서 몽골 제국의 진로에 결정적인 역할을 했고, 훗날 페르시아의 칸이 되는 후라그를 출생하였다.

후삼국 시대를 끝내고 한반도의 재통일을 이룩한 고려의 창업주 태조 왕건은 결혼을 담보로 해상세력인 호족들을 등에 업었다. 이를 토대로 내륙 세력인 후백제의 견훤과 결전을 치러 삼한의 판도를 바꿨다. 결혼동맹을 담보로 송악 출신 왕건은 정주 대부호와 나주 호족들의 전폭적인 협력을 얻었다. 지역 호족 세력의 딸들은 해상세력을 이어주는 '결속의 고리'가 됐고, 충성스러운 후원자 격인 장인들은 젊은 주군으로부터 미래의 보상을 약속받았다.

이처럼 결혼동맹은 단순한 연대의 차원을 넘어서 집안의 명성을 서로 인정하는 가치 동맹이다. 그래서 상호협력과 유대 강화, 공존공생에서 매우 중요한 연결고리가 되었다. 한 부족의 독자적 역량보다는 혈연으로 맺어진 부족 간의 연대가 더욱 강할 수밖에 없다. 단순히 땅을 빼앗는 싸움 같지만 과거 몽골의 부족전쟁도 각 부족이 얼마나 긴밀하게 연결되어 조직적이고 효율적으로 움직이느냐에 승패가 달린 체제 구축 경쟁이었다. 말하자면 효율적인 '네트워크 제국'을 건설하는 경쟁이며 전쟁이었던 것이다.

이를 위해 칭기즈칸은 각자도생이라는 근시안적인 사고를 일찌감치 탈피했다. 그는 다른 부족장들과 달리 '화살 한 개는 쉽게 꺾이지만, 여러 개 묶으면 꺾기 힘들다'는 절전지훈(折箭之訓)을 실천하기 위해 부단히 노력했다. 결혼동맹도 그 일환이었다. '피는 물보다 진하다'라는 말은 과거 몽골 전쟁사에서도 유효했다.

17. 칭기즈칸의 평등 리더십과 귀인의 출현

　　인간은 사회적 동물이다. 고대사회나 지금이나 누구나 인연을 맺고 살아간다. 인연이란 사람들 사이에 맺어지는 연줄이지만 각자의 삶에서 뿌린 대로 결과는 나타나는 법이다. 처절하고 긴박하고 절박한 상황에서 귀인(貴人)을 만나게 되어 우연하게 중요한 끈이 되거나 결정적인 반전의 계기가 되기도 한다.

　　칭기즈칸 시대 몽골 초원에서는 생명을 가진 것 치고 안전한 것이 없었다. 오로지 오늘만 있을 뿐 누구도 내일을 담보할 수 없는 형국이었다. 더욱이 시기, 질투, 반목, 배신, 이간질이 만연한 유목민의 당시 생활은 그야말로 '성찬(천당)과 기아(지옥)'를 오갔다. 인연을 생각한다는 것이 겉으로는 좀 사치스럽게 여겨질 수도 있었지만 결국 판세를 가르는 것은 평판이었다. 인연을 어떻게 관리했느냐가 평판을 갈랐고, 그것이 승리의 관건이었다.

　　칭기즈칸 역시 사면초가의 상황에서도, 죽음의 문턱에서도 주변과의 사소한 인연 덕분에 구사일생으로 위기를 탈출했다. 칭기즈칸의 어린 시절에는 주위 유목민들 덕분에 목숨을 구할 수 있었다. 몰락한 칭기즈칸 가족들을 의도적으로 멀리했던 타이치오드족의 소르칸 일가는 적들의 추적을 피해 도망 다니는 소년 테무친을 양털 더미에 숨겨 주었다. 어린 시절 우연히 알게 된 이웃 친구였던 보올추는 칭기즈칸의 중요한 재산이었던 말 아홉 필을 되찾을 수 있도록 조건 없이 목숨을 걸고 도와주었다.

　　케레이트의 주요 족장을 집합시킨 비밀 작전회의 내용을 우연히 엿들은 말 먹이꾼 키시리크 와 바다이는 케레이트 옹 칸의 아들 생굼이 군대를 이끌고 칭기즈칸을 습격한다는 밀계를 알게 됐다. 이들이 위험을 무릅쓰고 밤새 말을 달려 칭기즈칸에게 밀계를 알려준 덕분에 그는 목숨을 구할 수 있었다.
몽골계 부족의 우두머리를 놓고 칭기즈칸과 겨뤘던 자모카는 연합동맹 세력을 구축하여 칭기즈칸을 기습하려고 했다. 이 동맹에 가담하고 있던 코로라스족의 코리다이가 이 사실을 칭기즈칸에게 신속하게 알려주어 기습공격에 미리 대비할 수 있었고, 웅 칸에게 구원을 청해 급조된 반(反) 자모카 동맹군은 자모카 연합군을 대패시킬 수 있었다.

칭기즈칸이 위험에 처할 때마다 그를 조건 없이 도와준 사람들은 다름 아닌 주위 유목민들이나 하층민들이었다. 힘의 논리에 쉽게 빠져드는 당시 분위기를 고려하면 분명 아주 드문 경우였다. 이는 평소 누구에게나 예의 바르고 겸손한 행실과 포용적인 리더십, 전리품의 공정한 배분, 진정으로 몽골 부족을 이끌 수 있는 인재라는 점을 인정받은 결과였다.

통상적으로 인연은 힘들게 억지로, 의도적으로 만든다고 맺어지지 않고 꾸밈없이 자연스럽게 맺어진다. 하지만 묘하게도 인연의 후과(後果)는 각자의 삶에서 중요한 시기에 나타난다. 우연한 만남을 통해서 귀인과 악인을 만드는 것은 각자의 몫이다. 인연의 속성과 관련하여 '거자불추(去者不追) 내자불거(來者不拒)'라는 말이 있다. '가는 사람 붙잡지 말고 오는 사람 뿌리치지 말라'는 뜻이다. 결국 "네가 대접받고 싶은 대로 남을 대접하라"는 성경 구절처럼 평소 자기가 쌓아온 공덕에 따라 귀인이 될 소중한 인연을 만나게 되고, 이를 계기로 자신의 행로와 운명이 바뀌게 된다는 말이다.

칭기즈칸의 경우도 위험한 고비마다 귀인이 출현해 위기를 기회로 바꿀 수 있었다. "한 사람의 꿈은 꿈이지만, 만인이 꿈꾸면 현실이 된다."라는 칭기즈칸의 '평등 리더십'이 부족민들을 자기편으로 끌어들이는 원동력이 되었다. 초원의 권력주도권을 놓고 몽골초원의 최강자 집단 케레이트의 부족장 웅 칸과 당시 마지막 최대 경쟁자였던 자무카와의 대결에서 승리한 것은 위험한 순간마다 귀인이 출현하고 부족민의 인심을 얻는 데 성공했기 때문이다.

천 리의 인연도 실 한 올에 맺어진다. 생과 사의 길도 사소한 인연에서 갈린다. 헤르만 헤세는 인연이란 "인내를 갖고 노력(功)과 시간을 들여야 비로소 향기로운 꽃을 피우는 한 포기 난초"라고 했다. 그의 경쟁자들이 영토를 차지하려고 했다면 칭기즈칸은 초원 구성원 개개인의 마음을 가지려 했다는 점이 결국 판세를 뒤집고 승패를 갈랐다.

18. '발주나 맹약', 칭기즈칸의 위기 복원력과 통합정신

몽골 초원의 제패를 놓고 칭기즈칸과 의부(義父)였던 웅 칸, 안다(의형제) 자무카는 경쟁과 협력관계였다. 겉으로 보기에는 평화로운 것 같으나 상호 팽팽한 긴장관계가 유지되고 있었다. 그야말로 '찻잔 속의 태풍' 같은 상황이다.

초원의 최강자를 겨냥한 갖자 나름대로의 암중모색으로 인해 힘의 균형은 항시 깨어질 가능성이 상존한다. 더욱이 부족 내부의 여건과 외부 환경도 항시 변하기 때문에 영원한 강자는 없다. 오만과 자만은 안일함과 방종을 불러와 자발적으로 위기를 초래한다.

위기를 피하는 3대 조건은 항시 진단, 사전 대비, 신속한 복원력이다. 특히 어떻게 얼마나 신속하게 극복하느냐가 관건이다. 위기가 닥쳤을 때 포기하지 않고 반전의 기회를 찾는 것이 결국 최강자가 되는 비결이다.

칭기즈칸이 의부(義父)로 모셨던 웅칸은 그의 너그러운 도량과 능력, 예의바른 태도에 만족하여 자신의 상속권(왕권)을 넘겨주려고 망설였다. 그러나 이를 눈치 챈 아들 생굼은 칭기즈칸을 의도적으로 싫어하였다. 이런 상황에서 칭기즈칸의 웅칸에 대한 결혼동맹 제의는 생굼의 심정을 복잡하게 흔들어 놓았고,

생굼의 이간질로 결혼동맹은 받아들여지지 않았다. 하지만 후과를 두려워 결혼 동맹 제의를 받아들일 것 같은 초청 연회를 벌여 놓고 칭기즈칸을 죽이려고 음모를 꾸민다. 아들 생굼은 이 기회를 이용하여 칭기즈칸에 대한 기습적인 섬멸작전을 단행하게 된다.

결국 칭기즈칸 군대는 기습작전에 휘말려 구사일생으로 몽골 초원 북동부 끝단에 있

는 발주나 호수까지 퇴각한다. 하지만 혼비백산한 칭기즈칸 군대는 뿔뿔이 흩어지고 남은 군사는 고작 19명에 불과하였다. 최악의 상황에서도 이탈하지 않은 이들과 함께 발주나 호수의 흙탕물을 마시면서 충성과 의리를 통해 재기를 다짐한다. 이른바 몽골비사는 칭기즈칸이 초원의 부족을 통일하고 유라시아 대륙을 점령한 결정적 '단초'가 된 동 사건을 '발주나 맹약'이라 부른다.

'발주나 맹약'에서 함께 했던 동지(부하)들 모두 친동생 카사르를 제외하고는 모두 서로 다른 인종과 서로 다른 종교를 가진 사람이었다. 19명의 출신이 9개의 다른 부족이었다. 종교도 서로 달라 샤머니즘을 신봉하는 칭기즈칸과 카사르를 제외하고는 무슬림, 기독교, 불교 등 다양하였다. 이 역사적인 언약은 혈연과 종교를 벗어나 관용과 통합의 정신으로 단합하는 기초와 영토 확장의 단초를 제공했다는 점이다.

또 다른 의미는 절체절명의 위기에 몰려 살아남은 칭기즈칸은 결코 포기하지 않고 도전한다. 흩어진 군사들을 모아 재무장하면서 승리에 도취되어있던 웅칸에 대한 역습의 기회를 노렸다. 결국 사자(使者)를 보내 웅칸을 안심시키는 교란작전과 함께 다른 이면에서는 웅칸의 군대가 어렵다고 판단한 루트를 통해 상대가 취약한 시점인 야간 행군과 전격적인 기습작전을 통해 케레이트 왕국을 복속시킨다.

칭기즈칸은 '생존을 걱정할 것인가, 기회를 노릴 것인가'라는 선택의 순간에서 공황에 빠지지 않고 평정심을 유지하면서 과감한 반전의 기회를 모색하였다는 점이다. 처해진 현실과 닥친 위기에 대한 정확한 진단, '동지(동지)'라는 상하 일치감 조성을 통해 신속하게 탄력성을 회복시켰다.

'발주나 맹약'은 어찌 보면 '중국혁명의 요람'과 '중화인민공화국의 초석'으로 불리는 모택동(毛澤東) 주석의 강서성 '정강산(井岡山) 맹약'과 상당히 일치하는 역사적인 사건이다. 장개석 군대의 계속되는 공격을 견디지 못하고 1934년 10월 대장정이라는 '고난의 행군'을 시작하여 1936년 연안에 도착한 모택동과 홍군은 그곳을 거점으로 삼아 힘을 비축했다. 홍군의 운명을 바꾼 대 전환점의 발원지이었다.

칭기즈칸과 모택동 주석 공히 "낡은 것을 파괴하지 않고서는 새로운 것을 세울 수 없다(불파불립·不破不立)"며 언제나 기존 틀의 과감한 가치를 '동지(同志)'라는 개념으로 타파했다.

공자는 일찍이 "攻乎異端(공호이단) 斯害也己(사해야기)"라고 설파했다. "이단이라고 공격하면 나에게 손해가 될 뿐이며 그 화는 모두 내게 돌아온다."는 뜻이다. 이른바 대업(大業)을 이루고 싶거든 나와 다른 관점을 가진 사람을 포용하라는 것이다.

위기는 항상 다가온다. 결국 끝까지 살아남는 최종 승자가 되기 위해서는 "윗사람과 아랫사람이 같은 목표(慾求)을 추구할 때 비로소 승리할 수 있다"는 '上下同欲者勝 (상하동욕자승)' 구현과 다양한 세력을 아우르는 포용력과 신속한 복원력에 달려 있다.

시대상황(정신)은 항상 변화하고, 위기는 언제나 닥치기 마련이다. 하지만 결국 리스크(갈등·敵)는 최대한 줄이고 기회(통합·友軍)는 극대화하는 작업이 국가(기업)경영의 요체이고 최후 승리의 비결이다. 바로 세계의 정복자 칭기즈칸이 시대를 초월하여 우리에게 알려주는 중요한 시사점이다.

18-1. 코페르니쿠스적 대전환 계기 된 '발주나 맹약'

1203년의 발주나 맹약은 몽골 비사에서 가장 극적이고 감동적인 사건이다. 칭기즈칸이 몽골제국을 건설하는 가장 큰 변곡점이기 때문이다. 칭기즈칸의 리더십은 물론 군사 전략과 통치 사상까지도 전환시킨 계기로 작용했던 거스로 평가되고 있다.

1189년 27살의 칭기즈칸은 옹칸의 승인 아래 전통적인 씨족, 부족회의인 쿠릴타이를 소집하여 칸의 칭호를 차지했다. 이어 천신만고 끝에 메르키트, 타이치우드 족을 누르고 초원의 강자로 떠올랐다. 당시 초원의 최강자였던 케레이트 부족의 지도자 옹칸은 몽골을 상징하는 지배자였지만 점차 부상하는 칭기즈칸에게 두려움을 느끼고 있었다.

칭기즈칸은 자신의 첫째 아들 주치와 의부(義父)로 모시던 옹칸의 딸을 혼인시켜 옹칸과 결혼동맹을 맺으려 했다. 하지만 옹칸의 속임수에 빠진 것을 뒤늦게 눈치채고 부하들과 함께 목숨을 건 탈출을 감행했다. 초원의 군사 지도자가 된 이후 가장 처참한 순간이었다. 그는 결국 발주나 호수에서 19명의 남은 부하들과 함께 6개월 동안 머물면서 재기의 기회를 모색하게 된다.

칭기즈칸은 이때 부하들과 흙탕물을 함께 마시며 고난 속에서도 이탈하지 않은 부하들의 충절에 감사하면서 절대 이를 잊지 않겠노라 맹세하였다. 또한 그의 추종자들도 칭기즈칸에게 끝까지 충성하겠다고 서약했다. 몽골 비사에서 '발주나 맹약'이라고 부르는 사건이다. 마치 '한날 한시에 함께 죽기를 맹세한다'는 유비, 관우, 장비의 도원결의 때 맹약(盟約)과도 같은 사건이다. 서로의 피를 잔에 떨어뜨려 나눠 마시는 맹우(盟友)를 묘사한 스키타이 황금상 같은 분위기를 연출한 것이다. 이곳에서 동지적 부하들과 의기투합한 칭기즈칸은 절치부심한 끝에 기적같이 부활했다.

발주나 맹약이 더욱 주목받는 이유는 참여한 19명이 서로 다른 9개 부족 출신이었기 때문이다. 이슬람교도, 기독교도, 불교도, 샤머니즘 등 다양한 종교를 믿는 자들이었다. 친인척이라고는 칭기즈칸의 친동생 카사르뿐이었고 오히려 몽골 부족은 소수였다. 심지어 적대관계인 메르키트, 케레이트 부족원도 있었다. 발주나의 흙탕물 맹약은 전화위복이 됐다. 칭기즈칸을 중심으로 부족과 종교를 초월해 굳은 동지애로 결집했고, 그의 전략적인 사고력과 처세술을 한 단계 성장시킨 결정적인 계기가 되었다. 친족 중심의 부락 생활을 하던 몽골 유목민들로선 매우 혁신적인 깨달음을 갖게 한 계기이기도 했다.

고된 역경의 시간을 통하여 다양한 구성원들과의 정신적 교류와 창조적인 대화는 칭기즈칸의 전략적인 사고 형성에 코페르니쿠스적 대전환을 이루게 하였다. 이후로 몽골은 친족, 인종, 종교를 떠나 능력 중심, 통합정신에 입각한 관용 사회로 나아가되 하나로 대동단결하는 공동체 제국의 기본적 틀을 갖출 수 있게 되었다.

명문화되지는 않았지만 개방성과 다양성을 존중하되 법 앞에 평등하다는 모토를 가졌다. 이는 훗날 몽골 대제국의 코스모폴리탄적인 사고의 기초가 되었고, 국가 창립의 기본 정신이 되었다. 각종 계략을 포함한 전략적인 사고를 겸비하고 공통의 비전을 제시해 사람들을 한데 결집시킬 수 있는 정치적인 역량도 배양되는 기회가 되었다. 고단하고도 처참한 역경을 통해서 "모두는 하나를 위해, 하나는 모두를 위해(One for all, All for one)"라는 강력한 '원팀 정신'으로 무장하게 되었다. 발주나 맹약에 참여한 19명은 당시 칭기즈칸을 중심으로 맹우(盟友) 집단 격인 '동지애적 전사결사체'가 되었다. 한번 주군(主君)이 정해지면 목숨을 걸고 충성하는 코미타투스(Comitatus)라 불리는 친위부대가 되어 몽골을 이끄는 핵심 주체 세력으로 성장했다.

훗날 정치군사 전략 운용 측면에서는 통치조직인 천호제, 군사조직 케식텐, 법령 대자사크는 물론 종교 및 인사에서도 탕평적 사고와 현지화 정책에 영향을 준 것으로 평가받고 있다. 실제로 맹약 이후 자모카와의 마지막 전쟁을 준비할 때부터 친위부대 케식텐을 창설했다. 대몽골 제국의 출범과 함께 칭기즈칸은 케식텐을 거대한 조직으로 확대, 발전시켰다.

특히 발주나에서 흑담비와 다람쥐 가죽을 사려고 낙타 한 마리와 양 1000마리를 끌고 나타난 회교도 상인 하산과의 교류에서 다른 종족과의 교역의 중요성과 다양한 민족을 통한 정보전의 중요성도 깨닫게 되었다.

발주나 맹약은 역사에 등장하는 수많은 영웅들처럼 절체절명의 위기와 고난 앞에서 어떤 선택과 결정으로 자신을 지키고, 나아가 역사에 남을 대업을 이루었는지를 여실히 보여준다. 그야말로 극단의 비참한 상황에서도 좌절하지 않고 해결할 방법을 찾는 기회를 가지게 된 것이었다. 주역(周易)에 '궁즉변 변즉통(窮則變 變則通)'이라는 말이 나온다. 궁하면 곧 통한다는 뜻이다. 때로는 역경은 두려운 것이 아니라 성장시키는 원동력이자 반전의 기회가 될 수 있다. 칭기즈칸은 '프로 액티브'라는 DNA를 가진 소유자로서 "고난을 복으로 만들 수 있다"는 교훈을 주고 있다.

발주나 맹약은 몽골 대제국 건설을 위해 이후 펼쳐질 대전환의 시대, 이른바 변동성(Volatility), 불확실성(Uncertainty), 복잡성(Complexity), 모호성(Ambiguity)이 불어 닥치는 뷰카(vuca) 시대를 앞두고 칭기즈칸이 추앙하는 텡그리 신이 내린 '인고의 선물'이었다.

19. 설득력과 영적인 권위로 몽골제국의 초석을 이루다

옛날 중국에서 관리를 선발할 때 표준이 되는 네 가지 조건은 신언서판(身言書判)이었다. 칭기즈칸 당시에 그린 실제 초상화는 현재 전해지지 않고 있다. 다만 역사가들은 칭기즈칸의 용모에 대해서 태어날 때는 불같은 눈동자, 남다른 얼굴 광채를 지니고 있었고, 성인이 된 후에는 남달리 큰 키, 튼튼한 골격, 넓은 이마, 긴 수염 등 출중한 풍모를 갖추고 있다고 전한다.

테무친은 유년 시절부터 말타기, 사냥과 전쟁놀이에 탁월한 능력을 갖추고 있었다. 이 때문에 테무친의 아버지 때부터 집안의 숙적이던 타치우트 씨족으로부터 추방과 견제의 대상이 되었고, 집안의 장손이었던 테무친을 그들은 '위험한 병아리'로 여겼다.

결국 복수를 당하기 전에 짓눌러버리려는 기습공격이 감행되었다. 테무친은 포로가 되었고 감시 역할을 맡았던 솔칸 시라는 "너는 영리한 머리, 반작이는 눈빛, 빛나는 얼굴 때문에 타치우트 씨족이 너를 없애려고 하는 거야"라면서 그의 도주를 방조했다. 그의 범상치 않은 외모가 이를 방증한다.

하지만 칭기즈칸을 재조명할 때 주목해야 할 것은 남을 탄복시킬 수 있는 설득력과 호소력에다 판세를 예리하게 읽는 능력, 대중의 감성을 자극하여 선동할 수 있는 능력을 겸비하고 있었다는 점이다. 부드러운 감성과 설득의 논리를 제공하는 문(文)에다 강건함과 정복자의 기질을 갖춘 무(武)를 겸비하였던 것이다.

선친의 동지였던 웅칸 토그릴을 찾아가 원한 관계에 있던 메르키트족을 협동으로 공격하자고 제의할 때에도 그의 설득력은 빛을 발했다. 몽골 부족 통일에 있어서 가장 큰 라이벌로 대두된 웅 칸과 자무카와의 대결과 협상에서도 '칭기즈칸의 호소'는 그들을 설복해냈다.

위급한 상황이 생길 때마다 그는 정의, 선의, 연대감, 당위성, 감동, 우정과 애정에 호소했다. 초원의 부족들을 설득해 자기편으로 끌어들이는 데에도 이러한 특질은 빛을 발휘하기 시작하였다. 강력한 상대를 차례로 제압하는 몽골 부족 통일 과정에서 그의 갖가지 호소는 교묘한 외교적 술수 바로 그 자체였다고 몽골비사는 전하고 있다.

칭기즈칸은 무자비한 정복자, 유목민 특유의 무자비하고 야만적인 성격과는 상반되는 영적인 권위, 현학적인 지성, 포용적 너그러움도 갖추었다. 날카로운 지성과 풍부한 감성의 두 얼굴을 지녔다고 볼 수 있다.

어느 국가에서나 조직에서나 리더의 설득력은 대중의 마음을 얻는 데 결정적인 역할을 한다. 그래서 지도자의 언변(言辯)속에는 혼(魂)과 논리(철학)가 깃들어 있어야 한다. 말 속에 논리가 담겨 있어야 상대와 공감대를 형성할 수 있다. 사람의 마음을 얻는 방법은 바로 설득력과 호소력이며, 이는 대중의 마음을 열게 만든다. 특히 전쟁에 승리하려면 많은 사람들의 동감과 지지를 받아야 한다. '지지한다'는 것은 '동의한다'는 의미. 전쟁과 소통은 불가분의 관계에 있다. 상하좌우가 모두 통할 수 있어야 일체감이 조성될 수 있다.

중국 사기 장의열전에 '시오설(視吾舌)'이라는 고사가 있다. 전국시대 위나라의 장의라는 언변이 뛰어난 식객이 자신의 혀 나라로 진나라 재상이 되어 같은 스승 밑에서 수학했던 소진의 합종책을 깨고 연횡책을 이룬 데에서 유래한 이야기다. '내 혀를 보라'는 뜻인데 "혀만 있으면 천하도 움직일 수 있다"는 것이다. 세 치 혀로 민심을 끌어 모을 수 있다. 이와 관련해 생텍쥐베리의 '어린왕자'에도 이런 이야기가 나온다. "세상에서 가장 어려운 일은?" "돈 버는 일, 밥 먹는 일도 아니고, 사람이 사람의 마음을 얻는 일이란다."

마음을 얻으면 천하를 얻는 법이다. 이런 점에서 칭기즈칸은 절제된 카리스마와 영적인 권위, 많은 사람들을 휘어잡거나 마음 속으로부터 복종하게 하는 능력이나 자질이 뛰어났다. 바로 샤머니즘적 신앙에서 품어 나오는 굳건한 믿음과 언변의 힘은 이런 초자연적·초인간적 통솔력을 잉태했다.

하지만 칭기즈칸은 평소 군령과 법령을 공표하거나 지휘 통솔할 때 입에만 의지하는 한계를 절실하게 깨닫는다. 이에 훗날 몽골 제국 성립 이후 위대한 문명 과업을 이룩한다. 송나라에는 한자, 금나라에는 여진 문자, 서하에는 서하 문자, 심지어는 위구르 같은 작은 나라에도 문자가 있다는 사실을 깨닫고 대몽골제국의 앞날을 위하여 몽골 문자를 발명하도록 지시하게 된다. 그는 신언서판을 완벽하게 겸비한 용장이자 지장이었다. 그래서 관용과 정복의 두 얼굴을 가진 인물이라는 평가를 받는 것이다.

20. 길, 결, 꼴이 달랐던 몽골 제국 통일 과정

몽골 초원에서 최강자를 노리는 부족들 간에는 그야말로 약육강식의 법칙만이 존재한다. 패권을 차지하려면 상대보다 우월한 접근방식과 전략이 요구된다. 차별화, 정규화(전문화), 제도화(표준화)되어야 한다. 자기 자신의 변신(變身), 새로운 환경과 미래에 부응하려는 변모(變貌)를 통해 변혁(變革)을 누가 선점하느냐가 관전 포인트다. 이러한 관점에서 칭기즈칸은 다른 경쟁 상대자들과는 완전히 달랐다.

안정이 지속되면 누구라도 나태해지고 매너리즘에 빠지기 쉽다. 하지만 칭기즈칸은 일시적인 평화와 안정 속에서도 열정과 집념을 바탕으로 꾸준히 변화를 모색하였다. 경쟁력의 3대 요소는 인력, 조직, 전략이다. 이를 구현하는 관건은 부족장이 어떤 철학을 가지고 구성원들의 열정을 유도하면서, 계획을 어떻게 실천하느냐에 있다. 비록 따르는 인원이 많아도 뚜렷한 목표의식과 조직화 및 훈련화가 되어 있지 않고 체계적인 지휘체계가 구축되지 않으면 오합지졸이 되기 쉽다.

원래 초원의 강력한 케레이트 부족장 웅 칸, 집안도 좋고 술수에도 뛰어난 자무카, 강력한 부국인 나이만 부족과 비교할 때 칭기즈칸은 세력이나 집안의 출신이 턱없이 미흡했다. 그는 이러한 열세를 어떻게 극복하고 초원의 통일을 이루었을까?

몽골족의 종교는 고대 투르크족의 종교와 같은 것으로 유일신인 천신(텡그리)에 대한 믿음에 기초한다. 우선 칭기즈칸은 이러한 관습을 적극 활용해서 본인 중심의 합법적인 권위와 강력한 카리스마를 유도했다. 구성원들이 칭기즈칸을 신격화하는 데 샤머니즘을 활용했고, 매번 전쟁을 감행할 때마다 제사를 지내고 전투 승리에 대한 확고한 믿음으로 결의를 다짐했다. 이러한 확고한 신앙을 바탕으로 전체를 뭉치게 만들었고, 이러한 신념의 확산과 함께 다른 부족들도 점차 그에게 호의적인 관심을 가지게 되었다.

1195-97년 경에 소집된 부족 수장회의인 '쿠릴타이'에서 그는 몽골의 칸으로 추대되었다. 이후 그는 법을 만들기 시작했고 시간이 흐르면서 완성된 이 법을 '야사'라고 하는데, 대대로 이어진 몽골의 전통과 관례를 폭넓게 반영한 정치, 도덕 법령이었다. 이러한 법령 체계는 훗날 몽골 제국과 후계자들에게 핵심적이며 신성한 준거틀을 제공하였다.

그는 몽골 초원을 통일해 칸으로 추대되기 이전부터 씨족공동체 위주의 공동 방어체제를 과감하게 탈피하여 '천호제'라는 군사조직으로 탈바꿈시켰다. 그리고 일사불란한 지휘계통을 구축했고 중앙통제력을 강화하기 위해 케식텐을 조직했다. 케식텐은 창설 당시에는 주간 친위대 70명, 야간친위대 80명으로 구성된 호위 및 경계 임무 위주의 조직이었다.

점차 조직화된 케식텐은 칭기즈칸을 정점으로 한 피리미드 구조로 구성됐는데 1000명의 병력을 지휘할 수 있는 천호장 아래 백호장, 십호장으로 전투적 제대와 제대별 참모조직을 구성하였다. 특히 예하 조직 제대장의 자식들을 케식텐 지휘부에 포함시켜 친위부대 참모 규모를 확대하는 동시에 이들을 볼모 개념으로 잡아 생사고락을 함께하는 '원팀'으로 묶어서 신속한 지휘체계와 조직의 응집력을 강화하였다.

나중에 케식텐 조직은 칸에게 정책적인 조언과 칸이나 쿠릴타이가 결정한 일을 집행하는 기구로 발전했다. 몽골 초원의 가족 및 씨족 단위로 뭉쳐진 부족 중심의 비정규적인 조직을 정규화된 군대 전투조직과 지휘통제형 행정 조직으로 변모시킨 것이다. 칭기즈칸이 몽골 초원의 패권에 머물지 않고 대제국을 건설하는 데 케식텐이라는 호위집단과 천호제를 통한 지휘통제시스템 구축이 결정적으로 기여한 것으로 훗날 역사가들은 평가하고 있다.

꿈을 꾸면 미래에 실현될 일을 상상만 해도 기분이 좋아진다. 간절히 원하는 일은 언젠가는 이루어진다는 일종의 경험 법칙을 가리키는 '줄리의 법칙(Jully's law)'이 있다. 칭기즈칸이 몽골 초원의 패권을 장악하는 과정은 그런 법칙이 잘 적용된 사례다.

좋은 일이나 행운은 우연히 일어나는 게 아니다. 철저한 준비과정을 통해서 이뤄진다. 칭기즈칸의 '꿈'도 차별화된 접근방식과 정교하게 제도화된 도구를 통해서 완성되었다. 경쟁자와는 차별화된 '길', 접근 전략이 다른 '결'을 추구했고, 접근방식과 형태가 다른 '꼴'을 그는 선택했다. 그래서 그는 결국 초원의 패권을 장악했다. 이러한 연장선 상에서 대제국 건설의 야심은 몽골 초원을 넘어 남방과 서방으로 계속 확산됐다.

21. 칭기즈칸 승부수…'시대정신' 구현과 '대도무문' 발현

1206년 몽골제국 수립 이전에는 절대 강자가 없었다. 그야말로 춘추전국시대였다. 칭기즈칸은 유력한 몽골 왕가의 핏줄을 이어받은 네 명의 왕족과 가까운 친척들이 합류해 1195~97년 경 소집한 부족 수장회의 '쿠릴타이'에서 몽골의 칸으로 추대되었다. 이후 칭기즈칸은 전체 몽골 부족 및 구성원들의 염원이었던 시대정신을 구현하기 위하여 고삐를 더욱 바짝 조였다.

영웅이란 시대의 아픔과 소망을 누구보다 앞서 인식하고 구체적인 노력과 실천을 통해 이를 해결하는 사람이다. 당시 몽골 부족들의 의식을 지배하고 있던 정치·사회적 자세와 정신적 경향, 소망 등을 말하는 시대정신(Zeitgeist)은 과연 무엇이었을까.

부족의 재통일은 당시 절박한 시대적 요청이었다. 칭기즈칸의 조부(祖父) 때부터 수없이 시도해왔지만 실현하지 못하고 부족 간 반목과 질시만이 판치는 형국이었다.

잔인한 살육과 복수, 무기력과 무정부 상태, 상호 침략과 복속의 '동네 싸움' 만 난무했다. 이에 씨족들은 뿔뿔이 흩어졌고 부족장들은 '우물 안 개구리' 식으로 눈앞의 이익에만 골몰했다. 특히 넓은 몽골 초원을 사분하여 동서남북으로 흩어져 있는 부족장들은 대대로 이어질 것 같은 자기만의 영광에 도취해 있었다.

이렇듯 긴급한 시대적 요청, 즉 시대정신을 구현하고자 20년 이상 발버둥을 친 지도자가 칭기즈칸이었다. 그는 몽골 부족통일을 위해 부단히 암중모색을 하였다.
각종 체제와 조직을 정비하고, 조직력을 바탕으로 한 전투력 증강과 몽골 초원의 민심 결집을 통해 1202년 동쪽의 타타르족을 완전히 정복하였고, 남쪽 지역의 케레이트족과 연합하여 서쪽에 있던 초원의 최강자 나이만족을 정벌함으로써 몽골 전체를 지배하게 되었다.

그에게는 분명 여타 경쟁자들과 다른 철학이 있었다. 아픈 곳을 치유하면 사회 전체가 나아진다는 강한 공동체 의식과 연대감이 있었다. 그것은 바로 몽골 부족국가를 다시 세우려는 애족심(愛族心)이었다. 삶의 철학이 남달랐던 칭기즈칸은 그릇이 큰 사람이었다. 눈에 보이는 '영역의 지배'보다는 눈에 보이지 않는 '부족민의 인심'을 얻기 위해 노력을 기울였다. 겉으로는 평범한 것 같았지만 내면에는 원대한 목표를 이루려는 비범함이 존재했다.

칭기즈칸은 몽골 초원의 통일 대업을 이루기까지 피와 땀과 눈물을 수없이 쏟아야 했다. 이를 통해 포용성, 유연성, 개방성으로 세(勢)를 불려 나갔다. 그 과정에서 자연스럽게 그릇은 더욱 커졌고, 영혼도 깊어져 갖은 고난을 이겨낼 수 있었다. 입소문을 통해 퍼져나간 평판은 민심으로 이어졌고, 세(勢) 확장성과 통합 가능성이 커지면서 그의 꿈은 자연스럽게 실현되어 갔다.

그는 힘이 센 경쟁자를 상대하기 위해 남들과는 다르게 접근했다. 주변의 참모와 심복들은 '누케르(동지)'라는 개념으로 똘똘 뭉쳤다. 칭기즈칸의 맏아들 주치(몽골어로 '손님'이라는 뜻)는 칸의 신혼 시절 부인 부르테가 메르키트족에게 납치 당했을 때 남의 씨앗을 잉태해 낳은 아들이라는 게 정설이다. 그런데도 칭기즈칸에게 주치는 가장 사랑하는 아들이었고, 그런 주치를 다른 자식과 전혀 차별하지 않았다. 부인 부르테 역시 가장 아끼면서 포용한 영원한 반려자였다.

어려울 때 항상 옆에서 보좌했던 핵심 참모 보올추는 칸과 혈통적으로 아무런 관계가 없었다. 칸의 4대 장수로 꼽히는 젤메는 노예 출신인데 황금 가문의 당당한 일원이 되었다. 특급 조언자로서 항상 존경했던 자신의 어머니와 그의 각별한 당부대로 차별을 두지 않고 이복동생을 대했다.

그는 중요한 결정을 내려야 할 때마다 다른 사람들의 의견을 경청했다. 다른 부족이나 다른 나라를 공격할 때 실리보다 명분을 중시했다. 출신 성분이나 혈통, 가문을 뛰어넘는 작전회의, 때와 장소를 가리지 않는 구수회의 등 여러 경로를 통해 경청하는 자세를 견지했다. 냉철한 이성과 균형감각을 가지려고 노력했다. 적정에 대한 다각적인 분석과 사전 염탐을 통해 정확히 판단 후에 신중하게 최종 결정을 내렸다.

'발주나 맹약'을 계기로 친족이나 인종, 종교를 더욱 초월하여 몽골 초원을 통일시키는 데 있어서 통합의 원칙을 견지했다. 전쟁에 참여했던 부족민들이나 전사한 병사들의 부인이나 고아들에게까지도 전리품을 챙겨주었다. 초원에 흩어진 최하층민들을 끌어다 자신의 세력으로 만들고 추종자들을 규합과 융합시키는 포용의 리더십을 발휘하였다.

아무리 외형이 큰 그릇처럼 보여도 사욕(私欲)을 배제하지 못하면 실제 그릇 크기는 종지만도 못하게 된다. 반면 사욕을 배제하고 공평무사하면 안팎의 경계가 무너지면서 그릇은 더욱 커지게 된다. 마치 내 것과 네 것, 내 편과 네 편의 경계가 없는 것처럼 보일 때 포용력은 한없이 커지고 장벽은 사라진다. 큰 그릇과 포용적 리더십의 결합으로 나타나는 리더십이 바로 '대도무문(大道無門)'이다.

지류가 모여 강물을 이루듯이 여럿이 합치면 그 힘은 시너지 효과를 창출한다. 유연하면서 휘는 칼은 더 예리한 법이고, 주변의 문화를 수용하는 다양성은 다양한 세계의 크고 작은 길을 모두 알 수 있게 한다. 이 모든 요소는 그를 1206년 한층 더 엄숙하고 장엄하게 거행된 '쿠빌타이'에서 황제로 등극하게 만들었다. 세계의 왕이라는 '대양의 군주', 즉 '칭기즈칸'이라는 칭호와 함께 '몽골제국'이 탄생했던 것이다.

22. 공정한 분배와 엄정한 원칙이 만든 강한 전투력

13세기 몽골 초원에서 삶의 대부분은 게르(ger)라는 정해진 틀 속에서 이뤄졌다. 게르에서의 공동체 생활이었지만 모두가 평등하지는 않았고 출신의 구분도 엄격했다. 가문이 좋으면 상위 신분으로 특권을 누렸고 가문이 없으면 하층 신분을 계속해서 물려받는 것이 관례였다. '흙수저'는 결국 '그저 그렇게' 삶을 마감했다. 요즘 말로 '수저계급론'이 몽골 부족사회 전반에 광범위하게 퍼져 있었다. '노력해도 안 된다' '가문이 최고'라는 인식이 확산하면서 역동성은 떨어질 수밖에 없었다. '개천에서 용이 나질 않는' 고착된 사회 구조였던 것이다.

몽골 변방의 소수 유목민 부족 출신인 칭기즈칸은 유목민 고유의 특성을 잘 살리면서도 기존 관념의 타파와 혁신을 통해 조직의 효율성과 전투력의 극대화를 도모했다. 이 거대한 작업과정에 그는 '천재적 이기성'을 발휘했다. 초원의 최강자가 되기 위해 강력하면서도 일관된 이기적인 사고를 초지일관 발휘했다. 세력을 불릴 수 있는 전투에서의 승리를 위해 과거의 가문과 연공서열을 타파하였다.

천적 타타르족과의 정벌 전쟁에서였다. 칭기즈칸의 당숙과 숙부가 전투에 적극적으로 참여하지 않고 군령을 어기고 재물과 가축을 약탈했다. 그러자 칭기즈칸은 약탈품을 전부 몰수하여 조직에 귀속시켜 공동으로 분배하게 했다. 칭기즈칸의 이복동생 벨구테이가 타타르족 섬멸 작전에 관한 비밀을 누설하자 한동안 친족 비밀회의 참석을 불허했다. 칭기즈칸이 조직의 기율을 얼마나 엄정하게 세우고 집행했는지 보여주는 사례들이다. 조직의 생존과 승리만을 위하여 씨족장이든 가족이든 누구나 규율을 지키도록 공정하고도 평등하게 적용했다.

칭기즈칸은 또한 부족장이나 씨족장을 우대했던 전통적인 관례를 깨트리고 능력에 따라 장수를 기용하여 전투력을 극대화하였다. 특히 능력 본위의 인재 발탁, 충성심과 부족의 발전에 대한 열정을 우선으로 한 인재 등용은 휘하 장수들을 충직한 부하이자 용장으로 만들었다. 전리품의 분배도 지위 고하를 떠나 각자 전투에서 공헌한 성과에 따라 분배토록 하였다. 심지어 전쟁에 동원되었던 부족민들은 물론이고 전사한 병사들의 부인이나 고아에게까지 전리품을 챙겨줌으로써 조직의 결속과 전투 의지를 최상으로 끌어 올렸다.

사람은 누구나 자신의 기여도, 노력, 자격에 상응하는 보상이 주어지지 않았다고 인식될 때 불공정성을 느끼게 된다. 모두에게 똑같은 기회와 과정이 주어져야 한다는 '절대적 평등'을 원칙으로 하되 당시 상황과 성과에 따라 차등적 분배를 하는 '상대적 평등'을 도입하여 적절한 균형을 이룬 꼴이다.

그는 공정과 평등을 몸소 실천함으로써 특권의 혜택과 기득권의 영향력을 최소화하였다. 마치 논어 계씨(季氏)편에 나오는 '불환빈 환불균(不患貧 患不均, 백성들은 가난한 것에 분노하는 게 아니라 공평하지 않은 것에 화를 낸다)'을 알고 있었던 것 같다. 칭기즈칸은 당시 몽골초원에서 가장 큰 위협이었던 대물림(세습)을 타파한 혁신주의자였다. '가문'에서 비롯된 위계질서 프리미엄보다 능력 본위와 성과 본위를 강조했던 것이다.

"작전의 실패는 용서해도 배식의 실패는 용서받지 못한다"라는 군대의 격언이 있다. 농담 같지만 중요한 지휘 원칙이 담겨 있는 말이다. 내부 불만이 없고 사기가 충전한 군대는 언제나 승리했다. 제아무리 무기가 좋아도 결국 기필코 승전하겠다는 전투원들의 강력한 의지가 우선이다. 칭기즈칸은 정실에 휘둘리지 않는 엄정한 원칙과 공적에 걸맞은 공정한 분배를 통해 군대의 사기를 진작했다. 이는 다음 전투를 준비하는 데 있어서도 적극적인 동참의식과 기대심을 갖도록 했다.

맹자도 다산 정약용도 백성은 가난보다도 불공정에 분노하니 정치에선 가난보다 불공정을 더 걱정하라고 가르쳤다. 평등한 기회 보장, 능력주의, 성과에 따른 공정한 분배가 칭기즈칸이 운영한 조직의 강점이자 전투력의 요체였다. 800년 전 칭기즈칸의 경영철학은 오늘의 최고경영자(CEO)들에게도 깊은 울림을 준다.

23. 몽골제국 탄생...
칭기즈칸의 시대정신과 통합 정신의 구현

테무친이 태어난 1160년대의 몽골 초원은 그야말로 '내우외환의 시대'였다. 외적으로는 전통적인 적대국이자 강대국인 타타르와 중국 금나라의 침략에 견뎌내야 했고, 내부적으로는 몽골 내 군소 부족끼리 세력 확장을 위한 살육전이 난무했다. 테무친은 이런 상황에서 타타르의 침략에 용감히 맞서서 싸우다가 꿈을 펼쳐 보지도 못하고 타타르족에게 독살당한 선친의 뒤를 이어 자기보다 세력이 더 강했던 부족들을 차례로 격파해 몽골 초원을 평정한 다음 세계정복의 길로 나아갔다.

당시 몽골 초원은 춘추전국 시대나 다름없었다. 그런 상황에서 부족 구성원들에게 가장 절실하고 절박한 소망은 무엇이었을까. 무엇이 테무친을 절대 강자로 군림하게 했을까. 어떤 승부수로 역전의 발판을 만들었을까. 이는 칭기즈칸의 진면목을 이해하는 데 매우 중요한 요소다. 이를 두 가지로 요약하자면 시대정신의 통합과 DNA에 내포된 승부사 기질이다.

당시의 시대적 과제는 몽골 부족의 통합이었다. 같은 부족끼리 힘을 합쳐 외부의 침략에 대항해야 하는데도 각자도생의 길을 추구하고 있었기 때문이다. 칭기즈칸은 이런 시대정신을 누구보다 앞서 인식하고 그 과제를 해결하기 위해 매진했다. 시대적 과제를 해결하면 사회 전체가 보다 나은 세상으로 발전한다는 공동체 의식을 기반으로 민심의 통합을 위해 노력했다.

그는 '영역'과 '지위 계승'에 중점을 뒀던 경쟁자들과 달리 '민심 통합과 부족 번영'에 초점을 맞췄다. 1206년 '칭기즈칸'이라는 칭호를 얻기까지 와신상담했던 그의 장기 전략은 세 시기로 나뉜다. 1180년대 강력한 세력을 가진 안다(의형제)였던 자무카의 휘하에 들어가 8년 동안 보호를 받았던 안정기, 1197년경 소집된 '쿠릴타이'에서 몽골의 칸으로 추대된 후 자무카와 결별하고 독자세력을 구축했던 성숙기, 1202년 이후 여러 차례 원정 끝에 숙적 타타르족을 섬멸한 것을 시작으로 몽골 동부의 나이만족을 복속했을 때까지의 완성기다. 약 25년여에 걸친 대장정이었다.

아버지의 뒤를 이어 같은 민족끼리 분열과 대립하는 시대적 아픔을 치유하기 위해 부단히 노력했던 테무친은 정치의 기본 과제를 셋으로 정했다. 부족(씨족)의 존속과 이익 보호, 몽골족의 통합과 연대를 통한 외세 대응, 새로운 영역 개척을 통한 미래의 희망 제시였다.

그는 독불장군에겐 '세'가 없다는 약점을 간파하고 '더불어 같이'라는 정신을 추종자들에게 보여주었다. '협업'과 '공유'라는 수레의 두 바퀴를 부단히 움직이도록 끌고 갔다. 그야말로 피, 땀, 눈물을 녹여낸 결정체가 바로 몽골 부족의 통합이었다. 그것을 실현하기 위하여 그는 인내, 포용, 개방을 지침으로 삼았다. 그는 절대로 서두르지 않고 자기의 능력을 정확히 진단하여 연대와 제휴라는 무기로 생존을 강구 했다. 활용할 가치가 있는 사람이라면 출신과 배경을 가리지 않고 인재를 채용했다. 효율적인 시스템은 즉시 채택해 '우리 것'으로 흡수하는 포용성을 견지하였다. 포용과 통섭의 차원에서 인종과 종교 및 새로운 제도와 문화에 대해 그는 매우 개방적이었다. 이를 통해 언제나 경쟁자와는 다른 결을 추구하였고 새로워지려고 하였다.

오늘날 사회적 이슈인 '공평과 공정'이라는 측면에서도 그는 확고한 리더십을 발휘했다. 친족과 형제에 대한 특혜를 폐지하고 구성원 모두를 공정하게 대우해 오래전부터 뿌리박힌 신분 차별로 인한 분열상을 치유하려고 노력했다. 테무친은 특권의식을 버리고 구성원들과 함께 '게르 공동체' 안에서 솔선수범하면서 동고동락했다.

그는 전쟁의 목적은 전리품을 탈취하는 것이 아니며 적의 위협으로부터 안전한 영역을 보장받는 수단이라고 여겼다. 이에 따라 자연스럽게 전리품은 정복의 과정에서 생긴 부산물로서 참여와 공헌도에 따라 분배하는 공유대상이 되었다. 결과가 아니라 차후 영역의 확대라는 차원에서 동기를 부여하는 계기였던 것이다. 이런 관점에서 전리품은 구성원 모두가 함께 희망을 가질 수 있는 도전이자 더불어 같이 누리는 혜택이 되었다.

테무친은 그야말로 낡은 관념에서 탈피하려고 발버둥을 쳤다. 각각의 전투에서도 상황에 맞게 새롭게 변신했다. 상대가 예측하지 못한 기습과 기만 전략으로 대응했다. 매번 위험을 감수하면서도 포기하지 않는 것은 아무나 할 수 있는 게 아니다. 타고난 기질과 성장 과정, 자신이 이루고자 하는 숙명적인 과업 달성을 위한 탁마(琢磨)의 결과였다. 그는 분명 '불을 뿜는 용'을 연상시키는 '킬러 본능'의 소유자였다. 위기에도 흔들리지 않는 승부사 근성과 기질을 십분 발휘하여 두둑한 배짱으로 위기를 넘기고 역전의 발판을 마련했던 것이다.

하늘이 어떤 사람에게 장차 큰 임무를 맡길 때에는 먼저 시련을 준다. 시련을 딛고 일어나는 자만이 뜻을 이룰 수 있다. 칭기즈칸은 주어진 시련을 스스로 헤쳐나가는 가운데 낡은 관념과 관습, 틀을 타파하고 새로운 방식을 창조해냈다. 이를 통해 '큰 역할'을 감당할 '큰 그릇'임을 스스로 입증해냈다. 칭기즈칸이 우리에게 전해 주는 가르침이다.

24. 칭기즈칸의 용인술과 인재경영

　　많은 역사가들은 칭기즈칸의 대제국 건설을 두고 '인재경영'의 승리라고 평가한다. 그는 위대한 과업을 달성하기 위하여 사람을 볼 줄 알고 쓸 줄 알았다. 더 나아가 당시 상황에 맞게 사람의 마음을 움직이고 전쟁에 동원하는 방법을 꿰뚫었다. 그의 용인술과 용병술은 빛을 발했고, 몽골제국을 함께 건설하자고 약속한 그의 핵심 참모이자 영원한 너커르(맹우·盟友)들과 함께 꿈을 현실로 구현할 수 있었다.

과거나 지금이나 역시 '인재는 미래'이다. 국가 경영도 기업경영도 인재의 만남에서 비롯된다. 리더에게는 인재를 볼 수 있는 안목, 인재를 적재적소에 활용할 수 있는 능력, 구성원들을 결집시키고 그들의 잠재 능력을 최대로 발휘하게 하는 '멘토'의 자질이 중요하다. 이를 통해 인재는 과거 답습의 모방이 아니라 불가사의에 가까운 위대한 성과를 창조해낸다. 여기에 칭기즈칸 인재 경영의 비밀이 있다.

당나라 문장가 한유(韓愈)는 '잡설(雜說)'에서 리더의 감별능력을 이렇게 강조했다. "백락이 있은 후에 천리마가 있다. 천리마는 항상 있지만 백락이 항상 있는 것은 아니다(世有伯樂 然後 有千里馬. 千里馬常有 伯樂不常有)"라고 하였다. 인재를 고를 수 있는 안목이 리더의 중요한 자질이라는 논리다. 인재는 리더에 의해 선택되고 배양되는 법이지만 일이 성사되는 것은 결국 추종자들에 의해서다. 칭기즈칸의 위대한 목표 달성도 '4준마(駿馬)'와 '4맹견(猛犬)'이 그의 곁에 항상 있었기 때문에 가능했다. 4준마는 전략과 정책에 뛰어났고, 4맹견으로 불리는 장수들은 프로 중의 프로 전사들이었다.

오늘날 몽골 국회의사당 앞을 지키고 있는 칭기즈칸 동상 좌우에는 말을 탄 두 장군의 동상이 '좌청룡 우백호'처럼 서 있다. 1206년 봄 칭기즈칸은 새로운 몽골제국의 개국을 알리는 '쿠릴타이' 대집회 의식을 거행하였다. 칭기즈칸은 즉위식에서 가신들

중에서도 이들 두 장수를 맨 앞자리에 앉혔다. 칭기즈칸은 "보오르추여, 무칼리여! 그대들은 언제나 충성된 마음으로 나를 도왔을 뿐만 아니라, 나의 즉위도 도와주었다. 내가 정당할 때에는 나를 격려하고 내가 그릇되었을 때는 나를 간(諫)하였다"라고 몽골 비사는 전하고 있다.

보오르추는 원래 몽골 부족의 한 갈래인 아틀라스 씨족의 부잣집 외아들이었다. 칭기즈칸이 유년 시절에 말을 도둑맞았을 때 일면식도 없는 그에게 말을 빌려주어 추적을 도와준 것이 인연이 되어 그의 신하이자 벗이 되었다. 보오르추는 메르키트 부족의 습격, 타타르 부족 및 케레이트 부족과의 전쟁 때에도 칭기즈칸과 생사고락을 함께하면서 몽골제국의 창업에 공헌한 개국 공신이었다. 보오르추는 칭기즈칸의 경호도 맡았는데, 그가 경비를 서지 않는 한 칭기즈칸은 잠자리에 들지 않았을 정도로 절대적 신임을 받았다. 칭기즈칸이 여러 번 분노를 참지 못할 때마다 그를 진정시키는 역할을 했던 최측근이 바로 보오르추였다고 몽골 비사는 전하고 있다. 몽골제국 탄생 이후에는 칸의 충성스러운 명장 젤메와 함께 가장 먼저 만호장에 임명되어 몽골 초원의 서쪽 지역인 알타이 지방(중앙아시아 알타이산맥 주변의 몽골, 러시아, 카자흐스탄 접경지역)을 다스렸다.

무칼리는 원래 칭기즈칸의 최대 라이벌이었던 적장 자무카의 부하였으나 자무카의 잔인함과 비정함에 염증을 느껴 칭기즈칸에 투항하였다. 하지만 칭기즈칸 휘하의 최고 명장으로 꼽히면서 좌익 만호장으로 임명되었고 금나라 정벌에 평생을 바쳐 후에 쿠빌라이 칸이 세운 원 왕조 건국의 기틀을 마련한 인물이다.

그는 정보전의 귀재로, 만리장성에서 몽골의 7만 군사를 지휘하여 금나라의 65만 병력을 격파했고 제남, 장안, 요서, 요동 등 화북 지방의 주요 영토를 함락시켰다. 이 공을 인정받아 칭기즈칸으로부터 중국 북부, 만주 지역을 다스리는 권왕제(고옹)에 임명되었다. 칭기즈칸과 함께했던 사준사구(四駿四拘)의 면면을 살펴보면 친족이나 혈연보다는 자신에 대한 충성도와 능력을 더 중시했음을 알 수 있다. 자신과 동고동락한 경험, 본질을 철저히 꿰뚫는 검증을 통해 인정된 사람만을 중책에 기용했다. 생존전략 차원에서 성과와 실적을 최우선에 둔 인재 등용이었다. 그래야 조직이 살고 부족(공동체)이 살아남아 그 구성원이 생존할 수 있기 때문이었다.

칭기즈칸의 인재 발탁은 조직 내부 발탁과 외부 영입의 두 가지를 철저히 병행하였다. 내부에서 성장한 사람들만 승진시켜 최고위직에 올려놓다 보면 새로운 창의적인 것을 보기 어렵고 내부조직의 집단 이익만을 추구하는 경향이 있다는 점을 알았기 때문이다. 관료제의 병리현상을 지적한 이론으로, 위계 조직의 메커니즘 때문에 비효율성과 무능력이 발생한다는 '피터의 법칙'을 당시에 적용한 셈이다. 칭기즈칸은 당시 부족공동체 사회의 아성(牙城)을 허문 파격적이고 유연한 인재 등용으로 최대의 성과를 냈다.

능력주의, 실력주의, 성과주의를 기초로 한 인재 선발이 칭기즈칸 용인술의 기본 원칙이었다. 그 결과 몽골제국은 인종, 부족, 인어, 종교, 문화의 차이에 전혀 구애되지 않고 실력만 있으면 누구라도 등용하고 대우하는 열린 사회였고, 오직 경쟁을 통하여 인재를 발굴하고 성과에 상응한 최고의 대접을 하였다.

대업을 벌이는 것은 리더의 전략적 사고에 기인한다. 그러나 동지(참모)들의 전술적인 실천이 없다면 일을 추진하고 성사시킬 수가 없다. 전략과 전술의 조합, 큰 틀과 디테일의 결합, 머리와 손발의 유기적인 결합만이 승리를 보장한다. 유능한 인재를 발탁해 그들과 같은 목표를 설정하고 결국 그 목표를 이룬 '상하동욕자승(上下同慾者勝)의 걸작'이 바로 칭기즈칸의 대제국 건설이었다.

25. 칭기즈칸의 차별화된 인재관... '인재 양성' 대가

칭기즈칸은 어린 시절 "너의 벗은 그림자밖에 없다"라는 말을 듣고 자랐다. 그런데 그가 몽골제국을 건설하고 유라시아 대륙까지 정복한 것은 불가사의한 일이 아닐 수 없다. 그는 사람을 잘 고르고, 목적에 맞게 기르고, 마땅한 곳에 쓸 줄 알았기 때문이다.

천하 대사의 시작은 사람이다. 큰 야심을 지녔던 대정복자 칭기즈칸도 예외는 아니었다. 유목민 출신인 그가 세계를 정복할 수 있었던 것은 당시 정황과는 아주 차별화된 '인재관'이 결정적 역할을 했다고 할 수 있다. 칭기즈칸의 열린 인재관, 맞춤형 인재 양성관, 적재적소 활용관은 오늘날에도 연구해볼 만한 과제다. 강철 같은 충성심과 의리로 결집된 무사, 같이 목표를 이룰 수 있는 동지 같은 전사 조직, 동고동락하면서 서로 보호해 줄 수 있는 실천형 집행자(리더)가 칭기즈칸이 원하는 인재상(人才像)이었다.

첫째, 열린 인사관이다. 칭기즈칸은 철저히 신뢰에 기초한 능력 위주의 인사를 했다. 편을 가르지 않았고, 귀족과 천민을 가리지도 않았으며, 종교 때문에 사람을 가리지도 않았다. 좋은 신분도, 특정한 종교에 심취하지도 않았고 귀족도 아니었던 그는 누구에게도 빚이 없었다. 그의 친척이라 해도 무공을 세우지 않으면 인정사정없이 계급을 깎아내렸고 과감히 처벌했다. 또한 자기의 적이라 해도 제베처럼 인재라고 생각되면 과감히 등용했고, 천민 집안 출신이지만 '충용의 상징'인 수부타이 같은 명장도 발굴했으며, '몽골의 제갈공명'으로 불린 야율초재(耶律楚材) 같은 인물을 재상으로 쓸 수 있었다.

부족의 생존과 향후 성장 발전을 위한 가치 기준에 부합하는지가 인재 판단의 기준이었다. 칭기즈칸과 같이 평생을 동고동락했던 '4준 4구'의 면면이 이를 방증한다. 개국 공신으로 인정받았던 8명의 동지(너케르)들만 봐도 평생 동지 보오르추를 빼고는 모두 예속 씨족 출신이거나 천민 출신이었다. 심지어 그중 두 명은 적이었으나 자기 사람으로 만들었다. 야율초재는 거란인이었지만 최측근 책사로 활용하였고 재정 담당은 페르시아인 알라와디(阿剌而思)에게 맡겼다. 칭기즈칸이 광범위한 점령지를 지배할 수 있었던 것은 그 지역에서 우수한 인재를 발탁하여 활용할 줄 아는 혜안(慧眼)이 있었기 때문이었다.

13세기 세계 정복에 나섰던 몽골군은 사실 몽골인으로만 구성된 군대가 아니었다. 그들이 정복한 지역 어디에서나 능력 있고 신뢰성 있는 새로운 동맹자들을 중요한 길잡이 역할을 하는 연합군대의 중간 리더로 합류시켰다. 특히 상인들을 보호하여 이슬람 상인들은 서아시아 정보를 제공하여 칭기즈칸의 정벌을 도왔다.

둘째, 인재를 발탁 및 활용함에 있어서 '의인불용 용인불의 (疑人不用 用人不疑)'의 원칙을 그대로 적용했다. 중국의 사서 '송사(宋史)'에 나오는 말로 의심되는 사람은 쓰지 말고, 쓴 사람은 의심하지 말라는 '인사 철학'을 견지했다.

이미 집안끼리 잘 알고 있었던 명장 수부타이의 친형이었던 젤메는 칭기즈칸을 세 번이나 구해준 가장 신뢰받는 천호장이었다. 젤메는 칭기즈칸의 목숨을 세 번이나 구했다. 보르칸 산에서 메르키트 족의 습격을 받았을 때 그랬고, 칭기즈칸이 목에 화살을 맞았을 때 그의 피를 손수 빨아주어 또 구했다. 빈사 상태에 빠진 칭기즈칸의 갈증을 해소해준 것도 젤메였다. 칭기즈칸은 유년기의 친구 보오르추, 케레이트와의 전쟁에서 목숨을 건져준 말치기 바다이와 키실릭, 양치기 데게이 등 신의를 보여준 인사들에게는 끝까지 무조건적으로 동고동락하는 동반자 관계를 만들었다.

셋째, 칭기즈칸은 부하들을 육성(코칭)하는 총설계자였다. 자신보다 능력 있는 부하들을 중용했고 질투하지 않았다. 미래를 위해 동반 성장할 수 있는 리더를 그는 배양했다. 영국의 BBC가 세계 최고의 군사 전략가로 꼽은 칭기즈칸의 최대 무장 수부타이도 그의 사전 계획 하에 배양된 최대 걸작이었다고 해도 과언이 아니다.

그는 14세쯤 친형인 젤메를 따라 몽골제국 수립 전인 1189년 테무진 칸의 카마그 몽골 군대에 자원입대했다. 그때부터 테무진 칸의 막사에서 각종 시중을 드는 역할을 맡으면서 자연스럽게 테무진 칸 막하 장수들의 전략 및 전술 회의에 배석했다. 제베라는 명장의 부관으로도 복무하며, 정교한 전술적 능력을 터득했다. 이로 인해 어릴 때부터 대규모 연합 기동 작전 수준의 관점으로 전술을 이해할 수 있는 시각 및 이해력이 길러졌다. 이는 유럽에 황색 공포를 심어준 압도적인 전공을 세운 토대가 된 것으로 보인다.

넷째, 그는 부하들이 능력과 개성을 발휘하도록 지원하고 활용할 줄 아는 리더였다. 칭기즈칸의 유명한 장수 중에는 목수, 양치기, 대장장이, 노비가 많았고 이들은 신분 상승에 대한 기대감으로 전쟁터에서 치열한 경쟁을 벌였다. 싸움터에서 능력을 발휘한 사람이면 누구든 신분에 관계 없이 지휘관으로 발탁했고, 전폭적인 신뢰와 권한을 부여했다. 또한 각기 능력과 임무 성격에 맞게 올바른 직무를 주어서 성공할 수 있는 여건을 마련해 주었다. 저마다의 특성을 발휘해 시너지 효과를 극대화하도록 하였다.

4준마(참모), 4맹견(전투지휘관)의 경우에도 이들은 역할과 인연은 서로 달랐지만, 그들은 내부 결속을 중시하고, 배신을 혐오하는 공통점을 가지고 있다. 칭기즈칸은 그들이 무조건적으로 발휘하는 충성과 능력에 대하여 승진으로써 보답하였다. 이러한 선발과 보상 체제로 명장과 충성스러운 전사들을 배출하게 되었다.

다섯째, 그는 권한을 위임하고 성과가 나올 때까지 끝까지 믿고 기다려줬다. 칭기즈칸은 항상 자신의 승리를 추종자들의 복종, 충성, 희생 탓으로 돌리고 생사고락을 함께했던 너케르(동지)들을 중간 관리자로 요소요소에 전면 배치하였다. 때로는 전권을 위임해 믿고 기다려 주었다. 이러한 과감한 위임 리더십이 없었다면 무칼리의 금나라 정복과 수부타이의 유라시아 정복은 불가능했을 것이다.

그는 혈연과 혈통에 얽혀있던 당시 초원 사회를 성과 위주의 인사원칙으로 파격적으로 뒤바꿔놓았다. 종속적, 의존적 관계가 아니라 수평적 연계와 상호보완성을 기초로 몽골제국의 발전을 모두의 목표로 공유하는 열린 인재관을 가졌기에 가능한 일이었다. 말하자면 그는 최고경경영자(CEO)로서 중간관리자들에게 리더로서 필요한 역량을 강화해주고 조직문화를 통해 성과를 달성하도록 돕는 '코칭형 리더' 역할을 충실하게 수행한 것이다.

어떤 물건이든 모두 담을 수 있는 '큰 그릇'은 용도, 모양, 크기 등에 따라 여러 가지로 구분되는 '그릇'을 만들 수 있다. 성공하는 사람은 인맥을 디자인할 수 있다. 칭기즈칸은 과연 인물을 얻는 득인(得人)의 지혜, 사람을 제대로 쓰는 용인(用人)의 기술, 조직을 잘 이끄는 치인(治人)의 전략을 가졌던 리더였다. 1년을 생각하면 꽃을 심고, 10년을 생각하면 나무를 심고, 100년을 생각하면 인재를 기르라는 격언이 있다. 칭기즈칸은 대정복의 꿈을 실현하기 위하여 "필요한 사람들을 모두 나의 참모(동지)로 만들어 보겠다"는 마음가짐으로 평생을 실천한 인재 양성의 대가였다.

26. '몽골제국'의 탄생과 치국평천하의 시작

테무진은 1189년 몇 개 부족연합의 칸으로 추대되어 독자세력을 구축하였다. 하지만 여기에 안주하지 않고 중단 없는 '피스밀(piecemeal)전략'을 통해 경쟁 부족들을 축차적으로 제압해갔다. 그는 마침내 1206년 몽골 초원을 통합하여 '예케 몽골 울루스(큰 몽골 나라)'를 건국했다. 그 당시 몽골의 인구는 약 100만 명 정도에 불과하였으며 2000만 마리에 가까운 가축을 보유한 새로운 단일 민족국가가 탄생했다. 통치자의 칭호는 '세계의 왕'이라는 뜻의 '칭기즈 칸'이었다.

테무진은 지난한 환경에 절대 굴하지 않았다. 유년기의 성장 과정과 전투 과정에서 평생을 함께할 동지와 추종자들을 끌어들여 '자기 사람' 군(群)을 만들었다. '몽골을 일으켜 세우리라'는 대업의 꿈을 품고 끊임없이 몸과 마음을 갈고 닦으며 당시 환경에 맞게 전투 시스템과 전술을 가다듬었다.

약소 부족의 족장이던 그가 20년 가까이에 걸친 장기간의 고난과 투쟁의 역사를 통해 몽골 초원을 통일한 것이 수신제가(修身齊家)에 해당한다면, 금나라를 정복하고 유라시아 대륙까지 호령하며 명실상부한 몽골 대제국을 건설한 것은 치국평천하(治國平天下)에 해당하는 격이었다. 각고의 노력과 함께 '전략적 인내'를 몸소 실천하면서 그가 이룩한 몽골제국 창립은 제1막이었고, 제2막의 원대한 꿈(비전)을 시작하게 된 것이다.

테무진은 타고난 천재라기보다는 후천적인 노력에 의해 완성된 영웅에 가깝다. 어쩌면 시대도 영웅을 만드는 데 일조했다고 할 수 있다. 당시 몽골 초원은 전체를 통합할 만한 뚜렷한 정치세력이 없이 진공상태에 있었다. 주변국도 동남쪽으로는 금나라와 송나라, 서쪽으로는 위구르와 서하, 더 서쪽으로는 서요와 호레즘이 있었다. 주변국과는 복종과 반란이, 내부적으로는 절대강자가 없는 부족 간의 살상과 약탈이 횡행한 혼란의 시기였다.

이러한 혼란 속에서 테무진은 유년기에는 그야말로 사고무친(四顧無親)과 고립무원(孤立無援)의 형국에 놓여 있었다. 아버지가 이끌었던 부족은 아버지가 독극물로 피살된 후 테무진 가문에 등을 돌렸다. 테무친은 홀어머니 슬하에서 동생들과 함께 배신감과 외로움을 고스란히 견뎌야 했다. 그는 아버지의 원수를 갚고 약탈 당한 자신의 부인 보르테를 구출해 씨족의 명예를 회복한다는 명목으로 추종자들의 복수심을 자극해 미비한 세력을 점차 결집해 나갔다.

이 과정에서 대다수 몽골 부족들이 그를 명목상의 칸으로 선출해 놓고 이듬해에는 등을 돌리는 등 변덕스러운 모습도 겪었다. 심지어 그의 인척들과 같은 부족 구성원 중에도 때에 따라 그의 적들과 손을 잡은 일도 많았다. 그런 경험은 그에게 깊은 상처를 남겼다. 이에 그는 초원제국을 일으키는 데 있어 부족의 충성심에 기대기보다는 자신의 추종자들을 만들어 조직화했다.

당시 초원의 패권을 놓고 눈앞의 작은 이익에 눈이 멀어 사안마다 뚜렷한 원칙이 없이 결합하는 일은 정국을 매우 유동적 상황으로 몰아넣었다. 자기 부족만의 전통을 유지하거나 군림하기 어려운 상황은 역설적으로 매우 개방적인 기회를 제공했다. 난세에 영웅이 배출될 수 있는 분위기였고, 칭기즈칸이 '적자(適者, the fittest)로서 선택'받기에 아주 유리한 환경이었다.

북방 유목민족 전문학자 토머스 바필드는 칭기즈칸이 제국 건설에 유목 사회의 전통적 조직 원리를 따르지 않고 여러 가지 방법으로 '자기 사람'들을 만들어 활용했다고 분석했다. 특히 그의 성공적인 전력에 관해 특이한 '자수성가'의 사례라고 평가했다. 자기 부족의 세력이 확고한 지도자들에 비해 확실한 지지 기반이 없던 칭기즈칸은 남의 힘을 빌려서 자신을 보호하고, 이를 효과적으로 이용해 제3세력을 공격하는 전략을 구사하는 것이 유리했다. 주변으로부터 인정만 받게 되면 아주 쉽게 일시에 맹주로 군림할 수 있었던 것이다. 더욱이 그는 다른 부족장들에 비해 열린 사고와 연대의 힘을 이용할 줄 아는 개방적 마인드를 가졌다. 덕분에 일정한 세력을 형성하게 되면 훨씬 더 큰 조직으로 성장하는 확장성과 응집력을 가졌던 것이다.

그는 복수와 재기를 위하여 때로는 의도적으로 관계를 형성한 것은 물론 합종연횡과 동맹관계 구축을 통해서 보호막을 구축하며 성장해 나갔다. 세력(조직)을 누구에게 물려받지도 못했고, 후계자로 선택을 받은 것도 아니었기에 새로운 방법으로 조직을 만들어 거듭된 전투 승리를 통해 세력을 키웠다.
그는 부하들과 동고동락했다. 앞장서서 부하들을 이끌고 함께 전쟁 준비를 했으며, 전투에서는 퍼스트 무버로서 항상 진두에서 지휘했다. 그로 인해 여러 차례 부상을 당하기도 했다. 음식과 의복은 부하들과 같거나 비슷했다. 전쟁에서 승리하면 그 과

실을 항상 함께 나누었다. 부하들의 의견과 이익을 존중했다. 그래서 모두가 일치단결하는 분위기를 유도했고 조직의 발전을 공동으로 추구하도록 만들었다.

몽골 비사는 "배운 게 없다고 말하지 말라. 나는 내 이름도 쓸 줄 몰랐으나 남의 말에 귀를 기울이며 현명해지는 법을 배웠다"는 칭기즈칸의 어록을 전하면서 특히 그의 경청과 소통 능력에 주목했다.

그의 지휘 철학은 세 가지로 요약할 수 있다. 상호 살육과 약탈에 시달려온 부족민들에겐 안정과 평화가 간절했다. 그러므로 부족민들로서는 선정을 베풀어서 존경과 신뢰를 받을 수 있는 인재를 사모하는 마음, 즉 감당지애(甘棠之愛)의 분위기가 조성되어 있었다. 이에 테무진은 읍참마속(泣斬馬謖), 범애겸리(氾愛兼利), 동심만리(同心萬里)의 철학을 견지하고 실천으로 보여주었다. 누구에게나 사사로운 개인적 감정을 버리고 공정하게 업무를 처리하고 공평하게 법을 적용하였으며, 모든 사람을 평등한 위치에서 대하되 사랑하고 이익을 함께 함으로써 모두의 마음을 하나로 모아 미래로 나아가는 노력을 꾸준하게 실천하였다.

그는 뚜렷한 강자가 없는 초원에서는 민심의 향배가 중요하다는 사실을 일찍이 간파하고 사람들의 마음을 얻기 위해 꾸준히 노력했다. 어쩌면 "입으로 전하는 말이 돌에 새기는 비문보다 훌륭하다"는 인구승비(人口勝碑)의 이치를 일찍이 간파했던 것인지도 모르겠다.

테무진의 관대함과 후덕한 인품은 점차 초원에 퍼져나갔다. 그가 말을 잘 기르고 마차를 잘 관리하는 인재로 정치를 잘하는 사람, 신의를 지키는 사람, 전쟁을 잘하는 사람, 호위를 잘하는 사람으로 인식되어 갔다고 몽골비사는 전하고 있다.

전쟁에서의 용맹은 일시적인 승패를 결정하지만 정치적·도의적 승리가 미치는 영향력은 더 길고 오래 남아 결국은 최종적인 성패를 결정짓는다. 이에 대한 그의 굳은 믿음은 다른 경쟁자들과 아주 대조적이었다. 전투가 거듭되면서 그의 이런 믿음은 서서히 진가를 발휘했다. 덕분에 세력 규모가 월등했지만 능력보다 서열을 중시했던 자무카 세력을 격퇴할 수 있었고, 도저히 재기할 수 없을 것 같은 상황에서 발주나 맹약을 통해 다시 재기의 발판을 마련했다. 또한 승리에 도취한 케레이트 부족의 수장 옹 칸을 역습하여 완전한 승리를 쟁취했다.

몽골 초원의 마지막 남은 최강자 나이만족 정벌은 정말 힘든 과업이었다. 몽골족의 배후를 칠 동맹자를 모색하던 나이만족은 같은 투르크계로서 만리장성 이북 지역에 거주하면서 네스토리우스파 기독교를 신봉하던 온구트족에게 도움을 요청하였다. 하지만 그들은 평소 신뢰를 못 주었던 나이만족의 기습계획을 사전에 테무진에게 알려줘 결정적인 승기를 잡게 했다. 이로 인해 훗날 온구트족과 그들의 신앙인 그리스도교는 몽골제국 내에서 상당한 위치를 갖게 되었다.

칭기즈칸의 제1막 수신제가 단계에는 특별한 묘수가 없었다. 자기가 모범을 보이면서 모든 것을 설계하고 준비하고 실행하는 것이 그의 비결이었다. "천리 길도 한 걸음부터"라는 사고로 뚜벅뚜벅 개선하고 차곡차곡 불려가는 전법이었다.

몽골제국의 성립으로 칭기즈칸은 주변 국가들과 직접 맞닿는 형국을 맞게 됐다. 이제는 몽골족이 확실하게 살아 뭉쳤기에 주변 민족을 평정할 궁리를 시작하게 됐고 '아생연후살타(我生然後殺他)' 전략을 새롭게 전개하는 출발점이 되었다.

주역에서 "잠룡(潛龍)은 물용(勿用)이다"라고 정의한다. 그는 이제 비룡(飛龍)이 되어 몽골 대제국의 꿈을 키우기 시작했다. 몽골 부족국가 탄생이 종착점이 아니었다.

등천을 위하여 칭기즈칸은 그야말로 '제로베이스'에서부터 다시 시작하는 각오로 제2막을 열었다. 칭기즈칸의 쿠릴타이 즉위식은 세계 정복이라는 새로운 출정식이 된 셈이다. 이제 그는 바둑의 두 집을 짓고 대마불사(大馬不死)의 길로 나아가기 시작했다. 그야말로 치국평천하(治國平天下)의 길로……

27. 몽골 제국 '첫 단추'...통합정신 구현과 제도화
28. 칭기즈칸의 샤머니즘 탈피...알에서 깨어나다
29. 칭기즈칸의 주변국 복속...실크로드 교역로 확보
    1. 탕구트 정벌... 교역로 확보와 금나라 침공 준비
    2. 서요 복속... 서역 정복의 시발점
30. 금나라와의 패권다툼...만리장성 함락과 중원지배
31. 호라즘 제국 정벌과 유라시아 정복
    1. 칭기즈칸의 왕위 계승... 호라즘 원정 대비
32. 몽골제국 군대 재편...사회통합, 동원과 원정 능력 제고
    1. 칭기즈칸의 군대 특성과 병법
    2. 몽골군 기동성...몽골 말(馬)과 기병의 합작품
    3. 칭기즈칸 역참제도...몽골 제국 '네트워크' 핏줄
    4. 칭기즈칸 군대가 강한 이유... 조직의 시스템화와 칸의 리더십
    5. 칭기즈칸 군대의 강인한 무형전력
    6. 칭기즈칸 전쟁 개념의 발전과 전개
    7. 몽골군이 남긴 유산...'망구다이' 전술
    8. 칭기즈칸 이소다승(以少多勝) 전략...기동력·간편성
    9. 칭기즈칸 전격전...기동성과 간편성
    10. 칭기즈칸 군대 우수성...배경과 원인
33. 칭기즈칸 정치사상...쿠릴타이 제도와 적용
    1. 칭기즈칸 평등사상...성과위주 분배로 참여의식 제고
    2. 칭기즈칸 종교사상...포용적 관용
    3. 칭기즈칸 벤처 정신...도전과 혁신
    4. 제국 경영의 주춧돌 놓은 칭기즈칸 여성중시 사상
    5. 칭기즈칸 노마드(Nomad) 정신... 미래 창조
    6. 칭기즈칸 실사구시 정신
    7. 칭기즈칸의 상무(尙武)정신...몽골민족의 시대적 용기 자극
    8. 칭기즈칸의 법치사상...'대자사크' 제정
    9. 칭기즈칸의 경제사상... 중상주의 와 공정한 분배
    10. 칭기즈칸 자립정신...'함께 서기'
    11. 칭기즈칸 절제정신...자기극복과 인내심
    12. 칭기즈칸 권학(勸學)정신...인재 배양과 창조적 경영의 기초
    13. 칭기즈칸의 순혈주의 배격 사상...통합의 원동력
    14. 칭기즈칸의 낙관주의 사상... 긍정적인 마인드 창출
    15. 칭기즈칸 리더십... 시대를 초월하는 교훈

제2장

몽골 주변국에서 원거리 점령

27. 몽골 제국 '첫 단추'…통합정신 구현과 제도화

테무친이 나이만족을 정벌한 후 그다지 강하지 않은 이반 세력만이 변경 지역에 남아 있을 뿐 사실상 그가 몽골 전역을 지배하게 되었다. 이제는 그의 통치권을 각 부족들에게 공개적으로 정당화하고 그를 중심으로 확실히 뭉치게 하는 의식 절차만 남았다.

1206년 봄, 테무진은 추대 형식으로 '영원한 하늘의 신이 내린 칸'임을 정식으로 인정받는 거대한 집회 '쿠릴타이'를 개최했다. 이는 군사적 통일과 함께 각 부족들의 정신적 통합을 의미하는 의식이었다. 그는 새로운 몽골제국의 군기(軍旗), 아홉 개의 말꼬리로 이루어진 백기(白旗)를 들고 '칭기즈 칸'으로 추대되었다.

샤머니즘에서 '텡그리'는 하늘을 지배하는 신이었으며 '칭기즈'는 땅을 다스리는 신이었다. 칭기즈칸의 권력에 종교적 권위를 부여하게 되자 몽골 사람들은 그가 '태양의 군주'로서 세계정복의 천명을 받았다고 굳게 믿었다.

즉위식으로 정통성을 부여받은 칭기즈칸은 저항의 구심점이 될 만한 옛 경쟁 귀족을 없애고 분열 성향의 혈연적 충성심을 깨뜨려서 모든 유목민이 그의 휘하에서 융합되도록 몽골군과 사회를 재구성하는 작업에 착수하였다. 통치의 정당성을 확보하고 정권을 공고히 하기 위해 정치제도, 군대, 법제, 문화 등 다방면에 걸친 정비와 개혁 작업에 나섰다. 특히 군사제도와 군사기술은 그간 각종 전투 경험을 바탕으로 하나하나 칭기즈칸의 손으로 구축해 나갔다.

칭기즈칸은 구시대 귀족들을 없애고 자신에게 충성하는 너케르(동지)를 중심으로 세력을 재편성하였다. 개국공신들은 천호가 되었으며, 하사받은 영지는 세습할 수 있도록 했다. 이를 통해 그들을 영원한 중추 세력으로 결집시켜 정권을 안정시킴과 동시에 정복전쟁으로 확장된 영역의 옛 지배세력을 통합하는 데 역량을 우선 쏟을 수 있었다.

무력으로 여러 기마민족을 통일한 칭기즈칸은 정규화된 군대 구축에 특히 힘을 쏟았다. 기존 씨족과 부족의 완전한 융합을 위해 15세 이상 70세 이하의 모든 남자는 '헤쳐모여' 방식의 천호, 만호 등으로 명칭을 바꿔 지휘 편제 시스템을 조직화했다. 천호제도는 십진법으로 조직된 군정일치의 성격을 띤 행정조직인 동시에 군사조직이다. 구성원 모두 생사를 함께 해야 하며 상호 연대책임 하에 엄격한 군율을 적용했다. 각 부대 조직마다 당당한 고유 명칭을 주어 자긍심을 제고시켰고 상호 경쟁심을 불러일으켰다.

우선 그는 자신이 직접 지휘하는 1만 명의 추종자로 구성된 친위대(케식텐)를 확충했다. 친위대는 인원 선발, 무기 배치부터 전술훈련에 이르기까지 매우 엄격한 과정을 거쳐 칭기즈칸이 직접 선발하여 충성스런 핵심 조직으로 운용하였으며, 그들에게는 갖가지 특권을 제공했다. 이러한 일련의 제도 개혁과 중앙집권화를 통해 유목민족이 세운 정권은 과거 씨족과 부족 사회의 잔재를 말끔히 없애고 봉건제도를 완성했다.

그는 대법령(에케-야사)를 제정 공포했다. 이는 매우 중요한 개혁법안으로 통솔권, 사회관습과 법령을 새롭게 규정하고 각 계급의 행동준칙을 규정한 정식 법령이었다. 이는 항구적인 지배체제 구축, 가정과 사회의 안정과 질서확립, 종교에 대한 관용정신이 녹아 있어 제국의 안정적 관리를 위한 밑바탕이 되었다.

정치제도를 보면 최고 권력은 칸에게 집중시켜 칸이라고 칭할 수 있는 제왕은 오직 한 명이었다. 칸이 사망할 경우에는 그 후예가 왕위를 계승하되 반드시 쿠릴타이에서 추대를 받아야 했다. 이 제도는 오늘날 사학자들에 의해 세계 최초의 민주적 선거제도로 인정받고 있다.

몇 세기 동안 분열됐던 몽골 부족은 드디어 합쳐졌다. '분구필합(分久必合)' 형국이 달성된 셈이다. 하지만 통합과 융합이 잘 되지 않으면 필히 다시 흩어진다는 '합구필분(合久必分)'의 역사적 흐름을 칭기즈칸은 일찍 간파했다. 용두사미(龍頭蛇尾)로 끝나지 않기 위해 그는 건국정신의 일관적이고 지속적 구현, 기존 족벌 정치의 폐단 철폐, 즉흥적인 인치(人治) 탈피, 비효율적인 기존 조직 개편과 시스템화를 강력하게 추구했다. 칭기즈칸은 더 큰 목표 실현을 위한 조직의 통합 기반을 조기에 정착시켰다.

제도 정착으로 몽골 사회의 안정과 질서를 앞당겼으며, 엄격한 군대 규율을 유지시켜 일단 명령과 지시가 하달되면 밤이건 낮이건 언제나 출정할 수 있는 전시·평시 군대

조직을 건설했다는 평가를 받고 있다.

이런 점에서 칭기즈칸의 몽골제국은 당시 주변국과 비교해 선진화된 전투 시스템과 통합전투력을 발휘할 수 있는 행정조직을 완성한 것으로 판단된다. 특히 몽골제국의 창업자로서 그는 통합능력을 발휘해 집행능력을 극대화했다.흥망의 역사는 결국 반복되는 것이다. 한 나라가 일어서기 위해서는 탁월한 추종자의 도움이 없으면 불가능하다. 하지만 더 중요한 것은 건국 창업자의 통합능력이다. 각 부족 세력을 하나로 묶는 조정능력과 구 지배세력을 통합하는 능력이야말로 국가 흥융의 결정적인 능력이라 할 수 있다.

고대 그리스 철학자 헤라클레이토스는 "하나는 모든 것으로 이뤄져 있고 모든 것은 하나로부터 나온다"고 했다. 미국의 건국 이념도 '다수로부터 하나'라는 뜻의 라틴어 '에 플루리부스 우눔(E'pluribus unum)' 정신을 대변하고 있다. 인류 역사상 명실상부한 제국이라는 칭호를 부여받을 만한 국가는 3개에 불과하다. 로마제국, 몽골제국, 현존하는 아메리칸 제국이다. "집안이 나쁘다고 탓하지 말라"며 도전정신을 강조했던 칭기즈칸은 이를 구현했다. 그는 세계 역사상 불세출의 군사천재이자 조직관리의 달인이었다.

28. 칭기즈칸의 샤머니즘 탈피...알에서 깨어나다

몽골고원에서 샤머니즘은 원시적인 종교 현상이다. 몽골 유목민족의 긴 역사와 함께 형성되었고, 여전히 살아 숨쉬며 함께 호흡하고 있는 종교다. 샤머니즘은 부족이나 씨족들의 마음속에 깊게 자리 잡은 토속신앙의 중심이었으며, 유목 민족들은 애니미즘, 토테미즘, 샤머니즘이 복합적으로 혼재한 천신(天神) 신앙을 가지고 있었다.

당시 몽골 씨족마다 주신인 하늘의 텝 텡그리라는 종교지도자가 있었는데, 칭기즈칸 시기에 몽골제국을 형성하는 과정에서 부족장의 권위를 강화하는 프로퍼갠더 역할을 톡톡히 했다. 샤먼은 부족장의 최측근으로서 수시로 필요한 특수역할을 담당하면서 제전(祭典)을 주도하고, 전쟁에 출전하기 전 안전을 기원하며, 치병과 예언자의 역할 등을 수행했다. 최고의 특권을 갖고 있지만 경우에 따라서는 힐책을 당하거나 살해되기까지 하였다. 하지만 기본적으로 체계적인 교리와 조직을 갖추지 못한 데다 널리 전파하려는 노력도 없이 무속 신앙으로 존재하였다.

텝 텡그리인 쿠쿠추는 몽골제국 건국과 함께 수많은 추종자들을 모아 세력이 커졌다. 쿠쿠추는 칭기즈칸의 어린 시절 부터 아버지끼리 친구였기에 칭기즈칸과 동고동락했다. 하지만 그는 칭기즈칸이 총애하는 자신의 동생 카사르와 칭기즈칸 가족을 이간하려고 했고, 샤먼의 교권과 함께 속권(俗權)도 강화했다.

샤먼인 텝 텡그리가 자신의 동생 카사르를 구타해 카사르가 칭기즈칸에게 억울함을 호소하는 사건이 일어났다. 카사르는 칭기즈 칸이 이를 냉정하게 대하자 불만을 갖고 토라졌고, 이에 텝 텡그리는 카사르가 위험하다며 제거를 종용하였다. 그 결과 어머니 호엘룬의 역성에도 불구하고 칭기즈칸은 카사르를 문책했다.

하지만 얼마 지나지 않아 칭기즈칸의 막내동생 테무게에게 딸린 백성들은 물론 칭기즈칸의 백성들도 그 쿠쿠추의 보호 아래로 옮겨가는 자가 적지 않았다. 뒤늦게 이러한 쏠림을 알아차린 칭기즈칸은 큰 충격을 받았고, 힘센 장사와 샤먼이 씨름을 벌이게 해 등뼈를 끊어 죽여버렸다. 그는 샤먼인 쿠쿠추를 손쉽게 간접적인 방식으로 제거함으로써 대대로 내려오던 샤먼의 친족들까지 자연스럽게 퇴치했다.

이 사건은 내부적으로는 집안의 단결, 외부적으로는 왕권 강화라는 인식을 심어주고 새로운 시대에 대변혁을 예시하는 계기가 되었다. 이후 텝 텡그리 자리에는 온순하고 안전하게 여겨지는 나이 든 샤먼을 임명했고, 칭기즈칸의 권위에 대적하는 샤먼은 없었다. 결국 몽골제국에서 텡그리즘은 사실상 거의 몰락하게 되었다.

이는 샤머니즘의 뿌리가 깊은 유목민의 신앙체계와 샤먼의 구속력에서 벗어나기 위해 칭기즈칸이 과감한 행동가와 결단력 있는 정치가로서의 면모를 유감없이 발휘한 사건이었다. 무엇보다도 샤먼의 위치 및 위상을 재설정함으로써 칸의 권위와 권력을 강화하는 계기가 되었고, 더 나아가 넓은 세상을 바라보는 여유가 생기게 된 셈이다.

이후 칭기즈칸은 부족 전체의 내부 문제를 해결하고, 법과 질서를 바로잡으면서, 그동안 입은 피해를 복원하고 재정비하는 데 집중했다. 아울러 주변의 잔존 세력을 몽골제국으로 편입시키기 위한 영토 정복에 섰고, 전근대적인 국가체계를 갖춘 몽골 제국은 점차 인치 위주로 나아가기 시작했다.

'땅의 운은 시대에 어떻게 대응하는가에 달려 있다'는 뜻의 지운응시(地運應時)라는 말이 있다. 칭기즈칸의 이러한 단호한 결단은 시대의 변화가 몰고 올 대변혁과 기회에 잘 대응한 사례다. 위기는 극복하고, 기회가 올 땐 더 멀리 손을 뻗쳐 적시에 잡을 줄 알아야 큰 지도자가 되는 법이다. 이후 칭기즈칸 시대의 샤먼들은 정치적으로 중요한 역할을 하거나 정치적 간섭을 하지 못했다.

샤머니즘은 어떤 의미에서 자기 씨족과 씨족장의 영광과 출세만을 추구하는 패쇄적 개념의 종교였다. 하지만 샤먼의 정치적 영향력이 제거됨으로써 샤머니즘에 갇혀 있던 몽골 제국이 점차 다른 민족들의 종교에도 관심을 갖게 되고, 인치에 의한 정상국가의 통치 시스템으로 옮겨가는 계기가 되었다. 유목민의 공동체 사회에서 "나만, 우리 씨족만 잘 되면 된다"는 생각에서 탈피하여 민족 국가의 융성을 바라는 열린 신앙을 갖게 함은 물론 좀 더 넓은 세상에 대해 관심을 갖게 하였던 것이다.

과거 전통적인 초원의 샤머니즘을 극복함으로써 통치자의 존엄을 세우고 합리적인 민족국가의 지도자로 나아가게 되었다는 점은 매우 의미 있는 대전환이다. 이는 좀 더 세계주의 사상을 가진 '코스모폴리탄'의 개념으로 확장됐고 세계 대정복이라는 야망을 갖도록 눈을 뜨게 만들었다. 그야말로 제국의 길로 접어드는 단초를 마련한 셈이다.

칭기즈칸은 통일 이후 고비 사막 남부의 서하(탕구트족)과 위구르족을 복속시키면서 티벳불교와 신장위구르 지역의 유서 깊은 문화를 맞게 된다. 위구르족으로부터 문자와 제국 통치에 필요한 문화와 제도를 섭렵할 수 있는 기회를 갖게 되었다. 글자도 없었던 상태에서 나이만 부족의 재상이었던 타타통아를 영입한 칭기즈칸은 몽골 문자를 만들도록 하여 오늘날 몽골 문자의 기틀을 잡았다. 칭기즈칸은 원래 불교 신자였지만 유교·불교·도교에 통달했던 거란족 야율초재야(耶律楚材)를 발탁하여 몽골 제국 발전에 기여토록 했다.

칭기즈칸은 훗날 다국적의 종교적인 일에 관심이 많았다. 그는 심지어 이슬람에 대해 조사하고 이슬람 신학자들과도 토론도 했다고 비사는 전한다. 칭기즈칸 휘하의 맹장인 제베와 수부타이가 오늘날의 아르메니아를 공략할 때 아르메니아가 기독교를 믿는다는 것을 적극 활용하고자 방패에 십자가 문양을 그려놓고 싸울 정도였다. 칭기즈칸 후예들이 세운 원나라에도 기독교 성직자가 존재하게 만든 기회를 제공했다.

"갇혀 있는 용은 언젠가는 승천한다"고 하지만 전제 조건이 있다. 사상과 마음이 먼저 열려 있어야 한다는 것이다. 그래야 세상을 품을 수 있기 때문이다. 칭기즈칸의 샤머니즘 탈피는 그야말로 알에서 깨어난 대변혁이었다. 그는 대단한 선각자였다. 지금의 잣대가 아니라 그 시대 기준에서 봐야 한다.

29. 칭기즈칸의 주변국 복속...실크로드 교역로 확보

몽골제국의 탄생을 알렸지만 주변의 변방 곳곳에는 반(反)칭기즈칸 부족들이 득세하고 있었다. 그야말로 끝났다고 끝난 게 아니었다. 외형적인 통합을 이루었지만 변방에는 아직도 가연성 세력이 남아 있어 완전 진압까지는 시간이 더 필요했다. 마치 죽다 살아난 '좀비 세력'들을 평정해야 하는 형국이었다. 주변 잔당 세력을 소탕하는 작전이 남아 있었다.

대 쿠릴타이가 끝난 1206년 가을, 칭기즈칸은 몽골고원의 나머지 잔당 세력을 완전히 제거하기 위해 부이룩-칸에 대한 원정을 단행하여 복속시켰다. 부이룩 칸은 서(西)나이만 부족의 수장으로 한때 칭기즈칸의 의형제(안다)였던 자무카와 함께 칭기즈칸을 공격한 적이 있다.

칭기즈칸은 1207년 아들 주치를 보내 호시탐탐 몽골을 기습할 기회를 노리던, 후일 부리야트로 알려진 오이라트족을 포함한 남부 시베리아의 많은 삼림지대 부족들을 복속시켰다. 흩어져 도망쳤던 나이만족과 메르키트족 잔당들도 모두 평정되었다.

칭기즈칸은 몽골 초원의 유목민과 시베리아 남부 삼림지대의 수렵민을 모두 그의 세력으로 끌어들여 통합했다. 이로써 몽골고원 전체가 평정돼 현재 몽골(외몽골)국가 영토에 해당하는 광대한 영토를 지배하게 되었다.

당시 중국은 크게 송 왕조, 금나라, 서하(西夏) 왕국 등 3개 국가가 차지하고 있었다. 송나라는 대부분 한족으로 구성된 화남(華南)을, 여진족의 금나라는 만주를 차지했다. 티벳계 민족인 탕쿠드족의 서하는 오늘날 오르도스 일대인 내몽골자치주와 감숙성을 포함한 중국 북서부 닝샤(寧夏) 자치구 일대를 차지하고 있었다.

오늘날에도 몽골제국의 심장부에서 탕구트국 수도인 닝샤에 이르는, 북에서 남으로 관통하는 고비사막을 가로지르는 길이 남아 있다. 칭기즈칸은 금나라 정벌에 앞서 탕구트 왕국의 서하 정벌에 나서게 된다. 1205년, 1207년, 1209년 등 세 차례에 걸쳐 이 지역을 침공했고, 이곳에서 칭기즈칸은 유목생활이 아니라 정착한 도시문명을 접하게 된다.

탕구트 왕국의 중심부가 있는 감숙성의 오아시스는 중국과 이란을 잇는 대륙횡단의 요로, 즉 '실크로드'의 중점 교역 도시였다. 하지만 칭기즈칸의 침공은 탕구트인들과 그들의 교역을 단절시키면서 탕구트 상인들을 파산으로 몰아넣었다.

1209년 마침내 탕구트 왕은 마르코 폴로가 아시아에서 가장 아름다운 낙타라고 극찬한 감숙성의 흰 낙타 공물과 함께 자기 딸을 칭기즈칸에게 바쳤고 친선우호 관계를 명분으로 황제가 통치하는 몽골제국의 종주권(宗主權)을 인정했다. 칭기즈칸은 드디어 탕구트 왕족의 종주가 된 셈이다.

국제 교역로인 실크로드 장악을 통해 이제 칭기즈칸의 명성과 위세는 내륙 아시아 전역을 통해 아라비아의 이슬람 지역으로 퍼져나갔다. 실크로드 자체가 하나의 거대한 경제문화권인 동시에 세계 진출을 위한 관문이었기에 유목민 특유의 속도와 거리 개념을 갖고 실크로드를 따라 더 넓은 아라비아 호라즘 지역으로 이어지는 발판을 마련하게 된 셈이다.

당시 중앙아시아를 통치한 것은 위구르인과 카라 키타이, 즉 흑거란(黑契丹)으로 중국 명칭으로는 서요(西遼)왕조였다. 위구르는 몽골 서방의 동서 교통로에 있어서 사람이나 물자, 정보가 왕래하는 요지였다. 실크로드 지역의 위구르족 왕 바루추크 역시 칭기즈칸의 등장과 성공에 관한 소식을 듣고 1209년 초 칭기즈칸에게 사신을 보내 위구르인들의 주군이 되어줄 것을 요청하였다.

1211년 몽골고원 바깥에 있는 민족 가운데 위구르와 예로부터 카라 키타이(일명 키타이)제국에 복종하는 카루루크 왕도 칭기즈칸의 지배권(종주권)을 공식 인정하였다. 마침내 카라 키타이(서요)의 동북부는 몽골의 속령이 되었다. 위구르와 카루루크 왕조는 몽골고원의 바깥쪽에서 칭기즈칸에게 항복한 최초의 나라들로서 이들의 항복으로 몽골제국의 남서 변경이 안정되었다.

몽골제국은 그들의 선조인 흉노가 몇 세기 동안 장악해온 대 교역로를 어렵지 않게 수중에 넣게 되었다. 이는 정치적인 의미가 크지만, 군사적 및 경제적로도 몽골 민족은 서남방 지역을 확보하게 된 셈이었다.

몽골제국 건설 이전 유목민족들은 일단 전쟁이 시작되면 적의 진영을 공격하여 약탈한 전리품을 갖고 달아나는 게 전통이었다. 적을 죽이는 것이 아니라 전리품을 챙기는 것이 침략의 목적이었기 때문이다. 하지만 이제는 점령을 계기로 종주권을 인정받고 속국 관계를 설정하고 필요시 전쟁 물자 지원과 함께 공물을 정기적으로 조공 받는 복속 관계로 발전시켜 나가게 됐다.

이민족 정복과 복속을 통해 조공 관계를 구축한 칭기즈칸은 칭호 그대로 '세계의 왕'으로 변신하는 결정적인 계기를 만들었다. 포괄적이면서도 세밀한 분석과, 지나온 행적에 대한 예리한 분석과 성찰을 토대로 미래를 향해 과감한 결단을 내렸던 것이다. 1211년 몽골 유목민들은 농경사회의 중국 금나라에 대해 침략의 포문을 드디어 열게 된다.

몽골제국 건설과 함께 거대한 변혁의 중심에 선 칭기즈칸은 여기서 문명 세계의 새로운 맛과 멋을 깨닫게 된다. 이른바 변방 반대 세력을 소탕하고 주변국 복속을 통해 제국 전체에 큰 변화를 이끌어 낼 수 있는 단초를 깨우친 결과다. 숨겨 왔던 그의 원초적인 야심과 노마드 기질은 결국 세계 정복의 신호탄을 쏘아 올리게 된다.

30. 금나라와의 패권다툼…만리장성 함락과 중원지배

금나라는 몽골의 각 부족을 그의 지배하에 두면서 몽골이 강대국으로 성장하지 못하도록 이이제이(以夷制夷) 전략으로 상호대립 관계를 유도하면서 분할지배 정책을 취했다. 몽골의 각 부족끼리 서로 싸우게 하고 변경 지역을 중심으로 가혹하게 약탈을 하였다. 몽골 부족 전체에 대한 완전한 종주권을 가진 것은 아니었지만 몽골에 출병하여 각 지방을 순회하면서 강권을 행사하고 조공을 요구했다. 이에 따라 오랜 기간 금나라 황제와 몽골 부족 사이에는 적대감을 넘어 원한 관계가 상존하고 있었다.

당시 금나라는 한 세기(1115-1234) 동안 감숙성과 내몽골 자치구 오르도스 부근을 제외한 황하 유역 전부를 제압하여 풍부한 곡창지대를 지닌 최대 강국이었다. 더욱이 13세기 초 100만 명의 몽골 민족이 중국 5000만의 중원을 상대하고 다스리기에는 너무 벅찼기 때문에 유목민이었던 칭기즈칸조차도 정착문화를 이어온 금나라를 감히 정복할 엄두를 내지 못했다.

칭기즈칸은 원래 몽골 제국 건설 후 강력한 군대 양성을 통해 이슬람 교역권을 통제하기 위해 동일 문화권인 서쪽 스텝 지역의 유목민족을 정복했고, 연이어 중앙아시아에 더욱 더 많은 관심을 가졌다. 칭기즈칸도 처음에는 금나라 황제 알탄 칸(장종)의 권위를 인정하고 그에게 조공을 바쳤으며 암묵적인 주종관계를 받아들였다. 하지만 몽골제국 통일과 함께 내부 전열을 정비한 1207년부터 칭기즈칸은 만리장성 이북에 있던 투르크계의 온구트족과 친선유대 관계를 바탕으로 금나라에 당당한 태도를 보이기 시작하였다. 마침 1208년 금나라의 알탄 칸이 사망하자 칭기즈칸은 새로운 후계자의 즉위에 맞춰 주종관계를 청산하려 하였다.

탕구트 왕국(서하)의 종주가 된 이상 서진하기 전에 후방의 잠재적 적대세력인 금나라를 의식할 수밖에 없었다. 특히 칭기즈칸은 금나라 사신 야율아해를 통해 '금나라는 무방비 상태로 사기가 떨어졌다'라는 말을 듣고 금나라와 한판 승부를 벌일 결심을 하게 된다.

칭기즈칸은 귀순자와 거란인 망명자들을 적극적으로 포섭하기 시작하였고, 금나라 내의 첩자들, 특히 무슬림 상인들이 가져다주는 정보를 통해 꾸준히 금나라 내부 상황을 탐지하였다.

12세기 중반 금나라는 수도를 중국 동북부 상경 회령부(하얼빈)에서 중도 회령부(베이징)로 이전하면서 군사전략의 중심도 따라서 이전하였다. 당시 금나라의 병제는 생활을 공동으로 하는 유목집단 성격의 군사경제공동체인 쿠리엔 제도를 채택하고 있었다. 모든 성인 남성들이 평시에는 농업과 목축업 등 생업에 종사하다가 전쟁이 나면 징집되는 전평시 동원체제로, 이를 조직화하기 300호를 모극(무게), 10모극을 맹안(밍간)으로 하는 맹안모극제라는 지휘 시스템을 구축했다.

그러나 중국 평원으로 이주한 후 기마민족이었던 여진족은 태만하고 나약해졌으며 생활도 눈에 띄게 궁핍해졌다. 금나라 정부는 강군 양성 보다는 동화정책 차원에서 이런 처지에 빠진 여진인 보호에만 치중하였기에 한인의 반발을 불러왔다. 중국 내부에 정착한 여진족 출신 세력은 중원의 풍요를 둘러싸고 내분과 부패를 일으키면서 한족 중심의 새로운 농경문화에 이질감을 갖고 있었다.

하지만 금나라는 비록 농경문화에 익숙하여 정착화되었어도 기마민족의 호전성을 지니고 있었으며 자연적인 요새인 황하와 인공적인 요새인 만리장성은 금나라로 하여금 고수방어를 제공하는 천혜의 방어벽이었다.

1211년 3월 칭기즈칸은 금나라를 본격적으로 정벌하기 위한 대집회(쿠릴타이)를 열고 작전계획을 개최했다. 금나라의 수탈 대상으로 지내왔던 몽골 부족의 한을 풀고, 흩어졌던 부족을 하나로 끌어모아 내부를 결집하고, 각종 식량, 무기 재료인 철기와 직물 등 각종 물자가 풍부한 금나라를 정벌하여 국력을 강화하자는 전략적인 의도가 있었다. 칭기즈칸은 금나라 원정을 국가적인 규모의 전쟁, 성전(聖戰)으로 삼았다.

몽골 제국의 발전을 위해 걸림돌을 제거하고 물자 및 인원 면에서 후방 지원기지로 인식되는 금나라를 굴복시켜 몽골 부족이 중원을 다스리는 명실상부한 제국이 되겠다는 것이다. 칭기즈칸은 1만 명의 케식텐 외에도 몽골부족 연합군 12만 명을 금나라 침공에 동원했다. 케레이트족이나 나이만족 등의 반란에 대비하여 2000명의 병력만을 남기고 칭기즈칸이 직접 군대를 이끌고 고비사막을 건너 출정하였다.

1211년 10월 몽골군은 금나라 수도인 중도(북경)에서 180리 떨어진 산서성 서경(대동)까지 함락할 정도로 초전부터 강한 상승세를 타고 예상하지 못한 속도로 금나라를 공략했다. 그러나 몽골군은 기병 부대만 있을 뿐 성이나 성곽에 대한 공략법이 서툴러 산의 능선과 능선을 따라 이어지는 만리장성 돌파가 기병만으로는 쉽지 않음을 깨닫고 철수했다. 금나라에 대한 1차 공격은 탐색전에 가까웠지만 금나라 주요 전투부대가 기동력을 잃었고 금나라의 북변 방위와 말들의 관리를 맡고 있던 거란족 군단은 몽골로 복속되어 그대로 몽골의 천호체제에 편입되었다.

1212년 가을 칭기즈칸 군은 재차 금나라에 대한 공세를 취해, 금에게 중요한 산서 북부의 서경을 완전 포위하였다. 하지만 칭기즈칸이 화살에 맞았기 때문에 다시 어쩔 수 없이 퇴각하였다. 두 차례에 걸친 공세 실패로 공성전(攻城戰) 기법의 전문성과 공성 공병 양성의 필요성을 절감하였고 이를 해결하기 위해 결국 여진족의 금나라에 적대적인 한족 출신의 공성전 경험자와 기술 장비 제조업자들을 징발하여 보완하였다.

때마침 1213년 8월 송과의 전쟁에서 능력을 발휘하였던 여진족 출신 장군인 북방 변경 군대 지휘자 호사호가 비밀리에 금나라 수도로 돌아와 궁정 반란을 일으켜 영제를 암살하고 영제의 조카 오도보를 황제로 추대하였다. 끊임없는 전술과 장비 보완으로 칭기즈칸은 1213년 가을 일대 공세를 펴 결정적인 승리를 차지하였다. 만리장성 점령으로 하북성 장가구와 북경을 잇는 요로를 제압하자 금나라의 수도인 중도는 고립되었고, 중국 동부의 대평야에까지 미치는 주요 발판을 마련하자 금나라는 내부에서 붕괴할 징조가 나타나기 시작하였다.

1215년 칭기즈칸은 마침내 금나라 수도인 북경을 정복했다. 하지만 금나라와의 전쟁이 길어지자 1217년 무칼리 장군에게 군대 지휘를 맡긴 뒤 그는 몽골 제국으로 돌아갔다. 이후 칭기즈칸은 중국과의 전쟁에서 큰 관심을 보이지 않았다. 금나라를 황하 남쪽으로 밀쳐낸 것에 만족하는 수준에서 머물렀다.

1218년 9월 칭기즈칸은 중국에서의 모든 군사적 전권을 무칼리 장군에게 맡기기로 하고 황제 옥새를 이관하는 한편 '고옹(國王)'이라는 칭호를 내렸다.

칭기즈 칸은 1211년부터 1217년까지 중국에서 직접 몽골군을 진두지휘했지만 금나라를 완전히 정복하지는 못했다. 그가 사망하고 나서 한참 후인 1280년이 되어서야 손자 쿠빌라이가 비로소 중국을 정복했다.

그는 몽골 제국을 건설하고 나서 금나라 정복에 온갖 심혈을 기울였다고 해도 과언이 아니다. 반면 중앙아시아를 거쳐 이란에 이르는 서역 정벌은 상대적으로 손쉬웠다.

변방 민족이 중국의 중원을 차지하는 것이 얼마나 어려운지, 또 유지하는 것은 더 힘들다는 것을 역사는 증명하고 있다.

31. 호라즘 제국 정벌과 유라시아 정복

중국 북부의 금(金)과 서하(탕구트) 침공을 통해 몽골군의 조직적인 운용으로 다양한 전술을 습득하고 원정 전투 경험을 쌓는 등 강력한 힘을 축적한 칭기즈칸은 중앙아시아로 눈을 돌렸다.

칭기즈칸은 1218년 경에는 금나라 영토의 대부분을 수중에 넣었고 이미 금나라 선종은 몽골의 위협을 피해 수도를 연경에서 카이펑(개봉)으로 천도했다. 같은 해 서요는 몽골 제국에 흡수되었다. 이제 몽골 제국의 전략적 중심은 자연스럽게 중앙아시아로 향하게 됐다.

호라즘 제국이 당시 지배하였던 지역은 옛날부터 중앙아시아에서도 가장 비옥한 지대였고 수도 사마르칸트는 알렉산드로스 대왕도 탐내던 곳이었다. 1219년 칭기즈칸은 교역로 확보와 더 풍요로운 농업이 가능한 비옥한 영토를 탐내면서 서양 세계에 드디어 모습을 드러냈다.

칭기즈칸은 몽골의 접경 지역에 있던 호라즘 샤와 처음에는 우호적인 관계를 유지하고 있었다. 몽골 제국은 동아시아에서, 호라즘 제국은 서아시아에서 각각의 세력 범위를 인정하면서 교역을 확대하는 것이 바람직하다는 입장을 견지했다.

당시 서아시아 최대의 이슬람 국가였던 호라즘의 샤 왕조는 1210년에 국력이 쇠퇴해 있던 서요(西遼)를 멸망시키고 북쪽은 카스피해 연안으로부터 남쪽은 페르시아, 동쪽으로는 힌두쿠시로부터 서쪽은 코카서스(카프카스)까지 영토를 확장했다. 점차 세력과 영토를 확장해나가던 호라즘의 샤 무함마드 2세에게 몽골 군대는 더 이상 두려운 존재가 아니었다. 하지만 칭기즈칸 군대는 핵심 장수 제베가 카라키타이 제국, 즉 중앙아시아 동 투르키스탄 지역을 정복하면서 이슬람교도가 전부였던 현지인들이 칭기즈칸 군대를 해방군으로 열렬하게 맞이하면서 일시에 복속시킨 경험을 갖고 있었다.

칭기즈칸은 몇 년 동안 꾸준하게 호라즘 제국에 대한 관심을 갖고 이곳을 오가는 이슬람 상인들을 통해 현지 정황을 살피면서 야심을 놓지 않고 있었다.

1218년 칭기즈칸은 자신을 대신할 수 있는 몽골부족 대리인과 함께 호라즘 제국에 몽골에 거주하는 이슬람 교도 중에서 선발한 3명의 사절과 함께 450명의 무슬림 대상(隊商)을 파견했다. 몽골 비사에 따르면 당시 왕족, 귀족 무장들도 이들에게 호라즘의 귀중한 산물들을 사오도록 부탁했다고 전하고 있다.

이는 호라즘 샤 제국과의 우호증진은 물론 교역을 확대하기 위한 시도로 보인다. 그런데 사절단이 호라즘의 영토인 오트라르에 이르렀을 때, 그 지역을 관장하던 지사(동방총독)가 사절단을 습격하여 재물을 빼앗고 인명을 살상하거나 감옥에 가두었다. 이때 칭기즈칸의 대리인도 피살되었다.

칭기즈칸은 격분했다. 그는 정치적인 접촉에서 절도를 중히 여겼고 동맹이나 조약의 충실한 이행을 중시했는데 우호관계를 수립하고 교역을 공고히 하려고 파견한 통상 사절단에 대한 야만적인 공격과 침탈에 경악했다.

하지만 칭기즈칸은 자제심을 발휘하여 오트라르 총독이 자기 주군의 뜻과 반대되는 행동을 한 것이라 생각하고 호라즘 술탄에게 다시 몽골인과 이슬람교도로 구성된 사절단을 파견한다. 칭기즈칸은 다만 호라즘의 군주 샤 무함마드 2세(알라웃 딘 무함마드)에게 사건을 일으킨 당사자인 오트라르 총독을 처형하라고 요구했다. 사건 당사자는 샤의 외삼촌이었기도 하였지만, 그가 대상(隊商)단은 몽골의 정보원들이었다는 주장을 하고 있어 무함마드 2세는 칭기즈칸의 요구를 거절했다. 오히려 술탄은 사절 대표단장인 이슬람교도를 처형하고 몽골인은 사형 못지않은 처벌을 가해 추방했다.

이로 인해 그간 아시아를 양분하여 몽골 부족이 이끄는 동아시아 제국과 이슬람교도의 서아시아 제국은 돌이킬 수 없는 창칼을 맞부딪치게 된다. 분개한 칭기즈칸은 몽골 부족의 자존심을 걸고 1219년 봄에 제1차 서역 원정을 단행하였다. 금나라를 공략하려던 당초 계획을 접고 부장(副將) 무칼리에게 3만 명의 군사를 주고 몽골 고원을 지키도록 하고 기마병 10여만 명을 친히 이끌고 호라즘 원정에 나섰다. 40만 대군에 맞선 호라즘과의 전쟁은 정보전, 심리전, 공성전, 살육전, 기습전, 전격 우회 기동전을 고루 사용한 칭기즈칸의 군사전략이 총동원된 입체적인 전쟁이었다.

특히 칭기즈칸이 혈육을 총동원할 정도로 운명을 건 승부처였다. 그는 아들 4형제 중 가장 사랑하는 막내 아들 툴루이와 함께 주력군을 이끌고 호라즘제국의 중심 도시인 부하라와 사마르칸트로 출진하였다. 이때 2남 차가타이와 3남 오고타이는 오트라르를 점령해 사건의 당사자인 총독을 처형하고 무자비한 살육을 명했다. 장남 주치는 시르다리야강 하류를 따라 서진하면서 호라즘의 측방과 후방 지역의 영향권 내에 있는 도시들을 공략하였다.

골 왕조, 아바스 왕조를 누르고 이슬람 세계의 최대 패자(覇者)로 알려졌던 호라즘 제국은 명성은 화려했지만 실제 전투력은 약했던 것으로 칭기즈칸은 판단했다.

몽골군의 침공은 전쟁의 원인 지역이었던 오트라르에 대한 급습으로 시작되었다. 닥치는 대로 무자비하게 학살을 자행한다는 살육전의 공포심을 자극하는 소문은 중심 도시지역으로 퍼져나갔다. 완강하게 버티던 총독(태수)은 몽골을 경멸한 데 대한 응징보복의 본보기가 되도록 녹인 은을 눈과 귀에 부어서 처형했다.

엄청난 약탈과 살육과 파괴를 자행했지만 활용 가치가 있는 기술을 갖고 있는 장인들과 모든 이슬람 성직자들만은 살려두었다. 칭기즈칸의 종교관과 인재관이 돋보이는 대목이다. 이는 자기 제국의 백성들에게 성전(聖戰)을 역설한 무함마드의 종교전쟁 프레임이 먹히지 않도록 작용했다.

오토라르를 공략하는 데는 5개월이 걸렸지만 부하라와 사마르칸트는 불과 며칠 만에 함락시켰다. 금(金)과 서하(西夏)전쟁을 통해 습득한 공성전 기술이 주효했고, 무자비한 응징보복이 두려워 자진해서 성문을 여는 도시들도 많았다. 호라즘 군대는 도시 성벽을 진지로 삼는 고수방어 위주의 전투형태를 갖추고 있어 전쟁이 끝날 때까지 개별적 도시 방위군으로 몽골 군대 전체와 싸워야 했다. 몽골군은 호라즘 군이 수적인 우세를 이용하지 못하도록 여러 지역으로 나누어 우회기동전을 펼쳤다.

주요 거점 도시를 축차적으로 함락시키면서 도시마다 고립 작전을 유도하여 결국 전의를 상실시켰다. 호라즘 술탄 무함마드 2세는 사마르칸트에 몽골군이 오기 직전에 더 이상 저항하지도 않고 군사들을 버린 채 도시에서 서쪽으로 도망쳐 버렸다. 결국 호라즘 샤 왕조의 해체를 앞당기는 결과를 초래했다.

계속 항전하던 그의 아들 자랄 알딘은 게릴라전을 펼치며 선전하는 듯했으나 칭기즈칸의 끈질긴 공략에 인더스강 전투에서 대파되면서 생포되었다. 결국 감시가 소흘한 틈을 타서 인도로 도망쳤지만 1231년 소아시아에서 한 쿠르드인에게 암살당했다.

칭기즈칸은 신임하는 두 장수 제베와 수부타이로 하여금 2만 명의 기병을 이끌고 무함마드를 끝까지 추격토록 명령했고, 칭기즈 칸의 군대는 이란의 동쪽과 아프가니스탄을 휩쓸었다. 무함마드는 결국 1220년 말 카스피 해 쪽으로 도망갔다가 1221년

끝내 그곳에서 질병으로 고생하다가 비참하게 생을 마감하였다.

하지만 장군 제베와 수부타이의 진군은 장래의 원정에 대비할 정찰 행동 차원에서 서쪽으로 계속되었다. 무함마드를 쫓는다는 명분 아래 코카서스 산맥을 넘어 당시 동쪽 지역을 군림했던 그루지야를 정복했고, 킵차크 투르크족이 다스리는 우크라이나 평원에도 다다랐다. 이곳에서 과거 칭기즈칸의 숙적 메르키드 족과 교류하였던 킵차크 족(族)과 동맹 관계에 있던 루시 군(러시아 제후 군대)과도 일전을 벌여 지원군을 궤멸시켰다. 그래서 역사가들은 1222년 5월 31일을 러시아가 '타타르족의 멍에'에 들어갔던 사건으로 기록하고 있다.

이들이 4년간 정복한 지역은 참으로 광대했다. 자그마치 2만Km를 달려 거대한 다섯 민족을 정복하였다. 실로 가공할만한 역사적인 정벌 대업이었다. 이때 칭기즈칸은 힌두쿠시산맥과 사마르칸트를 오가면서 인도로부터 남러시아에 이르는 광활한 지역에서 몽골 서역 정벌군을 총지휘했다. 하지만 제베는 회군 도중 산맥을 넘으면서 사망했고, 수부타이는 지금의 카자흐스탄 지역에서 칭기즈칸과 합류했다.

호라즘을 완전히 격퇴한 칭기즈칸 군대는 아무다리야강(우즈베키스탄과 투르크메니스탄 및 아프가니스탄 경계선을 가로지르는 중앙아시아에서 가장 긴 강)을 국경선으로 정한 마와란나르를 합병했을 뿐 호라즘 전체를 합병하지는 않고 페르시아와 아프가니스탄에서 군대를 철수하기 시작했다.

호라즘에서 몽골군이 퇴각한 이유는 서하의 탕구트 족이 1223년까지 금나라에 맞서 몽골을 섬겼던 정책을 바꿔 친금 정책으로 바꾸면서 반란을 일으켰기 때문이다. 더욱이 몽골 제국 본영을 지키던 무칼리의 죽음도 원인이었다.

결국 수가 적은 군대로는 정복한 영토에 주둔시킬 수 없는 것이 칭기즈칸의 치명적인 약점이었다. 그저 바람같이 달려 쏜살같이 무찔렀지만 장기적인 주둔이 없는 지배에는 한계가 있었다. 지휘 통제와 구속력은 거리가 멀수록 약해지는 시대였기 때문이었다. 하지만 칭기즈칸의 존재는 유라시아를 넘어 유럽까지 알려지게 된 계기가 되었다.

그는 그때까지 아무도 이루지 못했고, 앞으로도 다시없을 위대한 과업을 이루었다. 하지만 그토록 아꼈던 제베를 원정에서 잃어버렸다. 제베는 평생 충성스런 부하로서 역사적인 과업을 함께 이룬 동지였다. 사람이 이룬 위업이란 것은 덧없다는 것을 느끼게 되었는지 그는 서둘러 금의환향했다.
공자는 나이에 따른 인생의 과업을 설파하였다. 칭기즈칸은 50세 지천명(知天命)의 나이에 서역 정벌 과업에 출정하여 60세를 넘긴 이순(耳順)에 귀향했다. 그리고 불과 몇 년 후 세상에 이별을 고했다.

31-1. 칭기즈칸의 왕위 계승... 호라즘 원정 대비

왕위를 언제 누구에게 넘겨주느냐는 동서양을 막론하고 아주 중요한 절차이다. 왕조의 융성과 계승발전에 가장 중요한 국사(國事)이기 때문이다.

몽골제국을 건설하기 이전은 칭기즈칸에게 생존과 권력 쟁취를 위한 투쟁의 시간이었다. 건국과 동시에 그는 대대적인 군사행정 조직 개편으로 공신 세력과 친위 세력에 대한 정리를 통해 내부 통합과 안정을 이루었다.

하지만 모처럼 이룬 몽골제국의 지속적인 통합발전을 위해 대 칸의 지위 계승 시기와 후계자 지정 문제는 칭기즈칸에게도 역시 난제였다. 주변국부터 아주 먼 곳까지 정복한 넓은 영토를 자식들에게 봉분하여 통치하게 한다고 해도 부족을 통합할 수 있는 최고 권력은 나눌 수 없기 때문이다. 건국 후 10여 년이 지난 시점인 데다 당시 50세가 넘는 나이 때문에도 칭기즈칸은 고민할 수밖에 없었다. 더욱이 호라즘 정벌은 이슬람 땅을 향한 미지의 세계에 뛰어드는 것으로, 그의 일생에 새로운 국면을 여는 기회이자 위기였기 때문이다.

당시 호라즘의 세력은 확실히 칭기즈칸 병력을 2~3배 상회하고 있었고 중앙아시아는 물론 페르시아(이란)에 이르기까지 권세를 휘두르고 있었다. 몽골비사는 당시 칭기즈칸의 원정 출범 전에 측근들까지도 일말의 불안감을 숨기지 못했기 때문에 후계자 문제가 거론되었다고 전한다.

이런 상황에서 조심스럽게 훗날을 기약하는 후계자 문제를 꺼낸 이는 다름 아닌 칭기즈칸의 총희(寵姬) 가운데 하나인 타타르 족 출신 미녀 예수이였다. 그녀는 애첩에게만 허용되는 특권을 이용하여 출발 전에 왕위 계승을 매듭지을 필요가 있다고 주청했다.

칭기즈칸과 그의 첫째 부인 보르테 사이에 태어난 네 아들이 왕위 계승자로서 고려 대상이 되었다. 유목민들에게는 장자 상속제가 없었고 힘에 의한 능력주의를 지향했다. 오히려 몽골에서는 막내가 항상 아버지를 모시는 말자상속제가 관례적인 풍속이었다.

장남 주치는 칭기즈칸의 첫째 아들이지만 출생문제로 인한 형제간의 갈등으로 비운의 삶을 살았던 인물이었다. 주치는 칭기즈칸의 첫 아내인 보르테가 결혼한 지 얼마 안 됐을 때 적대적인 메르키트족 에게 붙잡혀 1년 정도를 다른 남자의 아내로 살다가 돌아온 뒤에 낳은 아들이었다. '나그네' 혹은 '손님'이라는 뜻의 출생 한계를 갖고 있었기 때문에 칸 자리를 물려주기에는 부적합한 상황이었다.

칭기즈칸은 주치가 자신의 아들이냐 아니냐는 문제에 대해서 평생 노코멘트로 일관했는데, 이런 애매한 태도 때문에 후계자 문제에서도 둘째인 차가타이와 주치는 엄청난 갈등을 겪어야 했다.

교만하면서도 성격이 불같고 타협을 모르는 성격을 가진 차가타이는 장자인 주치가 출생 상의 문제로 혈통이 모호하다며 대놓고 주치를 메르키트족의 사생아라고 불렀다. 그러면서 주치에게 후계자 지위를 줄 수 없다고 정면으로 반발하며 칭기즈칸을 불편하게 만들었다. 대 칸 자리를 놓고 주치와 대립할 때 차가타이는 자신의 친동생이자 셋째인 오고타이에게 대 칸 지위를 물려주는 것을 흔쾌히 수용하고 오고타이를 적극 지지했다.

막내 톨루이는 칭기즈칸과 같이 지내다 보니 가장 많은 천호부대를 장악하고 있었지만 막내라는 한계가 있었다. 칭기즈칸이 용맹스러움으로 자신을 가장 닮았다고 인정하면서도, 건강상의 문제와 통치를 위한 통찰력이 부족하다는 이유로 대칸 자리에서 제외했다고 한다.

그리하여 칭기즈칸은 이복형제 간의 비극을 막고자 술을 너무 좋아한다는 주위의 비판에도 불구하고 가장 현명하고 친화력이 있으며, 감성적이고 지적 호기심이 많은 3남 오고타이를 대 칸으로 지명하게 된다.

그래서인지 주치는 호라즘제국과의 전쟁인 우르겐치 정벌에서 칭기즈칸과 마지막으로 참전한 이후 자신의 영토인 킵차크 칸 제국으로 들어가서 죽을 때까지 아버지를 대하지 않았다고 비사는 전한다. 하지만 그의 사후 둘째 아들인 바투가 유럽원정군 총사령관이 되어 러시아와 유럽을 정복하는데 큰 활약을 했다.
차가타이는 이후 중앙아시아에 자신의 칸 국을 세웠다. 셋째 오고타이는 정복사업을 펼쳐 페르시아와 남부 러시아를 정복하고, 고려를 쳐 다루가치를 세우는 등 영토 확장에 많은 공을 남겼다.

오고타이 칸 사망 후에는 여인들의 막후 통치 시대가 열렸다. 막내 톨루이는 43세에 일찍 죽었다. 하지만 현명한 아내였던 소르칵타니 베키 덕분에 훗날 멍케 칸과 쿠빌라이 칸이라는 2명의 대 칸을 배출하는 아버지가 된다.

칭기즈칸 사후 아들들의 영지는 공교롭게도 사전에 치밀하게 설계한 것 같은 느낌을 준다. 서쪽 멀리부터 첫째 주치, 둘째 차가타이, 셋째 오고타이, 막내 톨루이는 몽골 본거지 고향 지역을 물려받는다.

몽골비사는 1219년 칭기즈칸이 왕위 계승문제를 일단락지었다고 전한다. 그는 홀가분한 마음으로 자신의 유고라는 만일의 사태에도 대비한 다음 결전의 한판 승부처인 호라즘 정복의 길에 올랐다.

주치는 칭기즈칸이 세상에 하직을 고하기 불과 6개월 전에 아랄 해 북쪽 영지에서 숨을 거뒀다. 남은 세 아들 중에서도 칭기즈칸이 세상을 뜨기 전 '꿈이 계시'인지 후계자 오고타이와 대 칸이 된 막내 톨루이만 그의 임종을 지켜보았다.

32. 몽골제국 군대 재편...사회통합, 동원과 원정 능력 제고

    1. 칭기즈칸의 군대 특성과 병법
    2. 몽골군 기동성...몽골 말(馬)과 기병의 합작품
    3. 칭기즈칸 역참제도...몽골 제국 '네트워크' 핏줄
    4. 칭기즈칸 군대가 강한 이유... 조직의 시스템화와 칸의 리더십
    5. 칭기즈칸 군대의 강인한 무형전력
    6. 칭기즈칸 전쟁 개념의 발전과 전개
    7. 몽골군이 남긴 유산... '망구다이' 전술
    8. 칭기즈칸 이소다승(以少多勝) 전략...기동력·간편성
    9. 칭기즈칸 전격전...기동성과 간편성
    10. 칭기즈칸 군대 우수성...배경과 원인

제3장
몽골 군대 특성과 전술, 전략

32. 몽골제국 군대 재편...사회통합, 동원과 원정 능력 제고

건국과 창군은 양립될 수 없는 사안이다. 건국의 이념과 정신은 고스란히 군대 창설의 근간이 된다. 몽골 군대도 건국과 함께 대대적인 개편작업을 겪었다. 하나의 부족이 아니라 전체 몽골 부족을 통합한 정신이 담긴 단일 지휘체제가 필요하였기 때문이다.

몽골 제국 건설 후 칭기즈칸의 전쟁 개념은 확연히 달라졌다. 당시 유목민족들은 다른 부족들을 살상하는 것보다 전리품을 획득하는 데 전투의 주안점을 두었다. 하지만 제국 성립 후에는 주변국 영토를 복속시킬 수 있는 전투력을 강화하고 원거리 작전 능력을 배양하는 데 주안점을 두었다.

이에 따라 전통적인 단일 부족으로 구성된 전투 조직을 해체하고 새로운 사회구조 건설에 부응한 군사 체제를 구축할 필요성이 제기되었다. 동시에 몽골고원을 지키는 방어군의 규모를 유지하면서도 유사시 신속하게 원정군을 조직하는 고도로 조직적이면서도 효율적인 지휘체계가 필요했다. 특히 인구가 적은 상황에서 전시와 평시의 구분이 없는 동원체제가 요구되었다.

몽골 제국의 군대 재편성은 과거와 완전히 달라진 작전 개념이었다. 장거리 원정과 광범위한 지역에서의 전투를 고려하여 몽골군은 한 사람의 장군이나 칸의 명령에 의존하지 않고 전투단위 부대에게 작전 위임권한을 부여하면서도 대 칸의 전략 의도가 반영된 전쟁 지휘본부의 명령체계가 신속하게 전달되어야 했다.

이러한 측면에서 볼 때 건국 후 몽골 군대 재편성은 당시 전 세계 어느 국가의 군대보다 선진화되어 있었고 몽골제국의 발전에 큰 몫을 했다는 평가를 받고 있다.
〈몽골 부족 비사(The Secret History of the Mongols)〉를 보면 칭기즈칸이 칸에 즉

위한 1206년 인구는 대략 100만, 군대 규모는 9만5000명으로 되어 있다. 칭기즈칸의 군사 전략은 여러 몽골 부족을 십진법에 기초한 새로운 사회 단위로 혼합시켜 재편성하는 개념이었다. 칭기즈칸의 지휘 아래로 1000명이 한 단위를 이루는 몽골군 편성이 근간이다. 적은 숫자로 최대의 전투력을 발휘하도록 1000명의 제대별 그룹이 기본적인 전투단위라는 개념이다.

그가 십진법 군 조직을 처음으로 접한 것은 케레이트 족의 토그릴 옹-칸 수하에 있을 때였다. 이러한 십진법 운용으로 다양한 전투에서 승리한 그가 향후 실전에 입각한 군대 편성을 염두에 두고 채택한 것이다.

몽골군은 단지 전투병력만을 징집한 것이 아니었다. 다양한 전투 환경에서도 작전이 가능하도록 전투 기마병 이외에 각종 작전 지원에 관련된 전 분야를 총망라했다. 말을 관리하는 사육사부터 각종 무기를 현지에서 조달 또는 제작할 수 있는 기술자 등과 심지어 의료 인력까지 포함했다. 다양한 병과를 총망라한 전투기술지원 집단군을 형성한 것이다.

십진법은 평소에는 행정조직이지만 향후 전투조직을 염두에 둔 전시·평시용 지휘시스템이었다. 세금징수 및 가구의 등록 상황을 파악하기 쉽고 필요할 때 징집과 동원이 용이하여 전투조직으로 순식간에 전환하도록 돼 있었다. 이는 평시 사회 안정과 질서 유지는 물론 칭기즈칸의 사회통합 능력과 전투력 발휘에 최상의 환경을 제공하였다.

각 유목 부족은 십진법 시행으로 초부족적인 카무크 몽골 울루스(Qamuq Mongol Ulus, 전몽골제국)의 일원이 되었다. 더욱이 칭기즈칸은 몽골고원 전체 인구를 아우루그(Aurug)라는 단위로 나누어 관리하였으며, 병력 지원과 장비도 제대별 관리 시스템을 통해 공급하도록 했다. 칭기즈칸은 평시에는 사회통제를 용이하게 하고 전쟁을 수행하는 데도 적합한 국가 체계를 도입했던 것이다.

칭기즈칸은 먼저 전쟁 동원 대상 인원을 95개의 천호 주력군으로 나누고, 핵심 측근 세력들을 95명의 천인대장(밍간)으로 임명하였다. 천호의 밑에도 백호, 십호라는 방법으로 십진법 체계로 조직화했다.

95명의 천인대장들과 소수의 오르콘은 전통적인 씨족장들을 대체하였다. 구성원들의 인력은 부족과 씨족을 구분하지 않고 제대별로 편성했고 승인 없이 임의로 단위를 떠날 수 없게 하였다. 이렇게 천호로 편성된 몽골 울루스는 몽골제국 행정조직의 바탕이 되었음은 물론 몽골 군대의 정식 편성으로 정착되었다.

특히 친위대(케식텐)를 창설하여 신변 보호를 강화하는 효과와 함께 이들로 하여금 칸에게 수시로 정책을 조언하고 쿠릴타이나 칸이 결정한 중요한 일을 집행토록 하였다. 또한 중앙집권적 권력을 강화하고 많은 부족들의 집단적 이기주의를 누르는 한편 칭기즈칸에게 충성심을 발휘하고 그의 지휘에 주목하도록 유도했다.

칭기즈칸은 정기적으로 지휘관들을 교체해 모반을 방지했고, 상호감시 및 견제 차원에서 양두체제를 도입했다. 십진법에 의한 각 제대별 대장이 자신의 임무를 제대로 수행하지 못하면 언제라도 직책을 박탈했다. 아울러 평소 제대별로 지속적인 훈련을 통해 전투력을 강화토록 하였다.

그야말로 십진법 제도는 몽골군의 발전에 중요한 첫걸음이었다. 신속한 동원 및 대응체계, 단일 지휘체계, 제대별 단독작전 가능 체계, 통합방위력 및 입체적인 전투력 제고, 전투원 간의 응집력강화 등이 이뤄졌다.

이른바 칭기즈칸의 군대 편성과 각 제대별 운용은 유사시에 싸울 수 있는 군대를 순식간에 조직하여 전쟁에 돌입시키되 필요하면 원거리 출정도 가능하도록 했다.

칭기즈칸은 자신의 군사 전략대로 군대를 편성한 것은 물론, 여러 유목민족이 뒤섞인 몽골고원에 대한 중앙 지배권을 강화했다. 나중에 몽골제국이 주변국 영토를 복속함에 따라서 이런 편성 개념은 피정복 농경민족에게까지 확대되었다. 일사불란한 지배체제를 염두에 두고 야사라는 칭기즈칸 법령을 공포해 신분에 관계없이 공평하게 적용하였다. 상하간 위계질서를 강조하는 점 등은 모두 자신을 정점으로 하는 일사불란한 지배체제를 염두에 두고 만든 법규들이다. 칭기즈칸은 중앙집권적 지휘제제 구축, 상명하복의 강력한 위계질서 확립과 수시 동원체제 구비로 여러 부족과 동맹이 뒤죽박죽된 집단을 단 하나의 군대로 융합했다.

칭기즈칸의 군사 재편으로 과거 부족장들의 세력과 영향력은 점차 사라졌다. 유목민들의 상시 징병체제로 전통적인 생활방식에도 큰 변화가 도래하였다.

몽골군대의 재편성은 과거 부족국가의 잔재를 일거에 없애고 장기적인 전략 차원에서 세계 정복을 염두에 둔 고도의 통치 및 군사전략에서 나온 것이다. 그는 분명 결단력과 미래에 대한 통찰력을 두루 갖춘 전략가였다. 몽골 제국 건설 후 군사 재편으로 그는 초원의 늑대에서 위대한 정복자의 길을 걷기 시작했다.

32-1. 칭기즈칸의 군대 특성과 병법

몽골 유목민족은 태생적으로 강한 체력조건과 함께 활 솜씨와 기마 재능이 뛰어났다. 칭기즈칸 군대는 제국 형성 이전부터 많은 전투를 통해 실전 경험이 풍부했다.

몽골 제국 성립 이후에는 상대 군대의 색다른 전술과 무기 성능을 겪으면서 이를 극복하기 위하여 전술을 개선하면서 자기화했다. 부단한 실전을 통해 전략과 전술을 보강하고, 다양한 전장 환경에 적응하고 응용하면서 전투 역량이 극대화되어 갔다.

현지 보급의 원활성과 신속한 기동력이 유목민족의 특징이다. 비록 외형적으로는 각양각색의 통일되지 않은 복장을 하고 있었지만 엄격한 군율 이행과 특별히 고안된 개인 전투 장비를 통일적으로 갖췄다. 더욱이 실제 전투의 경험을 토대로 부단히 전술을 개발했고, 이에 상응한 무기제조 기술은 점차 최신화되어갔다. 금나라 공격을 통해 획득한 공성술(攻城術)과 투척기 등은 호레즘 제국 및 유럽 원정군에게 절대적 위력을 발휘했다.

몽골 군대의 핵심전력은 여전히 몽골족과 투르크족 출신의 기마군이었지만, 몽골제국 팽창과 함께 입대한 피정복민 농경민족 출신의 보병대가 양대 축을 이루었다. 여기에 공성 공격을 위해 한족, 거란족, 여진족으로 구성된 공병대가 몽골군의 중앙아시아와 페르시안 지역까지 영토 범위를 넓히면서 현지인으로 구성된 포병대까지 가세하는 합동부대 형태의 성격을 띠었다.

몽골군의 특성 관련해 마르코폴로(Marco Polo)는 "이 세상 군대 중에서 노고와 고충을 잘 참아내고, 군대 유지비용이 가장 적게 들며, 주변의 여러 민족과 나라를 정복하는 능력이 가장 뛰어난 군대는 몽골군이었다"라고 평가했다.
몽골족은 어릴 때부터 말을 탄다. 말 위에서 1주일간 먹고 자며 내려오지 않을 만큼 말과 친숙하기 때문에 천성적인 기마병인 셈이다. 몽골 군대는 전부 기마병이었다. 그래서 당시에는 기동성이 가장 탁월했다. 몽골 비사는 말과 한 몸이 되어 백발백중 화살을 쏘아대는 몽골 기병을 목격한 13세기 유럽인들은 그리스 신화의 반인반마 켄타우로스를 떠올릴 정도였다고 전한다.

몽골말은 조랑말이지만 혹한에서도 풀을 헤쳐 먹고 견딜 만큼 거친 환경에서도 적응력이 강하였다. 지구력, 생존 능력이 월등해서 장거리 전투 기동에 적합하였다. 몽골의 기병들은 농경민족의 보병과는 달리 기갑병인 셈이다. 활, 도끼, 적의 기병을 말에서 떨어뜨리기 위한 갈고리가 달린 창, 당기면 죄어드는 올가미 밧줄 등 다양한 살상용 공격무기는 물론 장기전에 대비해 압축 휴대식량을 휴대할 수 있다. 특별한 신호 화살을 통하여 상호 소통할 수 있는 능력도 있었다.

몽골군은 과거 전통적인 초원의 전쟁에서 탈피하여 실전 경험을 통해 발전을 거듭하면서 좀 더 복잡한 전장에 맞는 세련된 군사전술을 만들어냈다. 이와 관련해 몽골역사연구소의 오치르 소장은 "칭기즈칸은 정복 전쟁의 과정에서 포로나 정벌한 나라의 국민을 군인으로 편입시켰고, 그 나라의 경제력 등 모든 힘을 다른 나라를 정벌할 때 사용했기 때문에 칭기즈칸의 푸른 군대는 전쟁을 거듭할수록 더욱 강해질 수 있었다"라고 분석하고 있다.

손자병법(孫子兵法)에 나오는 '신속계'(神速計)에 해당하는 전법이다. 기회가 왔을 때 신속하게 움직이라는 '병귀신속(兵貴神速)'의 원리를 가장 잘 활용했다는 평가를 받는 이유다.

칭기즈칸의 몽골군은 전원 신속 기병군단으로 전체 군사의 40%를 중기병(重騎兵), 60%를 경기병(輕騎兵)으로 구성했다. 적을 대결할 때 먼저 경기병이 장단거리 활을 이용하여 적의 방어벽과 중심을 혼란에 빠뜨린다. 기세를 잡은 다음 대략 3.6m 길이의 창으로 무장한 중기병은 신속하게 적의 중심을 강타하는 돌격전을 펼쳐 승세를 굳히는 전법이다.

대다수 원정에서 직면하는 수적 열세를 경기병의 기동성을 최대한 활용하고, 다양한 작전으로 적의 핵심 역량을 섬멸하여 일거에 초토화시키는 전략으로 극복했다. 백병전 대신 후퇴를 가장하여 적을 유인한 다음 말머리를 돌려 더욱 강력한 공격을 반복하여 적군을 궤멸시키는 유인섬멸 전술을 자주 구사하였다. 16~17세기 유럽의 소총 기병대가 활용한 카라콜 전술과 유사하다.

호라즘 전쟁은 유럽 정복의 기초를 다지는 기회였다. 칭기즈칸 생애 전투 중에 가장 규모가 큰 마지막 전투라고 할 수 있다. 이 전쟁에서 칭기즈칸은 초원의 전술을 바탕으로 그간 터득한 모든 복합적인 전술을 최대한 현지화해 구사했다. 칭기즈칸이 직접 진두지휘하여 침공 전 치밀하게 전쟁을 준비하는 신중함과 주도면밀함을 보였다. 공성전, 정보전, 홍보전, 심리전, 살육전, 이간책, 포위전, 우회기동전 등이 복합적으로 작용해 승리를 가져올 수 있었던 전쟁이었다.

칭기즈칸은 전장을 깊게 보고 넓게 활용하면서, 적이 약점을 노출하도록 유도하였다. 칸 군대의 기동능력과 살상능력의 두 가지 장점을 최대한 활용하려고 전술을 현지 상황과 맞게 꾸준히 구사하였던 점이 돋보였다. 특히 다민족과 다양한 병과가 합동으로 참여하는 연합동맹군이라는 점이 위대한 마력을 발휘하였다.

800년 전에 칭기즈 칸은 오늘날에도 활용되는 기습전, 침투전, 게릴라전, 유인전, 전격전, 기만전 등 숱한 전술을 고안하여 활용했다. 특히 기병과 포병이 결합한 신속 기동전에 입각한 전격전(電擊戰) 개념은 제2차 세계대전에도 적지 않은 영향을 끼쳤다는 평가를 받고 있다.

기존의 '장점'을 바탕으로 새로운 '강점'을 보강하려는 꾸준한 업그레이드 전략과 엄격한 군율과 지휘계통 확립, 투철한 정신무장이 칭기즈칸의 군대 특성이다. 언제 어디서나 싸워서 이기는 방법만을 염두에 두고 군대를 양성하고 훈련하고 신출귀몰한 전술을 구사해 그는 군사적 천재라고 평가받고 있다.

칭기즈칸의 뜻이 있는 곳에 정복의 길이 있었다. 하지만 정복의 길은 저절로 열린 것이 아니라 항상 폭넓은 식견으로 새로운 전장에 딱 맞는 맞춤형 전술을 활용했기에 열린 것이었다.

32-2. 몽골군 기동성...몽골 말(馬)과 기병의 합작품

언제 어디서나 신속하게 기동하여 적의 중심을 무찌를 수 있는 야전 전투형 부대 창출이 칭기즈칸의 군대 양성전략이었다. 그의 군대는 기동의 속도와 간편성에 우선을 둔 보급의 효율성에서 절대 우위를 점했다.

유목민족인 몽골인들은 걸음마를 떼면서부터 말 타는 법을 배운다. 누구나 소년 시절에는 이미 아주 능수능란한 수준의 기병이 된다. 몽골군은 현지 자연환경에서 채취하거나 수렵을 통해 군량을 조달하는 전통적 습관이 있었다. 그러나 몽골 제국이 주변국으로 영토를 확장하고 좀 더 체계화되면서 자연스럽게 군대의 보급과 전쟁 물자 수송문제가 대두될 수밖에 없었다. 특히 장거리 원정에서는 더욱더 치밀하고도 계획적인 병참 문제가 요구되었다.

유목민족은 항상 이동하면서 살아야 했기에 저장이 간편한 육포(Borcha), 마유와 말의 피 등을 먹는 식습관은 군대 원정에 아주 적합한 조건을 갖추고 있었다. 몽골군의 주식은 고기와 유제품이 주를 이루었고 부족분은 현지 조달로 해결했다. 그래서 몽골군이 원정 때에는 군량에만 의존하는 것이 아니고 현지에서 사냥을 통해 다양한 들짐승을 영양공급원으로도 삼았다.

몽골군의 병참술은 몽골 제국 건설 후 다양한 전투경험을 수행하면서 자연히 몽골 민족 삶의 습관을 장거리 군대 원정에 적합하도록 차츰 적응하고 순응하면서 체계화, 조직화 되었다.

몽골군의 기동성이 뛰어난 것은 단지 말을 잘 탔기 때문만은 아니었다. 원정때에도 병사들은 각자 전투 장비와 식량을 말에 싣고 이동하는 몽골 군단은 보급부대가 따로 없는 전원 기병이었다. 기병 한 사람이 말을 3~4마리씩 몰고 다니기 때문에 수시로 교대할 수 있어 기동력도 보장되고 개인 전투장비와 비상식량을 많이 휴대할 수 있다는 장점을 갖고 있다.

칭기즈칸 기마군단의 전투력은 무장력과 기동성에서 엄청난 시너지 효과를 낼수 있었다. 이와 관련 영국의 전략사상가 리델 하트는 1927년에 쓴 '위대한 지휘관들을 벗긴다(Great Captains Unveiled)'에서 몽골 기마군단 조직의 간편성(Simplicity)이 유럽정복의 원동력이었다고 평가했다.

몽골군은 말이나 소가 죽으면 일부만 바로 먹고 나머지는 훗날을 위해 고기를 말리거나 소시지로 만들었다. 칭기즈칸의 기병들은 휴대가 간편하도록 개개인이 바싹 마른 육포와 가루우유, 마유 등을 휴대하였다. 특히 안장 밑에 깔아둔 고기는 잘 숙성되었고 가루우유는 물에 타 마시면 오늘날의 요거트와 같은 발효식품이 되었다고 한다. 몽골군의 당시 보급은 사전 준비와 현지 획득을 혼용하였다.
'동방견문록'을 쓴 마르코 폴로는 "장거리 원정을 떠나는 몽골군은 가죽자루 두 개에 담은 마유 외에는 어떠한 음식물(곡식류)도 휴대하지 않았고, 위급상황이 닥치면 불을 피우거나 고기를 먹지 않고 열흘 동안 계속해서 행군했다. 그 기간에 몽골군은 말의 정맥을 갈라서 입으로 피를 빤 다음 지혈했다."고 기술했다. 그리고 망아지 한 마리의 살코기가 있으면 몽골전사 100명이 하루 세끼 식량으로 삼았다고 전했다.

호라즘 원정(1219~1222) 중에 모든 아르반(천호제 개념에서 10명 기병)은 3마리 정도에 해당하는 말린 양고기와 커다란 냄비를 휴대했다. 기본적으로 원정에 필요한 식량은 병사 각자가 챙겼고, 주둔지 주변에서 먹을거리를 찾아 나섰고 정복한 지역에서 군량을 다시 보급받는 체계였다.

공성전에 필요한 특별한 무기 같은 몽골 군대의 대형 군수품은 말과 낙타를 이용하여 운반했다. 쌍봉낙타의 경우에는 통상 400~600Kg의 짐을 지고 하루 30~40Km를 이동할 수 있었기에 당시 속도로 보면 상당히 신속한 수준이었다.

이처럼 신속하고도 용맹한 몽골 기병 덕분에 칭기즈칸의 세계제국 건설이 가능했다고 전사학자들은 입을 모은다. 결국 몽골 말과 기병이 공통적으로 갖고 있는 특성, 기질과 습관이 이런 신속함과 용맹함의 바탕을 이뤘다.

이와 관련 전쟁사 전문가인 리처드 가브리엘(Richard Gabriel) 캐나다 왕립사관학교 전쟁학과 교수는 저서 〈칭기즈칸의 위대한 장군 수부타이〉에서 "몽골 기병의 가장 큰 장점은 기동성이었다"면서 "1221년 칭기즈칸 군대는 이틀 동안에 130마일을 이동했다. 1241년에는 수부타이 군대가 엄청나게 눈이 쌓인 대초원에서 사흘 만에 180

마일을 이동했다."고 상상을 초월하는 기동력을 강조했다.

몽골 군사들은 이처럼 휴대가 간편하면서도 영양이 풍부한 비상식량으로 긴 전쟁 기간에 체력과 기동형을 유지할 수 있었다. 아울러 기동성 보장과 전쟁물자 보급, 말과 낙타의 식량 확보를 위해 목초지를 확보하는 일은 매우 중요하였다. 이에 따라 원정 중의 야영지는 목초지를 이용할 수 있는 곳을 우선시하였다. 사전에 진군 노선과 작전계획을 수립할 때 말과 낙타의 먹이를 충당할 수 있는 곳을 최원적으로 고려하였다는 점이다.

몽골 군대에게 있어서는 말은 광활한 대지를 내달리는 전차 같은 존재였다. 드넓은 척박한 땅에서 물과 풀을 찾아 같이 움직이던 몽골 유목민과 말은 그들만이 갖는 특성과 식생활 습관으로 아주 결정적인 활로를 열었다. 서로 긴밀하게 호흡을 맞추어 가며 신속한 기동력을 발휘해 정주민의 역사를 지배하게 되었다.

칭기즈칸의 몽골 기마군단이 서아시아와 유럽 지역까지 영역을 확장한 '대정복'의 역사는 몽골 말과 몽골 기병이 동고동락하면서 풍찬노숙(風餐露宿)한 합작품이었다.

32-3. 칭기즈칸 역참제도…몽골 제국 '네트워크' 핏줄

전쟁을 치르는 데는 예나 지금이나 효과적인 정보전달 체계가 중요하다. 현대전에서도 신경 조직인 지휘통신 체계가 무너지면 장비의 성능이 아무리 좋아도 무용지물이 되고 만다. 칭기즈칸은 엄청난 기동력을 바탕으로 무려 777만㎢에 이르는 땅을 지배한 정복자였다. 알렉산더 대왕이나 나폴레옹이 지배했던 땅을 합친 것보다 더 넓은 면적이다. 강한 기동성은 이처럼 광대한 땅에서 작전 수행이 가능하게 했다. 그러나 영토가 너무나 넓어서 상호 정보전달 및 지휘체계가 효율적으로 가동되기 어렵다는 단점도 있었는데 어떻게 이런 단점을 보완했을까.

길이 있어야 인적·물적 왕래가 가능하다. 머나먼 길 중간에는 재충전을 하거나 서로 연결해주는 지점이 자연히 생기게 마련이다. 계획된 작전을 효과적으로 수행하려면 실시간으로 통신병(파발꾼)을 통해 정보를 전달하고, 군대에 말을 재공급하는 등 각종 재충전을 보장할 수 있는 중간 보급기지가 필요했다. 그 중심에 광활한 땅을 연결하는 역참(驛站) 제도가 있었다. 군사적 목적의 연락거점으로 출발한 역참제도는 동서 무역 루트와 문화 교류에도 결정적으로 기여했다.

13세기 칭기즈칸의 군대는 유라시아 초원길을 통해 유럽의 일부까지 정복했다. 역참 혹은 역참제 얌(Yam)은 몽골제국 네트워크의 핏줄이었다. 칭기즈칸은 통치 지역이 광활해지자 몽골의 전통적인 역참제도를 도입해 유라시아 네트워크를 구축했다. 역참제도는 정비를 거듭해 쿠빌라이 칸 때 완성되었다.

몽골 고원에서는 원래 수도를 기점으로 하여 각 지방으로 도로를 개통했는데, 40㎞ 간격으로 여관과 말이 딸린 '참'을 설치한 것이 역참제도이다. 현대적 군사용어로 말하자면 병참 및 후방 보급기지 개념으로 설치된 중간 스테이션(기지)이다.

참과 참 사이에는 파발마(擺撥馬)를 타고 소식을 전하는 파발꾼이 왕래했다. 쉴 새 없이 급파된 파발꾼을 통해 정보는 거의 실시간으로 전달됐고, 역참은 이들을 위한 중간 보급기지 역할을 수행하였다. 정보와 군수 역할을 톡톡히 수행함으로써 효과적인 작전을 보장했다. '상당한 시간이 지나는 동안'이라는 뜻의 우리말 '한참'은 '두 역참 사이의 거리'라는 뜻에서 유래됐으니, 역참제도가 예전에 얼마나 보편화됐는지 알 수 있다.

몽골제국은 13세기부터 14세기 초까지 정복한 영토 전체의 교역로를 유지했고 30~50㎞마다 역참에 물자를 비축했다. 몽골 제국의 영역이 확대되면서 역참도 그만큼 확대되었다.

얌은 새 말로 갈아타거나 새로운 전령으로 교체함으로써 변방의 소식을 제국의 수도 카라코룸까지 몇 달이 아니라 며칠 만에 전달하는 신속성을 구현했다. 몽골 병법을 저술한 미국 역사학자 티모시 메이는 얌 제도가 19세기 미국의 조랑말 속달 우편(Pony Express)의 선구적 제도라고 평가하였다.

몽골제국이 무역로를 확장하고 유지했던 것은 몽골 군대가 노획한 귀중한 전리품이나 약탈품을 본국으로 신속하게 운반하고 신속한 지휘소통 체계를 확립하기 위한 것이었다고 할 수 있다. 나중에 자연스럽게 교역과 상업기지로도 적극 활용된 것은 부수적 목적에 해당한다. 이와 관련해 마르코 폴로도 몽골 제국을 여행하면서 역참을 자주 이용했다고 전해지고 있다. 그는 이런 역참들이 아름답고 화려할 뿐 아니라 왕에게 어울리는 비단이나 다른 모든 사치품까지 갖추고 있다고 기록했다.

몽골 제국이 제공하는 편의와 안전보장 아래 동서 간에 상인, 물품, 종교, 사상, 문화 등이 두루 거침없이 교류되었다. 칭기즈칸의 유라시아와 중앙아시아 평정은 정복과 지배라는 부정적 이미지와 달리 평화와 질서를 창출했고 그 결과 동서양의 교류와 무역을 활발하게 했다. 칭기즈칸은 몽골 제국을 건설하고 부단한 영토 정복을 통해 세계 제국을 만들었다. 동서양 교류의 진정한 물꼬를 열었기에 역사적인 인물이란 평을 듣는다. 그 중심에 역참제가 있었던 것이다. 그야말로 점을 이어서 선을 만들었고 선을 이어서 면을 만들었으며, 결국 대제국이라는 입체적인 걸작을 만들어 낸 것이다.

역참 개념은 교류, 소통, 공유의 근대적 개념에서 출발하였다. 유라시아 초원길(실크로드)을 통해 유럽의 일부까지 통일성 있게 연결했다. 칭기즈칸 군대의 정보전달 조직에서 출발된 얌(Yam)은 역체(驛遞)시스템으로 동서 문화 교류에 지대한 공헌을 했다. 역참은 13세기 서양과 동양을 하나의 플랫폼으로 단일화하는 교류와 공유의 기초였다. '팍스 몽골리카(Pax Mongolica)'의 시대를 예고하는 서막을 연 것이 역참제도라고 해도 지나치지 않다.

과거나 지금이나 네트워크를 장악하는 민족만이 패권 국가로 남을 수 있다. 개인이나 국가나 누가 얼마나 많이 다양하게 '연결'할 것인가의 경쟁인 셈이다. 시대는 다르지만 기본 개념은 동일하다. 21세기 4차 산업혁명의 시대에도 네트워크를 장악하는 국가가 진정한 제국(Empire)이다. 1995년 미국 워싱턴포스트가 지난 1000년간 인류사에 가장 큰 영향을 준 인물로 칭기즈칸을 선정한 배경이 바로 여기에 있는 것 아닐까.

32-4. 칭기즈칸 군대가 강한 이유...
조직의 시스템화와 칸의 리더십

칭기즈칸 군대는 당시 무적(無敵)이었다. 막강한 전투력의 비결은 태생적인 야성(野性)과 실전을 통한 경험에 우러나온 꾸준한 혁신에서 찾을 수 있다. 군대조직의 제도화, 간편성과 신속 기동성, 엄격한 규율과 공정한 분배, 최고의 정신무장 등이 그 특징으로 꼽힌다.

1. 군대조직의 제도화 및 시스템화
몽골제국 성립 이후 칭기즈칸은 유목민족 군대의 군사적 우월성과 특성은 유지하되 새로운 전쟁 개념에 맞도록 군대의 임무와 역할의 획기적인 전환을 시도했다. 그 결과 새로운 전쟁 패러다임에 맞는 군대로 탈바꿈했다.

천호제는 기존의 씨족과 부족제도를 파괴하는 바탕 위에서 만들어졌다. 구질서를 파괴하는 대신 평등의 개념을 존중하되 종적으로 확고한 연결고리를 지닌 군사 조직체였다. 전통적 씨족 중심의 약탈전 및 근거리 전투에 초점을 맞춘 유목민족의 군대를 장거리 정복 원정에 필요한 효율성 및 신속 기동성 위주로 조직화한 것이다.

제대별 단독작전 능력, 전쟁 동원 능력 및 전투력 제고, 철저한 상명하복, 신속한 지휘체계 확립을 위해 충성심과 능력 위주로 10명, 100명, 1000명, 1만 명 등 십진법을 기준으로 제대별로 조직화해 효율적이고도 체계적으로 군대를 편성했다.

2. 정보전, 심리전에 철저한 몽골군
몽골군은 상대국에 대한 충분한 정보를 수집하기 전에는 장거리 원정을 개시하지 않았다. 몽골군은 칸을 찾아오는 모든 여행객들과 수시로 이동하는 상인들을 적극적인 정보원으로 활용해 현지와 관련한 생생한 정보를 수집했고 이를 통해 주변국 여론과 상황을 주도적으로 관리했다.

또한 전투와 전투 사이에는 현지 정보원, 본대 출발 전 전위부대(Algincin 알긴친)를 통해 실시간으로 입수한 정보를 효과적인 정보 전달체계인 역참제도를 통해 본영에 전달해 적극 활용하였다.

공격전에는 사전 작전회의를 통해 각자의 임무에 따른 군대 배치와 공격 전술을 협의하는 것을 일상화했다. 공격에 저항하는 도시는 철저한 대량학살로 응징했지만 기술자 및 하급관리, 기존 지도세력에 불만을 가진 그룹들은 별도로 관리하여 적의 지도세력과 대중의 내부 갈등을 유발해 궁극적으로 반체제 세력 또는 친몽골 세력을 형성하게 만들었다.

적군의 저항심을 잠재우기 위해 공포심을 자극하는 심리전도 효과적으로 활용했다. 아울러 적을 위협하고 교란하기 위해 다양한 위장술을 쓰기도 했다. 호라즘 원정에서는 이간질 전술을 활용하여 결정적인 효과를 보았다. 그야말로 신출귀몰하는 다양한 전술로 '황색 공포'를 불러일으켰다는 평가를 받고 있다.

몽골의 원로학자 이시잠치 교수는 칭기즈칸은 "항상 주변 상황을 면밀하게 파악하고 상대방의 심리 상태를 최대한 활용하려는 정보 마인드와 치밀한 작전계획 및 준비성을 무척 중시한 전쟁 기술자"라고 평가했다.

3. 속도전 및 기동전이 가능한 군대

몽골군의 기동 속도를 보장하는 것은 말과 무기 및 보급품의 경량화였다. 몽골의 말은 서유럽이나 중동 군마보다 몸집은 다소 왜소하였지만 체력과 지구력이 뛰어났다. 몽골군은 거의 경비병으로 무장되어 전투력이 우수하면서도 최고의 기동성을 자랑했다.

갑옷, 각궁, 말안장, 군화도 성능은 높이되 될 수 있는 한 모두 경량화했다. 이러한 장비들은 추후 몽골이 동유럽을 정복한 이후 널리 보급될 정도로 우수성과 효용성을 인정받았다.

휴대용 전투식량 역시 간편성에 역점을 두고 경량화를 지향하였다. 말린 쇠고기 육포, 버터, 미숫가루 등은 장거리 행군을 하면서도 별도의 보급부대나 별도의 조리 절차 없이 식사를 해결하도록 해줬다. 유럽군의 군장 무게는 70kg인 반면 몽골군의 군장 무게는 무기와 1년 치 전투식량을 다 합쳐도 50kg을 넘지 않았다.

4. 신뢰와 절대 충성을 바탕으로 한 푸른 군대

몽골 유목민들에게는 집단 사냥인 '네르제(Nerge)'에 기초한 협동심과 단합심의

DNA가 강하다. 이러한 생활방식에 바탕한 엄격한 규율, 일사불란한 지휘명령계통 유지, 상관에 대한 절대복종, 제대별 책임제도 강화로 최강의 군대로 거듭날 수 있었다.

소속 부족이나 담당 업무에 무관하게 차별이 없이 능력에 따라 대우를 했고, 신상필벌 원칙을 정확하게 적용했다. 이는 칭기즈칸 휘하 장수들의 충성심을 이끌어냈고 조직의 결속을 최상으로 끌어올리게 했다.

전쟁이 끝나면 공적에 따라 전투를 담당하는 전방과 물자를 담당하는 후방이 평등하게 전리품을 분배했다. 그들은 뚜렷한 공동의 목표를 설정하고 각자 임무와 역할을 명확히 제시하여 참여 정신과 책임 정신을 제고시켰다. 그 결과 몽골군은 "비록 태어나는 곳은 달라도 죽는 곳은 같다"라는 사생결단과 평생 동지적 각오로 매번 전투에 임하였다.

법보다 약속을 중요시한 점도 주목해야 한다. 몽골군은 서로의 신용과 믿음을 목숨보다 소중히 여기는 사회였다. 몽골 제국이라는 공동체 발전을 위해 종교적인 신념을 초월할 수 있을 정도로 서로가 서로에게 목숨을 맡겼고, 몽골군대 특유의 소명의식이 존재했다. 이것이 몽골군대의 보이지 않는 경쟁력의 원천이었다.

5. 칭기즈칸의 유연한 리더십과 동고동락 정신

칭기즈칸의 푸른 군대가 세계를 정복하고 세계제국을 효율적으로 경영할 수 있었던 것은 바로 인간 칭기즈칸이 가진 매력 덕분이기도 했다. 소박하고 검소한 생활 태도, 지위 고하를 막론하고 동고동락하는 생활 원칙은 부하들로 하여금 그를 추종하게 만들었다. 이러한 생활 태도는 조직을 동지의식으로 뭉치게 했을 뿐만 아니라 전투 능력의 극대화를 이루게 했다.

특히 그의 천부적인 친화력과 포용력은 종족이나 종교에 관계 없이 자신의 품으로 들어온 사람은 완전히 자기 사람으로 만들었다. 칭기즈칸의 탁월한 통섭 능력은 아시아에서 동유럽에 이르는 정복 전쟁과 세계화 전략의 기초가 되었다.

칭기즈칸은 유목민의 고유한 특질을 유지하면서도 체계화된 다국적군대로 몽골군을 탈바꿈했다. 미지의 세계를 공격하면서 뛰어난 정보 능력을 기초로 적의 강점은 피하고 자기의 강점을 극대화했다. 그러면서도 엄격한 군율과 철저한 정신무장을 확립한 가운데 탁월한 기동력, 효율적인 정보 전달체계, 분권화된 임무형 명령 체계를 유지하여 모든 전장에서 우위적 요소를 십분 발휘하였다.

이는 칭기즈칸이 자신이 의도하는 전략을 중심으로 상대를 이끌어 내어 치명적인 타격을 가함으로써 초전박살 형태의 전승을 거두는 계기가 되었다. 특히 실전적인 전투 경험을 기초로 부단한 개선을 통해 현지에 적합한 전법을 구사하면서 칭기즈칸 군대의 전투력은 날로 향상되어 갔다.

결론적으로 그의 합리성, 융통성, 포용성, 혁신성이 복합적으로 작용한 결과 몽골군은 전승불패의 불사조 군대로 급성장할 수 있었다.

33. 칭기즈칸 정치사상...쿠릴타이 제도와 적용
    1. 칭기즈칸 평등사상...성과위주 분배로 참여의식 제고
    2. 칭기즈칸 종교사상...포용적 관용
    3. 칭기즈칸 벤처 정신...도전과 혁신
    4. 제국 경영의 주춧돌 놓은 칭기즈칸 여성중시 사상
    5. 칭기즈칸 노마드(Nomad) 정신... 미래 창조
    6. 칭기즈칸 실사구시 정신
    7. 칭기즈칸의 상무(尙武)정신...몽골민족의 시대적 용기 자극
    8. 칭기즈칸의 법치사상...'대자사크' 제정
    9. 칭기즈칸의 경제사상... 중상주의 와 공정한 분배
    10. 칭기즈칸 자립정신...'함께 서기'
    11. 칭기즈칸 절제정신...자기극복과 인내심
    12. 칭기즈칸 권학(勸學)정신...인재 배양과 창조적 경영의 기초
    13. 칭기즈칸의 순혈주의 배격 사상...통합의 원동력
    14. 칭기즈칸의 낙관주의 사상... 긍정적인 마인드 창출
    15. 칭기즈칸 리더십... 시대를 초월하는 교훈

제4장

칭기즈칸 사상

33. 칭기즈칸 정치사상...쿠릴타이 제도와 적용

　　유목민의 생활은 언제나 한곳에 정착하지 않고 이동성 목축에 의존한다. 원칙적으로 집단의 구성원은 혈연을 위주로 씨족 단위가 모여 부족 집단을 형성했다.

초원의 유목민들은 집단 공동체 간에 상호약탈적 성격의 투쟁이 수시로 일어나는 험악한 환경에서 생활하기 때문에 언제 어떤 일이 일어날지 모르는 상황에서 생존을 위해 쉼없이 분투해야 했다. 유목생활의 특성상 강자존(强者存)의 법칙과 적자생존의 법칙만이 통용되는 터라 오늘만 있을 뿐 내일을 장담할 수 없는 상황이었다. 따라서 그들을 이끄는 지도자의 능력이 삶의 질을 결정하는 중요한 변수가 될 수밖에 없었다.

만일 모든 결정에 구성원들의 의견이 반영되지 않는다면 서로간의 반목과 질시로 인한 내부 소용돌이는 집단 와해로 이어지기 쉽다. 부족의 중대사를 결정할 때, 칸을 선출할 때 모두의 합의에 의해 결정하는 관행은 그래서 생겨났다. 구성원의 중지를 모아서 의견을 채택하고 적임자를 선출하는 방식이 필요했던 것이다.

쿠릴타이는 옛 몽골어로 대집회(大集會)를 뜻한다. 각 씨족이나 부족에는 내부에서 선출되는 장로(원로)가 있어서 그들의 합의에 의해서 최고의 지도자가 추대되었고 중요한 국사가 결정되었다. 쿠릴타이는 북방 유목민 사회에서 옛날부터 관행으로 정착된 합의제도인데, 가장 널리 알려진 것은 13세기 몽골제국의 경우였다.

칭기즈칸은 쿠릴타이를 열 때 천호장, 만호장 뿐만 아니라 목동이나 말단 병사도 참여해 누구나 자기 생각을 발표할 수 있도록 했다. 그리고 만장일치가 될 때까지 반대자들을 끝까지 설득해 공감대를 형성했다. 신라나 중국 당서(唐書)에서는 이를 '화백

(和白)'이라 불렀으며 단 한 사람이라도 반대할 경우 부결되는 만장일치제를 채택했다.

쿠릴타이는 울루스(국가)의 중대방침을 정하기 위해 열렸던 몽골 제국의 최고 정책결정 기관이었다. 칸 선출이나 즉위, 장거리 출정이 요구되는 국가 원정계획 수립, 법령 제정 등을 위해 개최됐다고 몽골 비사는 전하고 있다.

1206년 봄 칭기즈칸은 오논 강의 발원지에서 대규모 쿠릴타이를 개최했다. 성대한 의식을 통해 몽골제국 건국을 공포하고 만장일치로 칭기즈칸으로 등극했다.

1218년 칭기즈칸은 서역의 강국인 호라즘제국에 3명의 사절과 함께 450명의 무슬림 대상(隊商)을 파견하였는데, 변경 무역지대인 오트라르 지사가 그들을 몽골에서 보낸 간첩으로 오인(誤認)하여 재물을 빼앗고 인명을 살상하거나 감옥에 가두었다. 이에 분개한 칭기즈칸은 쿠릴타이를 소집해 부족 원로·수장(首長)들의 의견을 모은 후 즉각 서역 원정에 나섰다.

1227년 칭기즈칸이 사망한 뒤 대칸이 즉위하기까지 2년이 소요되었다. 비록 칭기즈칸이 삼남 오고타이를 후계자로 지명하기는 했지만 부족들의 의견이 분분했기 때문이다. 당시 몽골 전통으로는 막내가 재산 계승권을 갖고 있었고, 특히 칭기즈칸을 모시면서 천호제 병력의 대부분을 장악하고 있었다. 칭기즈칸 사후 후계자 선출은 어디까지나 쿠릴타이의 몫이었다.

고려시대에는 고려 왕자가 외국 국적으로 국가를 대신하여 쿠릴타이에 참석했다. 쿠빌라이 칸 시기에 칸의 공주와 고려의 왕자가 혼인 관계를 맺게 되면서 대대로 황제의 부마(사위) 자격으로 쿠릴타이에 참석할 수 있는 권리를 얻게 되었다.

쿠릴타이는 칭기즈칸의 정치사상을 잘 반영하고 있는데, 그가 살아있을 때 중요한 어록형태로 남긴 '발리크(격언)'의 1조, 7조, 8조, 25조는 그의 정치사상을 생생하게 대변한다. 1조에서 그는 "명분이 있어야 지배한다."라고 강조하였다. 구성원들의 공감대를 얻지 못하는 결정은 응집력의 부족으로 인해 정치력이 떨어진다는 것이다.

8조에서는 자신의 생각과 다른 말을 들으면 자신의 의견과 잘 비교하라고 경청과 토론의 중요성을 강조하였다. 7조에서는 "어른 세 명이 옳다고 하면 옳은 것이다."라고 하였고, 25조에서는 "흰머리는 윗사람의 표시이다. 연륜에서 미래를 향한 성공의 깃발을 찾는다."고 강조했다. 이는 그가 각종 경험이 많은 씨족이나 부족 원로의 의견을 매우 중시하였으며, 흩어진 부족을 단시간 내에 뭉쳐서 이룩한 몽골 제국에서 그만큼 쿠릴타이의 역할을 중시하는 바탕을 이루고 있다는 방증이다.

쿠릴타이의 역할과 기능은 군주권(君主權)의 강약과 깊은 관련이 있다. 군주권이 강력해지면 자연히 쿠릴타이는 형식화되고 군주의 뜻을 받아들이는 형식적인 의사결정체가 됐다. 그러나 군주의 권력이 약해지면 쿠릴타이는 또다시 본연의 결정권을 되찾았다.

몽골제국의 대칸 선출 방법은 확실히 민주적인 장점을 지니고 있었다. 칭기즈칸과 오고타이, 구육, 뭉케 등은 쿠릴타이 때마다 다소 우여곡절은 있었지만 대체로 조정 작업을 통해 만장일치로 총의를 이끌어내는 모습을 취해왔다.

이런 관점에서 칭기즈칸으로부터 적어도 쿠빌라이 등극 전까지는 쿠릴타이가 본연의 기능을 수행하고 있었다고 볼 수 있다. 쿠빌라이 시대가 되자 독자적으로 쿠릴타이를 열고 칸을 선포하는 경우도 있었다. 대칸 계승을 놓고 동생 아릭 부케와 쿠빌라이의 내부 분쟁이 발생했을 때 쿠빌라이는 북중국에서, 아릭 부케는 카라코룸에서 독자적으로 쿠릴타이를 개최하고 칸을 선포했다. 결국 쿠빌라이가 전쟁을 통해 경쟁자인 동생을 제압했고 강력한 지도력으로 대몽골제국을 이끌었다. 하지만 쿠빌라이가 대칸으로 등극할 때 찬성하는 추종자만 모아 놓고 쿠릴타이를 개최하는 바람에 그간 잘 지켜오던 쿠릴타이 원칙이 깨졌다는 평가를 받고 있다.

13세기 몽골에서 칸을 부족장 전원 합의체인 쿠릴타이를 통해 선출하도록 한 점은 대화와 협치라는 측면에서 매우 민주적인 제도였다. 많은 사람의 뜻을 한데 모아야만 시너지 효과가 창출된다는 '집사광익(集思廣益)'의 정치사상을 이미 칭기즈칸은 알고 있었던 것이다.

칭기즈칸은 경험과 지혜를 존중했다. 그야말로 '노마지지(老馬之智)', 즉 늙은 말의 지혜와 다수의 힘을 중시하는 '중지지력(眾志之力)'의 매력(魅力)과 마력(魔力)을 800년이 지난 우리에게 알려주고 있다. 수레는 두 바퀴로 굴러가는 것이지 한 바퀴로 갈 수 없고, 새도 좌우의 날개로 평형을 잡아야 멀리 높이 날 수 있다는 것을 전해주고 있다.

33-1. 칭기즈칸 평등사상...성과위주 분배로 참여의식 제고

　고대에서 오늘날에 이르기까지 어떤 국가든 강대국이 되려면 반드시 기율을 엄격히 확립하고 공평과 공정성이 뒷받침되어야 한다. 칭기즈칸 당시 13세기 몽골 고원의 상황도 예외는 아니었다. 씨족 위주의 소규모 사회에서는 최고 원로인 씨족장의 말이 법이다. 하지만 여러 부족이 모인 몽골 제국을 통치하려면 명확한 기준이 필요했다.

　칭기즈칸은 소년 시절부터 사람을 사귀는 데 있어 신분의 차별을 염두에 두지 않았다. 일찍 아버지를 여의고 노예, 포로생활까지 경험한 그에게 신분이나 과거의 지위 따위는 무의미했고, 법 앞에서 모든 사람은 평등하다고 생각했다.

　칭기즈칸은 몽골을 통일한 후 "이제부터 모든 몽골인들은 다 같은 형제다."라고 선포했다. 출신 부족과 지위에 관계 없이 모든 사람은 평등하다는 점을 강조했다. 이것 하나만 봐도 그의 정치경제적인 평등사상을 알 수 있다.

　몽골 부족 상호 간에는 지배와 피지배 계층이 따로 존재하지 않았고, 모두가 몽골 제국의 구성원으로서 동동한 권리를 누렸다. 오직 몽골 제국의 번영과 융성을 위해 일치단결하여 각자의 역할과 임무를 충실히 수행하면 됐다. 이런 관점에서 칭기즈칸의 평등사상은 몽골을 명실상부한 제국으로 만든 가장 큰 요인이었고, 이런 점에서도 그는 위대한 전략가라는 평가를 받을 만하다. 불평등과 불공정이 증가하면 사회통합을 저해하고, 씨족과 부족 구성원들의 반목과 불만을 야기해 조직의 응집력과 전투력에 손상을 가져온다고 봤던 것이다.

　칭기즈칸은 전장에서 사적인 재물 약탈은 절대 용납하지 않았다. 대신 전쟁에서의 기여도에 따라 누구든지 공평하게 전리품을 나눠 갖게 했고 공적에 상응한 대우를 했다. 심지어 전쟁에 동원되었다가 숨진 병사들의 부인이나 고아한테도 전리품을 분배해줬다.

칭기즈칸은 몽골제국 이전부터 약법삼장(約法三章)을 철저히 이행하도록 요구했다. 그가 남긴 발리크(격언) 제2조에 따르면 "승리 후에도 노획한 재물을 개인이 임의로 점유할 수 없다. 전리품은 대칸이 논공행상을 통해 일괄적으로 분배한다"라고 명시되어 있다. 이 같은 평등사상에 입각한 전리품 분배 규율이 나오자마자 씨족장이나 부족장들은 겉으로는 어쩔 수 없이 동의했지만 내부적으로는 불만을 품고 있었다고 몽골비사는 전한다.

누구나 노력한 만큼 거둘 수 있다는 믿음은 전투력 제고에 기여하였고, 전투원의 기상과 사기는 충천하였다. 모두가 자발적으로 전투에서의 승리를 위해 노력했고 보다 효율적이고 새로운 방안을 만드는 데 경쟁적으로 기여하고자 했다.

몽골군은 지위고하를 막론하고 '야사'라는 대법령의 규칙을 지켜야 했다. 평등의 원칙은 누구에게나 적용됐다. 누구든 상호 존칭을 붙이지 않고 서로 이름을 부르도록 한 원칙에는 칭기즈칸도 예외가 아니었다. 발리크 17조는 "군대를 통솔하려면 병사들과 똑같이 갈증을 느끼고, 똑같이 허기를 느끼며, 똑같이 피곤해야 한다."고 규정하고 있다. 윗사람과 아랫사람이 같은 것을 바래야 승리한다는 '상하동욕자승(上下同慾者勝)'의 중요성을 강조한 대목이다.

몽골군은 동료가 싸우다 전사하면 반드시 형제와 벗의 시체를 찾아왔다. 때문에 몽골군은 용감하게 싸우다 죽어도 나의 영혼은 고향에 돌아갈 수 있다는 믿음에 생명을 걸고 싸웠다. 칭기즈칸도 언제나 솔선수범하는 원칙을 견지하면서 부하들과 동고동락했다. 그는 단출하고 소박하게 생활했다. 음식과 의복은 부하들과 같거나 비슷했다. 전쟁에서 승리했을 때는 부하들과 승리의 열매를 함께 나눴다.

어떤 지휘관도 사람들 앞에서 혼자 포식할 수 없었고, 칭기즈칸 자신도 "소매치기 같은 옷을 입었다"고 할 만큼 평생 검소한 생활을 하였고, 심지어는 황후도 "활을 풀어 옷을 해 입었다고 할 정도였다"고 몽골 비사는 전하고 있다.

인재 선발과 활용 면에서도 그는 인물들을 매우 공정하게 적재적소에 배치했다. 전투를 담당하는 분야에서는 몽골 기병이 주력을 이뤘지만 재무나 조세 분야에는 국제적인 상업 활동의 경험과 향후 무역 교류를 염두에 두고 무슬림들을 발탁했다. 기술과 의학 분야에는 비교적 선진화 교육과 경험을 가진 중국인들을 폭넓게 기용했다. 국적, 종교에 관계 없이 오직 능력과 충성심, 활용성, 결과로만 인재를 평가했다. 지위

고하를 막론하고 성과 위주의 인사 정책이었다.

그는 신분과 혈통을 가리지 않고 격의 없이 자유롭게 회의를 운영했다. 말단 병사들의 의견까지도 작전에 반영할 만큼 모든 참여자의 의견을 중시했고, 전원이 참여하는 분위기를 조성하다 보니 조직에 활기 넘쳤다. 모든 조직의 모든 구성원이 자부심과 책임감으로 충만해서 부하들은 열정과 성의를 다해 정복전쟁에 임했고 재산과 권력을 무리하게 탐하지도 않았다.

칭기즈칸은 그야말로 누구에게나 자질에 맞게 공평하게 기회를 주되 개인의 능력과 노력에 따라 공정하게 대우하고 분배했다. 공정한 평가와 적절한 보상은 적극적인 동기부여와 자발적인 희생정신으로 이어졌고, 이는 전승을 보장한 원동력이 되었다. 칭기즈칸의 평등사상에 입각한 조직원 관리는 현대판 '전원 주주제도'나 '참여형 관리제'의 선례였다.

역사적으로 공정한 사회에는 꿈과 열정이 넘치지만, 불공정한 사회는 분열과 기피를 잉태한다. 공자도 〈논어〉에서 국가경영과 관련해 '불환빈(不患貧) 불환균(不患均)'이라고 지적했다. "백성은 가난함을 걱정하기보다 불공평함에 분노한다"는 것이다.

칭기즈칸이 추구한 평등사상은 공정, 공평, 공개 등 삼공(三公) 구현을 위한 기초를 제공했다. 이처럼 공평한 기회 제공과 성과 위주의 공정한 분배 원칙이 없었다면 유라시아 대륙을 휩쓴 정복의 위업을 달성하지 못했을 것이다. 칭기즈칸이 제도 자체의 합리성을 통해 성과를 극대화했다는 평가를 받는 이유이다. 그는 시대를 관통하는 통치의 원리를 800년 전 몽골 제국에 적용한 선각자였다.

33-2. 칭기즈칸 종교사상...포용적 관용

대국(大國)이라고 해서 반드시 제국(帝國)이라 부르지는 않는다. 상호 가치를 공유하고 주변국과 공존, 공영을 진정으로 모색해야만 제국의 지위를 누릴 수 있다. 제국을 추구하는 나라가 만일 다양성, 포용성, 보편타당성을 무시하고 종족 국가처럼 편협하게 움직이면 내부 결속이 흔들리고 외부로부터 견제가 심해져 충돌하기 쉽다.

제국이라면 통상 두 가지 조건을 갖춰야 한다. 먼저 제국은 광대한 영토와 인구라는 물적 기반과 함께 다양한 민족과 인종, 종교와 문화를 아우를 수 있는 내적 통합력이 뒷받침되어야 하며, 외부와의 교류 역량이 극대화되어야 한다.

1206년 칭기즈칸은 모든 어려움을 극복하고 주변 유목민족을 규합하여 몽골제국을 건설하였다. 주변 세력에서는 이슬람교, 기독교, 불교, 도교 등의 각 종교집단들이 확고한 세력권을 형성하고 있었다. 하지만 몽골 제국의 건국이념은 평등에 기초를 두고 특정 부족, 종교, 사상에 집착하지 않았다.

칭기즈칸은 고작 100만 명의 인구와 약 10만 명 수준의 군대로 주변 강대국과 민족들을 상대해야 했다. 이같은 절대적 열세에도 불구하고 그는 미래지향적이고 보편적인 가치에 공감하는 수준 높은 철학과 가치관을 가지고 있었기 때문에 점차 영역을 넓혀 갈수 있었다.

발주나 호수의 맹약에 그의 이런 정신이 잘 나타나 있다. 몽골 민족의 위대한 공동 목표 달성을 위해 헌신과 의리를 변치 말자고 맹약한 19명 중 샤머니즘을 신봉하는 칭기즈칸과 동생 카사르를 제외하고는 모두 무슬림, 기독교, 불교 신자였다. 이러한 칭기즈칸의 평등한 종교사상은 각 종교를 포용하게 했고, 그 결과 단합되고 조화로운 사회건설과 함께 내부적으로도 조직화되는 경향을 보였다. 더 나아가 추후 몽골 초원을 통일하고 대제국을 건설하고 지배 및 통치하는 데 중요한 기초 역할을 했다.

영국 역사학자 에드워드 기번은 〈로마제국 쇠망사〉에서 "칭기즈칸이 제국을 유지한 비결은 '종교적 관용'이다"라고 역설했다. 칭기즈칸 연구의 권위자로 잘 알려진 잭 웨더포드 역시 저서 〈칭기즈칸, 신 앞에 평등한 제국을 꿈꾸다〉에서 그는 종교의 자유를 중시한 사상가였다고 평가했다.

불우했던 어린 시절에도 칭기즈칸은 텡게리(영원한 푸른 하늘)신이 자신을 돕는다고 생각했다. 점차 몽골 부족을 통합하고 몽골국의 최고 통치자로 등극하면서 그는 자신의 권력은 '영원한 하늘의 신이 뽑으신 칸'이라는 확고한 신념을 갖게 된다. 이 신념은 외향적 정복 욕망과 함께 더욱 확고해지면서 인종, 종교에 얽매이지 않고 세계평화의 중심에 자리할 수 있다는 소명감으로 발전한다.
이는 몽골 대제국 형성 과정에서 종교적 관용을 도입하는 결정적 계기가 됐고, '팍스 몽골리카(Pax Mongolica)'를 실현하게 됐다.

칭기즈칸의 종교적 관용은 그의 격언(빌리크)에도 잘 나타나 있다. 이는 거대한 제국을 평화적으로 다스리기 위한 일종의 전략이었다는 평가를 받는다.
제11조: 모든 종교를 차별 없이 존중해야 한다. 종교란 신이 뜻을 받드는 것이라는 점에서 모두 같다.

제17조: 모든 종교의 종파에 대해 좋거나 싫은 점을 나타내거나 과대포장하지 말고 경칭도 사용하지 말라. 또 대칸을 비롯한 그 누구에게도 경칭 대신 이름을 불러라.
제30조: 거짓말, 절도, 간통을 금하며 이웃을 자신처럼 사랑해야 한다. 몽골 사람들은 서로 다투지 말고 법도 위반하지 말라. 서로 힘을 합쳐 정복한 국가 및 도시를 지켜라. 몽골사람들은 신을 받드는 성전의 조세를 면제하고 또 성전 및 그것에 봉사하는 성직자들을 우러러 보도록 하라.

이 같은 칭기즈칸의 3개 격언은 종교적, 사상적 극단주의에 빠지지 말고 상호 존중할 것을 강력히 주문하고 있다. 칭기즈칸의 종교 관련 정책은 나의 종교가 중요하면 너의 종교도 중요하다는 것을 강조하고 있다.

특히 그는 지금의 중앙아시아 지역에 있던 카라키타이 제국 정복과정에서 종교적 자유가 정치적 반란의 소지가 될 수 있다는 점도 깨닫게 된다. 무슬림 집단들이 먼저 현재의 통치자로부터 해방해 줄 것을 칭기즈칸에게 요청했기 때문이다. 관용적 종교 정책을 통한 조화로운 사회통합은 제국의 파벌주의와 분리주의를 해결할 수 있는 수단임을 그는 깨닫게 되었다. 또한 제국 형성 과정에서 종교적 관용을 도입하는 결정적 계기가 됐다.

동시에 칭기즈칸은 평소 전투에서 승리해 국가를 정복할 수는 있지만 많은 사람들을 하나의 단일 지배체제 아래 단합된 사회에서 평화롭게 살도록 하는 일은 쉽지 않다고 생각했다. 그래서 그는 정복 사업을 하는 동안 기독교와 불교, 도교, 이슬람교 등 각 종교의 특성에 대해 관심을 가졌다. 평등한 종교정책은 거대한 제국을 평화적으로 다스리기 위한 일종의 전략으로서 매우 중요한 요소라고 인식하였다.

이러한 칭기즈 칸의 사상적·종교적 관용 정책은 현대 세계에 매우 넓고 깊은 영향을 줬다는 평가를 받고 있다. 유럽에서는 계몽주의 시대에 그 정신이 점차 발현됐고, 미국의 수정헌법 제1조에도 영향을 줘서 "의회는 종교의 수립과 관련된 법률이나 자유로운 종교 활동을 금지하는 법률을 제정해서는 안 된다"고 규정하고 있다. 종교와 사상의 극단주의로 내부 갈등과 혼란을 겪는 오늘의 우리에게도 칭기즈칸의 '포용적 종교사상'은 많은 시사점을 주고 있다.

칭기즈칸은 "나라를 정복하는 것은 군대를 정복하는 것과 다르다"고 역설하였다고 몽골 비사는 전하고 있다. 위대한 정복자가 반드시 위대한 정치가는 아니다. 발 말굽으로 짓밟아서 일시적으로 굴복시킬 수는 있어도 정복한 피지배 민족의 진정한 마음을 살 수 없다는 것이다. 칭기즈칸 군대의 정복 과정만 보면 유라시아 문명세계를 거칠고 사납게 짓밟고 파괴한 '야만적인 정복자'라고 생각하기 쉽다. 하지만 종교적인 측면에서 그는 분명 시대를 초월한 전략가이자 사상가였다.

33-3. 칭기즈칸 벤처 정신...도전과 혁신

13세기 초 몽골의 초원지대는 극심한 가뭄에 시달렸다. '중세 온난기'의 말기여서 풀은 마르고 강물은 줄어들어 사막은 빠르게 넓어져 갔다. 오랜 세월 이곳에서 목축으로 생계를 유지해온 유목민들에게 일대 위기가 닥친 것이었다.

이러한 위기는 새로운 지도자를 필요로 한다. 결국 위기를 돌파하려면 눈을 외부로 돌릴 수밖에 없다. 칭기즈칸은 이러한 자연생태학적 환경에서 벌이는 부족 간의 투쟁과 갈등은 몽골 민족 발전에 전혀 도움이 되지 않는 집안싸움으로 보았다. 자신의 아버지 및 아내와 얽힌 원한관계로 인한 씨족 간 복수전, 전리품 획득을 위한 초원민족 간 약탈전, 갖가지 배반과 반목질시로 인한 갈등과 합종연횡에 따른 부족 간 '패권전쟁'도 1206년 몽골제국 건설을 기해 막을 내렸다.

자연스럽게 칭기즈칸은 씨족, 부족들의 힘을 규합해서 비옥한 농경지대로 눈을 돌리게 된다. 유목민족의 태생적인 야생성과 이동성, 야생마 같은 도전성이 결합되자 정복의 야망이 분출했다. 몽골 민족은 기마 민족으로서 정복한 영역의 '소유'보다 '지배'에 더욱 관심이 많았고 미래를 위해 더 나은 영역을 찾아 기회를 잡겠다는 방랑자 DNA가 강했다.

개인적 원한으로 인한 복수심과 함께 수렵으로 키워진 유목민의 정복욕으로 충만했던 칭기즈칸은 몽골제국 건립과 함께 농경문화의 정주민을 겨냥한 '경제전쟁'으로 눈을 돌렸다. 단순히 현실에 안주하거나 기회를 기다리지 않고 기회를 '만드는 일'에 직접 나선 것이다. 몽골 민족이 스스로 주인이 되어서 민족 중심의 깃발을 우뚝 세우겠다는 모험과 도전 정신이 그를 새로운 정복전쟁으로 내몰았다. 이에 따라 몽골인들은 그들만이 할 수 있는 꿈을 펼치려고 벤처 정신을 발휘하게 된다.
승자가 모든 것을 차지하는 초원의 독식 구조에서는 과감한 모험이 없이는 어떤 소득도 가질 수 없다. 그러니 도전 지향적인 사고를 가진 사람만이 무언가를 성취하게 된다. "Nothing Venture, Nothing Have"(모험 없이는 얻는 것도 없다)는 '벤처 정신'으로 무장해야 한다는 말이다. 이런 정신의 바탕 위에 칭기즈칸은 너와 내가 서로 힘을 합쳐서 함께 노력하고 성과는 함께 나누자는 상생의 가치관을 추종자와 부하들에게 강조하여 참여 정신과 감투 정신을 고양했다.

칭기즈칸의 벤처 정신은 두 가지로 발현되었다, 하나는 미지의 땅을 지배하고 새로운 문명과 소통하며 영향을 끼치는 개척자 정신(Frontiership)이고, 다른 하나는 이를 통해 물질적인 이득을 얻는 기업가 정신(Enterpreneurship)이다. 그는 이 두 정신의 결합을 통해 세상을 평정하고 서로 교류하겠다고 구상했다. 몽골 초원의 현실에 머무르지 않고 모든 역량을 바쳐 새로운 세상과의 길을 열고 소통과 교류를 통해 새로운 미래를 창조하겠다는 것이다. 이러한 소명의식 안에서 그는 형식을 완전히 배제하고 조직의 응집력과 효율성 강화, 전투력의 극대화를 위해 유목민 고유의 특성은 살리면서도 당시 상황에 능동적으로 대처하는 과감한 혁신을 시도하였다.

이를 위해 그는 모든 역량을 투입하였다. 그 결과는 대칸을 정점으로 하는 지휘계통의 중앙집권화, 인재 등용의 다양화, 다양한 종교의 인정과 수용, 칭기즈칸 군대의 시스템화, 무기와 장비의 지속적인 개량과 현대화, 전술 병법의 현지화, 교역과 수송의 제도화, 규율의 법령화로 나타났다.

칭기즈칸의 강력한 리더십과 부단한 혁신을 추구한 벤처 정신은 유목민 특유의 태생적인 기질과 체계화된 정복 전쟁 수행 능력 등과 강력하게 결합돼 시너지를 발휘했다. 하나로 뭉친 몽골 민족이 공동운명체가 되어 밖을 향해 목표와 대상을 설정하고 성취해나갔다. 이렇게 결집된 힘 앞에서 현재에 머무르면서 안락한 삶을 추구하려는 농경사회의 정착민과 시류에 뒤처진 사고와 권세에 취했던 술탄들은 속수무책으로 무너져 갔다. 칭기즈칸의 탁월한 지도력과 함께 정복 전쟁의 승리가 이어졌다.

칭기즈칸은 중체서용(中體西用)의 전략을 구사하였다. 원래의 기본적인 장점에 외부의 효용성을 부가한 방식을 채택한 것이다. 그야말로 새로운 것을 창조하고 창출해내기 위해 기존의 것만 고집하지 않고 이를 과감하게 고쳐 '창조적인 파괴'를 실천하였다. 그는 몽골 부족 전통의 통치 방식과 라이프 스타일을 고수하지 않고 정착민의 통치 기술과 지배체제를 유목민 특유의 강인한 전투능력과 도전 정신에 결합시키고자 시도한 혁신적인 전략가였다.

칭기즈칸은 정복 사업 과정에서 끊임없는 변화와 혁신을 강조했다. 그가 후세에 남겨준 "내 자손들이 비단옷을 입고 벽돌집에 사는 날, 내 제국은 망할 것이다."라는 메시지는 우리에게 많은 교훈을 남겨준다. 칭기즈칸의 혁신 사상은 6세기 경 중앙아시아에서 유목 생활을 하던 돌궐족의 명장 톤유쿠크가 남긴 "성을 쌓고 사는 자는 반드시 망하고, 끊임 없이 이동하는 자만이 살아남을 것이다." 라는 교훈과 맥을 같이 한다. 이는 현실에 머물려고 하면 결국 패망한다는 경고다. 고여 있는 물은 썩기 마련이고, 흘러야 물의 생명력이 유지된다는 것이다. 멈추지 않고 변화하려는 노마드(nomad) 정신을 잃어버리면 결국 패망의 길로 접어든다는 점을 강조한 것이다.

20세기 최고의 경제학자로 손꼽히는 조셉 슘페터는 〈경제발전론〉에서 "혁신으로 낡은 것을 파괴하고, 기존의 것을 도태시켜야 새로운 게 창조된다. 이윤이란 '창조적 파괴'를 성공적으로 이끈 기업이 얻는 정당한 대가이다"라고 역설했다. 이러한 관점에서 몽골 제국은 혁신을 통해 정복사업을 완성하여 새로운 영역을 지배했고, 교류와 공유를 통해 경제적 이익과 사상적 우위를 점해 인류 최초의 동서양 교류를 촉발시킨 '팍스 몽골리카(Pax Mongolica)'를 구가했다.

그는 분명 혼·창·통(魂創通)의 원리를 꿰뚫는 혜안을 갖고 있었다. 하늘이 내려주신 소명의식으로 부단한 혁신을 통해 동서양을 관통한 위대한 정복자이자 전략가였다. 당시 인구 100만에 10만의 군대를 갖고 유라시아 대륙을 정복하는 것은 상상을 초월하는 과업이었다. 하지만 칭기즈칸은 절대 불가능한(Impossible) 목표를 완전 가능한(I'm possible) 것으로 바꾸었다. 그간 남긴 명언처럼 "한 사람의 꿈은 꿈이지만 만인의 꿈은 현실이 된다."는 강력한 리더십으로 공동체적 가치와 명분을 동원했다. 소명의식을 불러일으키는 설득력, 부단히 새로운 것을 추구하는 에너지, 마음을 열고 소통하며 공유할 줄 아는 포용력이 그의 영웅적인 자질이었다.

벤처 정신으로 초원에서 갈고 닦은 에너지를 문명권의 농경지대로 대거 옮겨간 것이 바로 정복 전쟁이었다. 비록 목표와 방향은 칭기즈칸이 제시했지만 응전과 정복은 모두 추종자들에 의해 완성되었다. 외부지향적인 강력한 원심력과 드넓은 정복 영토를 효과적으로 지배하는 구심력의 균형과 조절이 몽골 대제국의 관건이었다. 원심력과 구심력을 통제할 수 있는 제국(帝國)만이 주도적으로 연결과 교류를 이끌 수 있다. 이를 위해 몽골제국은 자연스럽게 동서양 사이의 교류나 물자의 교역과 이동이 활발해질 수 있는 플랫폼을 구축했고, 중세에 벌써 글로벌 시대의 기초를 닦았다. 얼마나 많은 땅(영역)을 지배하느냐가 최대 관점이었던 시대에 칭기즈칸이 보여준 노마드 정신은 800년이 지난 지금의 벤처 정신과 일맥 상통한다. 연결, 소통, 공유의 키워드는 시대를 초월하여 관통되고 있다.

33-4. 제국 경영의 주춧돌 놓은 칭기즈칸 여성중시 사상

농경집단이든 유목집단이든 남성중심으로 사회가 조직되고 운영된 고대에는 자연스럽게 남존여비의 풍습과 문화가 형성됐다. 하지만 미국 역사학자 젝 웨더포드는 〈칭기즈칸의 딸들, 제국을 경영하다〉라는 책에서 몽골제국의 흥망성쇠를 자세히 살펴보면 이러한 고정관념으로만 볼 수 없다는 견해를 피력했다. 칭기즈칸 딸들의 업적을 제대로 평가하려면 제국의 경영, 칸의 부재 기간 대리통치, 카툰의 실속 있는 내치, 권력 이양 과정에서 역할 등에 초점을 맞추어야 한다는 것이다. 역사에서 잘 알려지지 않은 딸들의 핵심적인 위치나 역할에 주목할 필요가 있다는 점을 웨더포드는 지적했다.

원래 수렵 및 유목경제에 기반한 전통적인 몽골의 성(性) 가치관은 농경을 기반으로 정착생활을 하는 중국의 전통적 유교 사상과는 다소 차이가 있다. 수렵과 유목, 외부 세력의 침입으로부터 공동체를 지키는 일 등은 남성의 몫이었고, 여성은 주둔지를 관리하고 가정을 꾸려나가는 책임을 맡았다. 남성과 여성의 철저한 역할 분담으로 사회가 유지되었던 것이다. 그렇다고 해서 여성의 역할이 부수적이거나 종속적이었다기보다 경제적 측면에서 비교적 실질적이고 필수적인 책임과 역할을 감당한 능동적 주체였다. 이 같은 여성의 역할에 대한 인식은 몽골제국이 성장하고 유지되는 주춧돌이 되었다.

13세기 몽골 초원에서는 약탈혼이 성행했고, 계모를 아내로 삼는 수계혼(收繼婚)이나 재혼에 대한 반감이 없었다. 상황에 따라 정치·경제적 독립권과 능동적인 자기 선택권이 어느 정도 주어졌다는 얘기다. 칭기즈칸 어머니 호엘룬 역시 예수게이에게 납치되어서 강제로 결혼하게 되었다. 하지만 칭기즈칸은 어릴 때부터 아버지를 일찍 여의고 어머니가 낡은 옷을 입고 매일같이 고생스럽게 어린 자식들을 키우는 모습을 지켜보며 어머니에 대한 깊은 정과 함께 존경심을 가졌다. 그의 인생 전반을 볼 때 여자에 대한 관념과 사상은 어머니 슬하에서 성장하면서 가장 많은 영향을 받았던 것으로 보인다.

이 같은 환경은 그로 하여금 당시 여성의 역할에 대한 생각을 획기적으로 변화시켰다. 그는 가문의 여자를 시집보낼 때 여자들을 동물이나 토지와 교환하는 걸 금지했다. 또한 다른 사람의 신부나 신랑을 강탈해가지 못하도록 법률로 금지했고, 혼인할 때 여성들이 지불해야 하는 지참금 제도를 구체적으로 명기하여 몽골족의 오랜 구습 및 나쁜 전통을 폐지했다.

그러면서도 다른 한편으로는 가부장적인 그의 여성관을 빌리크(격언)를 통해서 엿볼 수 있다. 빌리크 제14조에서 그는 "남편은 태양처럼 언제나 같이 있을 수 없다. 아내는 남편이 사냥을 가거나 전쟁에 나가도 집안을 잘 꾸리고 깨끗이 해야 한다. 또한 남편을 높이 받들어 험준한 산처럼 우뚝 높여야 한다."고 강조했다. 여성의 내조 역할을 강조했던 것이다.

칭기즈칸은 여성의 역할을 중시하는 차원에서 딸들의 결혼식에서 "부부는 수레의 두 축"이면서 신랑과 신부의 동등한 권리와 역할을 강조했다. 수레의 한쪽 바퀴가 고장 나면 움직이지 못함을 들어 부부평등 사상을 고취했다. 남자들은 전쟁에 동원되니 여자가 집안을 다스리도록 했다. 여성의 경우 본영에 남아 전쟁에 동원되지 않고 남은 부족을 다스리는 역할을 맡게 했다.

그는 정복 과정에서 혼인동맹을 효과적으로 활용해서 수많은 부족 및 변경 국가들과 정치·군사적 협력관계를 구축하였다. 또 변경 국가로 시집 보낸 딸들로 하여금 주변의 소왕국을 다스리면서 몽골의 국경경비대 역할과 사방에서 제국을 보위하는 책임을 요구했다. 오이라트족에 시집 보낸 치체겐, 고비사막 남쪽의 전략적 요충지인 옹구트 부족의 알라카이 왕국에 시집을 간 알라카이 베키, 위구르 왕국으로 간 알-알툰, 칼루크족에 보낸 톨라이 등 혼인 관계를 통해 확고한 세력을 구축토록 하여 여성에게 몽골 제국의 전위대이자 방패 역할을 맡겼고, 이를 통해 제국의 영향권을 확대해 나가도록 했다.

칭기즈칸은 알라카이에게 "시집을 가면 너는 최고의 권력을 가질 것이기 때문에 최고의 책임을 져야 한다"면서 국가 경영의 책임을 강조했다. 큰딸이 지배했던 옹구트 부족 지역은 중간 전진기지 및 병참 기지로 금나라를 정복하는데 결정적으로 기여했다. 또한 칭기즈칸은 생전에 자신의 제국을 "5개의 제국과 4개의 외국 땅을 가진 나의 부족"이라고 설명했다고 몽골 비사는 전하고 있다. 5개 제국은 네 명의 아들과 한 명의 막내동생이고, 4개의 외국 땅은 4명의 딸이 통치하는 왕국을 지칭하고 있다.

칭기즈칸은 장거리 전쟁에 왕후를 동행시켰다. 탕구트 원정에는 제3황후 예수이 카툰을, 서아시아 원정에는 콜란 황후가 동행하여 정치적 동지 역할을 수행했고, 그에 상응한 보상도 주어졌다. 통상 카툰들은 경제적으로 독립된 재산 운영과 교역을 통해 황실 경제의 근간이자 제국 경제의 중심적인 역할을 수행했다.

특히 실크로드 인접 지역들을 장악한 알라카이와 톨라이는 이슬람과의 교역 활성화를 통해 제국 내에 선진적인 경제와 문화의 물꼬를 트는 중요한 역할 수행했다는 평가를 받고 있다.
칭기즈칸의 딸들은 훗날 몽골제국의 명실상부한 통치자로서 군림했다. 우구데이 칸의 미망인 투르게네는 '예게 카툰' 자격으로, 우구데이의 막내 동생인 톨루이의 미망인 소르칵타니 베키 역시 정식 칸으로는 등극하지 않았지만 훌륭하게 제국을 이끌면서 혼란 속의 제국을 잘 경영하였다.

칭기즈칸은 이와 같은 여성들의 활약을 통해 여성을 법적으로도 보호하고자 했다. 몽골제국의 법령인 '자삭'에서 36개 조항 중 3개 조항에는 여성의 권리와 독립적인 자율권을 보장하고 있다. 제19항에서는 "자신의 부군이 전장에서 후퇴할 경우 부군의 군직을 대행하라"며 여성의 전투역량에 대한 신뢰와 함께 평소부터 대체 역할을 강조했다. 제34항과 35항에서는 재혼, 가산 계승에 대한 자율권과 독립권을 부여함으로서 여성의 선택과 권리를 보장하였다. 명문화된 '자삭'에 명시한 것만으로도 칭기즈칸의 여성의 평등한 역할에 대해 얼마나 명확하게 인식하고 있었는지 잘 알 수 있다.

이러한 가치관은 고스란히 실제 정치적 결과로 나타났다. 칭기즈칸의 아들들은 정벌사업은 훌륭하게 완수했지만 국가 경영에서는 그다지 성과를 내지 못했다. 칭기즈칸이 세계를 정벌하고 제국을 창건했다면, 그 국가에 실질적인 운영체계를 불어넣은 것은 왕비, 딸 등 여성 후계자들이었다. 칭기즈칸의 여성 평등사상과 역할 중시는 그의 사후 딸들의 제국 경영에 결정적인 계기를 제공했다. 세상을 움직이는 것은 황제이지만, 그를 움직이는 것은 카툰(황후)이라는 사실을 일찍이 간파하였던 그는 분명 시대를 앞서가는 전략가였다. 동시에 전통을 깨뜨리고 미래를 내다보는 선각자였다.

33-5. 칭기즈칸 노마드(Nomad) 정신... 미래 창조

고인 물이 썩는 것처럼 도전에 제대로 응전하지 못하는 문명은 쇠락하기 마련이다. 18세기 영국 역사학자 토인비는 "인류가 역경을 극복해가며 이룩한 문명의 역사는 도전(challenge)과 응전(response)의 연속이다."라고 설파했다. 칭기즈칸의 제국 건설 역시 과감한 도전과 엄청난 응전의 산물이다. 칭기즈칸이 노마드(Nomad) 정신을 구현한 대표적인 역사적 인물로 손꼽히는 이유다.

그는 일생 동안 한곳에 안주하지 않았다. 자신의 생각을 창조적으로 키우며 꿈을 실현할 수 있는 미지의 세계를 찾아 나섰다. 단순히 공간적인 이동에 그치지 않고 새로운 것을 창조하기 위해 특정한 가치와 삶의 방식에 매달리지 않고 끊임없이 변혁을 추구하였다. 칭기즈칸의 노마드 정신은 창조적인 파괴를 통한 도전이었다.

칭기즈칸은 어려서부터 갖은 고생과 난관을 겪으면서도 전혀 주눅 들지 않았고 오히려 의기양양하게 도전했다. 경쟁자들과 때로는 협력과 동맹을 통해 그들의 강점과 약점을 파악해 결국 몽골 초원을 장악했다.

13세기 몽골 초원에서 그는 아이덴티티(Identity)가 상실된 불확실성의 시대에 허둥대지 않고 초지일관 균형 잡힌 판단력과 확실한 로드으로 집요하게 정적을 물리쳤다. 난세난중(亂世亂中)에 타고난 주변 환경과 사회구조를 탓하지 않고 현실에 대해 불평하기보다 이를 적극적으로 타개하여 몽골 제국을 건설했다.

여기에 그치지 않고 군사 조직의 재편성과 치밀한 준비를 통해 10만 명의 기마병으로 몽골 주변국부터 지중해까지 동서 8000㎞의 대제국을 지배하였다. 비록 유목민의 흉악함과 잔인함으로 몽골 대제국을 건설했지만 그에게는 남다른 통치철학과 글로벌 정복의 경영전략이 있었다. 그는 창조와 도전, 개방과 공유, 소통과 협력으로 불가능하게 보였던 대제국 건설의 꿈을 실현했다. 칭기즈칸의 글로벌 노마디즘이 철저히 작동한 결과였다.

돌궐제국을 부흥시킨 명장 톤유쿠크의 비문에는 '성을 쌓고 사는 자는 반드시 망할 것이며, 끊임없이 이동하는 자만이 살아남을 것이다'라고 적혀있다. 이와 같은 노마드 정신은 칭기즈칸 통치 사상에 잘 반영되었다. 그는 "내 후손들이 비단옷을 입고 벽돌집에 사는 날, 내 제국이 멸망할 것이다"라고 경고했다. 유목민이 더 나은 목초지를 찾아 나서는 이동하는 것처럼, 속도와 기동성이 보장되어야 생존과 번영이 보장되고, 끊임없이 더 새로운 것을 추구하는 자만이 살아남을 수 있다고 그는 강조했다. 불확실성, 다양성, 가변성을 두려워하지 말고 도전과 열정으로 실천할 때만 더 나은 세상이 열린다는 것이다.

많은 이가 몽골 유목민족의 이런 태생적인 능력을 '노마드(nomad) 정신'이라고 찬양한다. 이러한 기질은 칭기즈칸의 리더십과 함께 몽골군대에 잘 투영되어 전투력 향상에 결정적으로 기여하였다.

기동부대의 주축인 말(馬)에게는 가혹한 훈련이 요구되었다. 몽골 군마의 경우 혹독한 겨울을 야외에서 자생적으로 견뎌내게 했다. 매복 및 기습작전 때 기도비닉을 위해 말에게 평소 재갈을 물리지 않아 폐활량을 증대하고 울음소리를 내지 않도록 훈련한 덕분이다. 장거리 행군으로 탈진하더라도 지구력 증강을 위해 몇 시간 뒤에야 물과 먹이를 줬다. 3년간 이런 혹독한 훈련을 이기고 합격한 말이라야 전선에 투입됐다.

칭기즈칸의 군대는 철저히 양성됐다. 그는 눈과 귀를 최대한 여는 개방성과 포용적인 리더십을 발휘하였다. 기마 부대의 전투능력 제고를 위해 군사편제를 조직화했고, 장비와 전술은 현지 정황에 맞게 개량했으며, 인재는 능력 위주로 다양하게 기용했다. 전체 역량의 극대화를 위해 다양한 종교를 융합했고, 전쟁 기여도에 따라 전리품 등의 성과를 공정하게 배분했으며, 목표 달성을 위해 책임제 분권화를 시행했다.

결론적으로 순식간에 상상을 초월한 영토를 정복한 비결은 평소 노마드 정신으로 무장된 칭기즈칸 군대의 기동성과 타의 추종을 불허하는 전투력, 여기에 더해 그의 탁월한 전략적 식견과 리더십이 있었기 때문이다.

칭기즈칸의 노마드 정신은 세계적 석학인 아널드 토인비와 조지프 슘페터가 위기 극복을 위해 제시한 '불굴의 도전정신'과 '창조적 변화'와 깊은 상관관계가 있다는 평가를 받고 있다. 칭기즈칸이 활약한 13세기의 전장 환경은 강자만이 살아남는 사회였다. 그야말로 약육강식의 시대였다. 비록 시대는 달라도 도전과 응전, 창조와 혁신이야말로 난관을 헤치고 목표를 이루는 해법이라는 점에서 그의 노마드 정신의 가치를 다시 보게 된다.

21세기 들어 디지털 혁명시대, 4차 산업혁명 시대가 도래하면서 너무나 빠른 속도로 환경이 변하고 있다. 오직 1등만이 살아남는 세상이 되었다. 진정한 '노마드 정신'을 가지지 못한 문명과 기업은 결국 도태되기 마련이다. 이런 시대에 절대적으로 필요한 것은 새로운 환경에 대한 신속적응력과 멀티플레이 능력이다. 한 자리에 머무르면 죽는 세상이다. 마치 자전거 페달을 부지런히 밟지 않으면 쓰러지는 원리와 같다. 드넓은 미래를 향해 쉼 없이 변신해 전진하는 열린 마인드가 필요한 때이다. 무한한 연결과 소통을 위한 네트워크 구성과 과감한 창조적인 파괴가 필요한 시점이다.

13세기 칭기즈칸의 시대가 땅 뺏기를 위한 '정복전쟁'의 시대였다면 21세기는 네트워크를 장악하려는 '기술패권 전쟁'과 '플랫폼 주도권 전쟁'의 시대이다. 편히 안주하게 하는 곳은 이 세상에 어디도 없다. 패권과 주도권 장악을 위해 부지런히 찾는 바로 그곳이 안전할 뿐이다. 오늘을 살아가는 모든 현대인들 역시 정착 없이 부단히 '노마드 라이프(Nomad Life)'를 즐겨야 한다. 농경사회의 전통을 고집하려는 수직적인 사고를 벗어나 유목민의 개방적, 수평적 사고를 해야 살아남는 세상이다. 칭기즈칸의 노마드 정신이 다시 부각되는 이유다.

33-6. 칭기즈칸 실사구시 정신

칭기즈칸은 역사상 최대의 제국을 건설한 정복자로서 최초로 동서양의 장벽을 허물었다. 계속되는 시련과 고난에도 굴하지 않고 몽골을 통일하고 나아가 유라시아 대륙을 제패한 칭기즈칸의 힘은 어디에서 나왔고, 무엇이 힘의 근원인지가 많은 역사가들의 궁금증을 자아냈다.

원대한 비전을 실현하는 근원적인 힘은 다름 아닌 실사구시 정신이었다. 인재 등용에 있어서도 능력과 충성심만 보증되면 원수까지도 중용했던 용인술을 구사했다. 조직의 발전과 제국의 융성이 되는 길에는 유불리만을 따졌다. 꿈은 원대했지만 언제나 현실을 중시하였고, 당시 상황에 맞는 정책을 입안했다.

그는 민족과 출신을 묻지 않고, 신분과 재산을 따지지 않고, 자신을 반대했던 사람이나 적도 개의치 않고 사람을 발탁했다. 누구나 재주가 있고 활용가치가 있으면 기용했고 재주가 없으면 기용하지 않았다.

충성심의 대명사로 불렸던 '4구(四拘)' 중 한 명이었던 명장 제베는 본래 적대관계에 있던 다른 부족의 예속민이었다. 심지어 전투 중 화살을 쏘아 칭기즈칸의 목덜미에 큰 상처를 입히기까지 했다. 그러나 제베의 실력과 충용을 높이 산 칭기즈칸은 이에 개의치 않고 오히려 파격적으로 그를 중용했다. 남정과 서정의 선봉에 서게 되는 명장 제베는 수부타이와 함께 유럽 군대를 연파해 몽골 기병의 위력을 유감없이 발휘하였다.

또한 그는 자신과 몽골 부족이 처한 상황에 따라 적절한 동지, 부하를 발탁한 점도 특색이다. 상황에 따라 적재적소에 배치하고 필요한 임무를 맡겼다. 또한 향후 세력이 커질 것을 염두에 두고 기회가 있을 때마다 꾸준히 인재를 끌어들였다.

특히 몽골군이 중국 연경을 점령했을 때 칭기즈칸은 적이었지만 비범한 풍모와 답변에 반해 새로운 인재를 운명적으로 만나게 된다. 한낱 피정복 인사였지만 천문, 지리, 수학, 불교, 도교 할 것 없이 당대의 모든 학문을 두루 섭렵한 거란(遼)의 젊은 지식인 야율초재(1190~1244)였다. 그를 최측근 책사로 두었던 점은 칭기즈칸의 실사구시적 인재 활용 전략을 보여주는 대표적 사례다. 야율초재는 "與一利不若除一害(여일리불약제일해·하나의 이익을 얻는 것이 하나의 해를 제거함만 못하고) 生一事不若滅一事(생일사불약멸일사·하나의 일을 만드는 것이 하나의 일을 없애는 것만 못하다)"는 명언을 남겼다. 이는 칭기즈칸의 국사 결정에 크게 기여했을 뿐만 아니라 지금까지도 개인이나 집단, 국가 운영의 실사구시적 경영을 위한 금언으로 받아들여지고 있다.

칭기즈칸은 몽골 부족의 약탈적 유목 생활, 원시적 국가경영체제로는 제국의 기초를 다질 수 없음을 절감했다. 이에 유학과 불교 사상에 조예가 깊은 야율초재로 하여금 팽창한 영토에 맞는 정치, 경제 제도를 만들고 시행하게 했다. 특히 세제(稅制)를 정비하여 몽골제국의 경제적 기초를 확립하였다. 야율초재가 실사구시의 원칙 아래 초석을 닦은 각종 제도에 힘입어 몽골 부족은 칭기즈칸 시대를 넘어서 봉건제 국가인 원 제국으로 공고히 자리 잡을 수가 있었다.

칭기즈칸은 무력으로 정복한 피지배 지역에는 언제나 갈등이 있다고 보았다. 이에 따라 상대를 다루려면 타협과 견고한 동맹관계에 입각한 조공 및 교류 의지를 결합하는 것이라고 판단했다. 상대를 무력으로 진압할 힘은 우위에 있지만 힘으로 상대를 누르기보다 상호주의 원칙에 의거해 갈등보다 타협과 교류, 폐쇄보다는 개방에 방점을 찍었다. 그래서 국가 통치와 관련하여 선택과 집중, 균형과 통섭에 좀 더 무게를 두도록 유도하였다.

그는 몽골 부족의 규모와 상황에 맞게 군사 조직과 정책, 병법을 채택했다. 무조건 힘으로 제압하지 않고 상대의 공포심을 자극하거나 상대 부족이나 나라 간의 갈등과 종교 갈등을 이용할 줄 알았다. 적군의 포로를 내편으로 만듦으로써 전선에서 바로 인력을 획득하고 보충하였다. 적의 분열을 이용해 적을 공격하는 책략으로 심리전을 극대화하였고 몽골의 숫적 열세를 극복하였다.

칭기즈칸은 전쟁을 치를 때마다 다른 민족의 선진 군사 전술과 신식장비 도입에 힘을 쏟았다. 그는 각 분야의 장인을 아주 중시하여 포로 중에서도 장인은 죽이지 않고 다음 전투 때 사용할 선진 무기와 공성 기계를 제작하도록 했다. 몽골 초원의 부족들을 통일할 때에는 주로 기마병에 의존하였지만 금과 서하, 호라즘을 공격하면서는 공성전과 성곽 위주의 고수방어전을 위해 포병을 조직했다. 무기 면에서도 몽골 전통 칼과 활에서 벗어나 공성전 장비와 화기 등 당시 선진 군사 기술을 흡수했다.

일단 전쟁을 벌인 적국이라 할지라도 전쟁이 끝난 뒤 제국의 일원으로 동맹관계를 맺거나 충성을 맹약하기만 하면 큰 틀에서 자치권을 부여했다. 강압적인 복속정책이나 무리한 동화 정책을 펴지 않고 사소한 내정문제에 간섭과 제한을 가하지 않았다. 그들의 재산은 물론 왕권, 심지어 종교까지 자율권을 부여했다. 각 국가가 가진 고유의 특수성을 인정하는 대신 제국의 전체성과 조공 관계는 확고하게 유지하도록 했다.

또한 실용적인 차원에서 과학과 기술을 중시하고 개방적이고도 진취적인 입장에서 이슬람과의 교역을 장려했다. 당시에는 대부분의 중세 국가에서 이교도들을 적으로 처단했지만 칭기즈칸은 이교도를 통하여 국익을 증대시켰다. 아울러 개방정책과 경제문화 중시 정책으로 선진화된 문명을 도입하고 각종 과학기술이 활발히 교류되도록 하였다.

그의 실사구시 정신은 몽골 대제국의 기초가 되었다. 이는 유럽과 아시아 사이의 경제문화 교류의 물꼬를 트게 했고, 역사의 진보를 촉진했다. 이를 통해 칭기즈칸은 세계 인류사에서 동서 교류와 과학 문명의 발전을 3세기가량 앞당겼다는 평가를 받고 있다.

33-7. 칭기즈칸의 상무(尙武)정신…몽골민족의 시대적 용기 자극

칭기즈칸은 천재적인 전사였다. 전략·전술에 정통했을 뿐만 아니라 치국(治國)의 원리를 아는 군사 전략가이자 정치가였다. 기록에 따르면 칭기즈칸은 일생 동안 크고 작은 전쟁을 약 60여 차례 겪었지만 초기의 '13익(翼) 전투'를 제외하고는 단 한 번도 패한 적이 없었다.

이런 전승불패의 전적은 단시간 내에 이루어진 것이 아니다. 당시 몽골 초원은 유목민 특유의 수렵과 목축을 겸하고 있어서 자연을 극복하고 적의 침입에 항상 대비해야 했다. 언제나 '전투하면서 목축하고, 목축하면서 전투하자'는 생활방식이 요구되었다.

몽골제국 건설 이전에는 한곳에 정착해 농사를 짓고 사는 중국 민족의 농경사회가 문명의 주인이었다. 칭기즈칸의 정복 전쟁은 유목민이 주인 노릇을 맡겠다는 시도였다. 그야말로 '패러다임 전환'의 단계라 할 수 있다. 유목민 사회가 농경사회를 정복하는 과정에서 자연스럽게 상무(尙武) 정신이 사회 전반에 확산되었다.

몽골 제국 건설과 함께 칭기즈칸을 정점으로 전체 95개의 천호가 편성되었고 이것이 몽골이라는 국가의 사회조직이 되었다. 천호제는 1000명의 전사를 동원하는 단위였다. 그 밑에 백호, 십호의 제대를 편성한 평시의 사회조직 자체가 전시에는 그대로 군대 전투조직으로 전환되는 체제였다. 따라서 국가 사회조직과 군사조직을 겸하는 병행체제였기 때문에 자연스럽게 상무적인 요소가 더욱 강조되었다.

이에 누구나 강력한 체력과 담력을 갖춘 전사가 되어야만 했다. 상무 정신은 강력한 무력만이 부족의 번영을 보장하기 때문에 스스로 지켜내야 하는 가치이자 실체였다. 이는 고난을 이겨내고 시련을 극복하며 희망에 도전하는 정신적 토대가 되었고, 그야말로 생존과 번영을 위한 필수적인 요소였다. 그러기에 상무 정신과 기상은 '도전과 응전' 개념에서 정치·군사·사회 등 모든 영역에 복합적으로 다 녹아 있게 마련이었다.

칭기즈칸은 평소 상무 정신 고양을 강조했다. 단순히 전쟁을 좋아하는 호전적인 의미가 아니라 위기에 맞설 수 있는 담대한 용기와 승리에 대한 의지를 요구했다. 몽골비사에도 칭기즈칸이 설파한 내용이 전해져온다. 그는 "평소에는 두 살짜리 새끼사슴과 같고, 잔치 때는 망아지처럼 순진하게 날뛰지만, 일단 싸움에 임하면 매처럼 적을 덮친다. 낮에는 늑대처럼 방심하지 않으며, 어두운 밤에는 까마귀처럼 빈틈이 없다"라고 강조했다.

평화로운 평시에는 유순하다가도 전쟁이 일어나면 매와 늑대처럼 용의주도하고 날랜 모습으로 적을 무너뜨리는 상무정신의 발현을 요구했다. 상무정신은 단순한 호전성이 아니라 부족의 번영과 융성을 위해 공동체가 가져야 할 필수적인 요소로서, 언제 어떤 위협에도 당당하게 맞설 수 있는 용기와 신념을 제공했다.

통상 농경사회는 자연조건에 의해 생산성이 결정된다. 하지만 유목 사회는 풍부한 먹이를 찾아 언제나 더 나은 곳을 찾아 나서야 한다. 그러자면 끊임없는 경쟁과 조직 혁신이 요구된다. 새로운 미지의 세계를 정복하여 더나은 미래를 창조하기 위하여 자연이든 사람이든 싸워 이겨야만 했다.

그러므로 칭기즈칸은 부족들과 부하들에게 끊임없는 상무정신을 요구했다. 그는 몽골 민족을 '모전(毛氈) 벽' 사람들이라 불렀다. 정주문명의 거주형태인 돌이나 흙으로 지은 건축물이 아니라 짐승 털가죽으로 지은 게르에 살면서 언제든지 접고 나설 수 있는 정복자의 길을 강조했다. 전쟁을 통해 초원의 진정한 강자가 되어야 살아남을 수 있는 생존원리를 강조했던 것이다.

그의 마지막 유언 중 하나도 "흙벽돌집에 살지 말라"는 것이었다. 흙벽돌 생활은 주둔지 정착 생활을 의미하며, 곧 기동성을 포기하는 것이라고 보았다. 전사가 허벅지에 살이 찌고 배부른 기름 맛을 알게 되면 말을 타기 싫어 고통스러운 원정길을 포기하게 만든다는 것이다. 즉 기동력과 지속적인 도전정신만 있으면 몽골 민족은 끝까지 생존할 수 있다는 것이다.

따라서 그는 항상 조직을 엄격한 규율 하에 질서정연하게 유지하면서 전쟁에 철저히 대비하라고 요구했다. 일단 명령과 지시가 하달되면 밤이건 낮이건 언제나 출정할 수 있도록 유비무환의 준비태세를 강조했다. 그러므로 음주와 가무에 빠져들지 말도록 경고하였고, 전리품 획득보다는 전쟁에서의 승리 그 자체에 몰입하도록 이끌었다.

칭기즈칸이 보여준 정치적 리더십의 근간은 상무정신 발현에서 비롯되었다. 영토를 놓고 주변 국가와 벌이는 무한경쟁 속에서 상무정신은 몽골제국의 국가 경쟁력과 직결되었고, 몽골 민족의 국리민복은 전쟁 승리를 통해서만 달성된다고 보았다. 칭기즈칸이 끊임없이 병법을 개발하고 전술을 혁신한 것은 바로 이런 이유에서였다.

칭기즈칸의 상무정신은 몽골 민족의 시대적 용기를 자극했다. 이는 전쟁 승리의 원동력이 되었고, 결국 몽골제국을 문명의 중심지로 만들었다. 기존 강자들의 질서를 뒤엎는 새로운 시스템의 주인공이 되었다. 그 결과 세계사에서 최초로 아시아권 세력이 글로벌 스탠더드라고 할 문명을 창조해내게 되었다. 개인과 집단의 분투를 강조하는 상무정신은 문명 창조의 원동력이 되었고, 몽골이 지배하는 평화를 의미하는 '팍스 몽골리카(Pax Mongolica)'를 이뤄냈다.

상무정신이 퇴색한 나라들은 역사 속에 패자들로 기록됐다. '평화를 원하거든 전쟁을 준비하라'는 말이 있다. 칭기즈칸 군대는 상무정신으로 무장하여 유비무환, 임전무퇴, 전승불패를 이뤄낸 대표적인 역사적 사례로 기억되고 있다.

33-8. 칭기즈칸의 법치사상…'대자사크' 제정

몽골 초원은 그야말로 약육강식이 지배하는 사회였다. 유목민 씨족이나 부족 간 전쟁에서 강한 힘으로 승리한 자가 모든 것을 차지하고 전권을 행사하였다. 여자를 약탈한 것은 물론이고 전리품도 몽땅 챙겨갔다. 법보다 힘이 지배하는 사회였다.

하지만 부족마다 내부 통제를 위해 주둔지 내에서 지켜야 하는 전통적 규율과 관례에 따른 지휘통제 방식이 존재했다. 그런데도 부족 구성원 대부분이 약탈 전쟁에 나가게 되면 적의 소탕보다는 전리품 획득이나 약탈에만 눈이 어두웠다. 이 때문에 부족장의 영(令)이 잘 서지 않아서 오합지졸이 되기 십상이었고 통일된 전투 지휘가 불가능했다.

이런 점을 획기적으로 개선하기 위하여 건국 이전 시기인 1202년 타타르족 정벌할 때, 칭기즈칸은 엄격한 군율을 강조하는 '약법삼장'을 제정하여 공포하였다. 하지만 그의 당숙 알탄, 숙부 다리타이, 당형 코차르가 자신들의 '고귀한' 출신을 믿고 군령을 따르지 않고 전장에서 재물을 약탈하는 사건이 발생했다.

그러자 칭기즈칸은 이들이 약탈한 재물을 몰수하고 응당한 처벌을 가하였다. 이렇게 칭기즈칸 군대가 군율을 엄격하게 지키고 친소관계를 떠나 공정하게 처리했다는 소문이 퍼지면서 다른 부족 구성원이 계속해서 그의 부하로 들어왔다. 공정한 규정 적용과 공평한 분배는 단합과 성장의 걸림돌이 아니라 오히려 디딤돌이 되었다. 그야말로 신상필벌 원칙을 과단성 있게 집행한 것이 세를 확산시키는 데 많은 도움이 되었다.

칭기즈칸은 개인적인 약탈과 도둑질을 금지하는 군율을 도입했다. 대신 전쟁에서 승리하면 전공(戰功)에 따라 전리품을 공평하게 나눠주었다. 성과보상 제도를 규정으로 정착시켰다. 군율에 따라 열심히 싸워 이룩한 성과만큼 보상받는다는 분위기 조성은 칭기즈칸의 병사들을 더욱 용맹한 전사로 거듭나게 만들었다. 칭기즈칸은 평소 "귀족과 노얀(관리)들이 법령을 엄격하게 지키지 않고 잘못을 저지르면 조직이 동요하고 사기가 떨어진다"라고 강조했을 만큼, 그는 법치를 중시한 리더였다고 몽골 비사는 전하고 있다.

몽골 부족이 하나로 통합되는 과정에서는 몽골 민족 전체의 통합과 부족 간 상호 화합을 위해 일정한 군율과 규율에 따른 통치방식이 절대적으로 요구되었다. 이에 칭기즈칸은 '예케 몽골 울루스'를 건국하면서 공정과 공평의 차원에서 법치주의 개념을 점차 구현하기 시작했다. 건국 이전에는 물리력과 규율에 의한 통치를 겸용했으나 군율과 법령에 의한 지배(rule by law)로 점차 바꿔나갔다. 절대적인 칸의 지배 아래에 있지만 '사람의 지배'를 대신하여 법령 앞에서는 누구나 평등하다는 점을 그는 강조했다.

특히 사회시스템을 조직화하고 군대 편성을 체계화하면서 군율에 의한 지배의 필요성이 더욱 크게 대두되었다. 이에 따라 점차 칭기즈칸의 군대 규율이 구체적으로 성문화되기 시작하였다. 다원성과 다양성이 갈수록 요구되는 상황에서 국가로서의 체제를 갖추면서 법에 의한 통치가 더욱 심화되었다. 주변 국가 정복 사업에서 자의든 타의든 다른 민족이 대량으로 유입되면서 민족, 인종, 종교가 달라도 그들과 차별 없이 대하려는 칭기즈칸의 통치 방식은 법제화를 더욱 가속화했다. 특히 이슬람 왕조와의 교역과 주변국과의 조공 관계 수립은 경제적인 측면에서 법제 도입의 필요성을 더욱 크게 했다.

칭기즈칸은 유라시아 대륙을 정복한 후 제국에 걸맞게 명실상부한 통치 시스템을 갖춰 나갔다. 칭기즈칸의 금나라 출신 핵심 참모인 야율초재는 몽골제국의 행정, 세제 등을 중원 방식으로 명문화하려고 노력했다. 야율아해는 행정, 법률, 전략 수립 등으로 몽골군의 약점 보완에 크게 기여했다. 이들은 그야말로 국가 법령 체계 수립에 결정적인 기여를 하였다.

칭기즈칸은 법치제도 확립을 위해 몽골제국의 헌법에 해당하는 '대자사크'를 제정했다. 대자사크는 몽골에서 가장 오래된 성문법(成文法)이다. 대자사크는 몽골어로 '큰 법'이라는 의미로, 몽골제국 전체에 누구에게나 공평하게 적용되는 법이었다.

대자사크는 불과 36개의 조항으로 구성되었지만 정치·군사·경제·사회 등 전 영역을 총망라하여 큰 틀에서 지켜야 할 규범이 대부분 포함돼 있다. 최소한으로 명문화된 몽골제국의 법령이라는 점에서 그 의미가 크다고 볼 수 있다. '대자사크'와 관련하여 빌리크(격언)에 3개 조항이 언급되어 있다. 칭기즈칸의 법령을 통한 정당성 확보와 강력한 법령 집행 의지를 엿볼 수 있는 대목이다.

제1조 명분이 있어야 확고하게 지배한다.
제2조 '대자사크'를 지키지 않으면 우리나라가 망한다. 그때 가서 나 칭기즈칸을 불러도 소용이 없다.
제23조 '대자사크'를 어기면 먼저 말로 훈계하라. 그래도 세 번 어기면 멀리 발주나(1203년, 칭기즈칸의 너커르, 즉 맹우들이 서약을 했던 곳)계곡으로 보내어 반성하게 하라. 그래도 고치지 않으면 쇠사슬로 묶어 감옥에 보내라. 그러고 나서 반성하면 다행이지만 그렇지 않으면 친족을 모아 처리를 논의하라.

이와 같이 몽골제국의 건국이념과 사상에 결정적인 영향을 미친 발주나 호수를 거론한 점은 종교와 신분, 인종과 혈연을 초월하여 공정하게 법령을 집행하라고 강력히 주문한 것으로 평가된다. 제국으로서 지켜야 할 최소한의 법적 면모를 보여준 셈이다.

이와 달리 칭기즈칸은 정복 전쟁에 나서면 때로는 무자비한 학살까지 자행한 무소불위의 정복자였다. 하지만 타인의 말에 귀를 기울이는 균형 감각과 합리적인 판단력을 가진 인물이었다. 중대사를 결정할 때는 반드시 전체회의나 출정 전 군사작전 회의를 열어 합의를 도출하도록 하였다.

특히 전쟁 개시나 후계자 선정과 같은 국가적 사안은 국가의 원로들과 칭기즈칸 가문, 그의 핵심 참모로 구성된 '핵심 근위대' 성격인 천호장들이 모두 참가하는 최고 의결기관인 쿠릴타이 회의에서 결정했다. 칸의 선출도 반드시 전원 합의체 성격의 쿠릴타이를 통해 선출하도록 했다.

칭기즈칸 법령이 위대했던 점은 칸 자신도 법 위에 군림할 수 없도록 명확히 한 점을 들 수 있다. '대자사크'는 일부분 현대의 선진 국가 헌법에 버금갈 정도로 민주적인 요소를 갖추고 있고 법치 사상을 구현했다는 평가를 받고 있다.

법치주의의 등장은 13세기 영국에서부터 시작되었다. 동시대에 동양에서는 몽골제국에서부터 법의 지배원리가 태동하기 시작했다고 해도 과언이 아니다. 미국 워싱턴 포스트지는 1995년 '지난 1000년의 가장 중요한 인물'로 칭기즈칸을 선정했다. 선정 이유는 여러 가지가 있지만 13세기 초 몽골 대제국에서 '대자사크'로 법치주의, 합의제 성격의 의결기관인 '쿠릴타이' 제도를 통해 의회정치가 태동한 점이 높이 평가됐다. 그가 세기를 관통하는 혜안을 가진 위대한 인물이라고 평가되는 이유다.

33-9. 칭기즈칸의 경제사상... 중상주의 와 공정한 분배

1206년 몽골 제국 탄생 이전에는 부족 간에 끊임없는 전투가 이어졌다. 세를 불리고 부를 축적하기 위한 약탈전이 일상처럼 만연했다. 양이나 말 같은 가축을 빼앗고 노예를 확보하는 것이 가장 중요한 경제활동의 하나이자 자기 부족을 보전하는 수단이었기 때문이다. 설욕과 복수전이 반복되는 혈전이 난무하는 터라 몽골 초원에서의 삶은 정글의 법칙과 제로섬 게임을 연상시키는 형국이었다.

하지만 몽골 민족 통합을 이룬 칭기즈칸 등극으로 약탈전과 복수전이 종식되었고, 질서와 평화가 찾아왔다. 부족 간의 갈등이 종식되면서 외부로 눈을 돌리게 되었다. 자연스럽게 비옥한 농경문화 덕분에 부유한 인접 국가와의 교역과 교류 차원을 넘어 정복 전쟁에 대한 관심이 증대되었다.

더욱이 소빙하기가 시작되기 전인 13세기 초 중앙아시아에서는 이상 건조기후 현상이 일어나 목초지대가 급격히 감소했다. 기후변화라는 혹독한 환경에서 살아남기 위한 탈출구가 필요했다. 몽골 초원의 목축경제에서 생산되는 물품은 한계가 있었고, 물물교환 방식의 변경 무역이 성행할 수밖에 없었다. 하지만 정상적인 상거래로는 전체의 수요를 충당하기에 한계가 존재했고, 음성적으로 변경 지역을 중심으로 약탈이 성행하게 됐다.

이러한 약탈 현상은 중국 왕조의 세력에 따라 다소 차이가 있었지만 수 세기 동안 계속되었다. 여름철부터 목초지에서 살을 찌운 몽골 말로 무장한 몽골 기마병들이 어김없이 출몰하는 시기가 바로 가을철이다. 매년 가을마다 천고마비(天高馬肥) 현상이 재현되고 있음을 풍자할 정도로 빈번했다.

칭기즈칸은 몽골제국 건설과 함께 가난 때문에 서로 분열돼 싸웠던 과거를 잊고 다같이 일치단결하도록 격려했다. 몽골제국의 국가적 목표는 백성들의 더 나은 삶을 위한 '공동부유(common prosperity)'의 달성이었다. 그래서 많은 사람의 뜻을 한데 모아 이익을 더 한다는 뜻의 '집사광익(集思廣益)' 정신을 고취했다.

빌리크 제22조에 전쟁의 목적에 대한 칭기즈칸의 숨은 의도가 잘 나타나 있다. 바로 전쟁을 통해서 경제를 일으켜 풍요로운 삶을 이루자는 것이다. 이런 각도에서 세계 전체를 정복한 동기의 핵심은 '경제전쟁'이라고 볼 수 있다.

제22조 내 병사들은 밀림처럼 떠오르고, 병사들의 처와 딸들은 붉은 꽃잎처럼 빛나야 한다. 내가 해야 할 일은, 내가 무엇을 하든 그 모든 목적은 바로 그들의 입에 달콤한 설탕과 맛있는 음식을 물게 하고, 가슴과 어깨에 비단옷을 늘어뜨리며, 좋은 말을 타게 하고, 그 말들을 달콤한 강가에서 맑은 물과 싱싱한 풀을 마음껏 뜯도록 하며, 그들이 지나가는 길에 그루터기 하나 없이 깨끗이 청소하고, 그들의 겔에 근심과 고뇌의 씨앗이 들어가지 못하도록 막는 것이다.

이른바 파이(Pie)를 키워 분배하는 몫을 더 키우려는 칭기즈칸의 지혜가 번뜩이기 시작했다. 아울러 신분이나 출신 부족을 가리지 않고 능력과 기여도에 따른 공정한 대우 및 분배 시스템을 강조하였다. 개인적인 약탈을 금지하는 군율을 도입하는 대신 전쟁에서 승리하면 전공(戰功)에 따라 전리품을 공평하게 나눠주겠다는 약속을 했다. 이른바 '성과 있는 곳에 보상 있다'는 현대식 성과보상제도 혹은 인센티브 제도를 도입한 것이다.

이는 공정한 경쟁의식과 명확한 목표의식 고취로 이어져 몽골 군대의 전투력이 제고되었고 더욱 풍요로운 분배를 가져오는 선순환을 일으켰다. 나아가 몽골이 세계 최강의 제국으로 발돋움하는 데에도 매우 중요한 역할을 하였다. 국가 경영 차원에서 칭기즈칸은 전쟁 수행 방식도 경제적 관점에서 운용했다. 그가 사상 최대의 제국을 건설한 출발점은 바로 경제였다.

몽골 지도자 칭기즈칸은 전열을 다듬고 내부의 응집된 에너지를 외부로 돌리게 했다. 그리고 명분을 찾아 정복 전쟁을 구상했다. 금나라 당시 중국 정착민이 유목민을 달래기 위해 바치는 공물이 바로 금, 은, 견직물이었다. 부마국으로 지정하여 조공 관계를 통해 지속적으로 국부를 창출할 수 있다는 점은 정복욕을 더욱 고조시켰다.

단일 대오를 이룬 몽골제국으로선 '경작지보다 원예지'라고 일컬어질 정도로 농업이 발달한 중앙아시아를 넘어 실크로드로 이어지는 교역에도 깊은 관심을 갖게 되었다. 그 실례로 칭기즈칸은 견직물과 면제품을 팔고자 몽골을 찾아온 호라즘 상인 세 명을 직접 만났다. 그중 한 상인이 옷감의 값을 터무니없이 비싸게 불렀는데, 칭기즈칸은

"이 작자는 우리가 이처럼 아름다운 것을 본 적이 없는 줄로 알고 있네"라고 비아냥거리면서도 값을 후하게 쳐주었다. 뿐만 아니라 '흰 펠트 천막'을 치게 하고 환대해 주었다고 몽골 비사는 전하고 있다. 이처럼 칭기즈칸은 호라즘 사람들과의 교역을 고려하여 우호적인 관계를 항시 유지하려고 했다는 것이다.

칭기즈칸은 호라즘 제국과의 교역 활성화를 위해 500두의 낙타로 구성된 대규모 대상(隊商)을 파견하였다. 칭기즈칸이 호라즘 제국에 대규모 통상 사절단을 보낸 것은 교역을 통해 제국의 경제적 이익을 취하려는 의도였다. 하지만 실크로드의 중심에 위치한 신생 호라즘 제국은 국경 지역에서 칭기즈칸의 사절단을 모두 처형했다. 이는 결국 칭기즈칸이 서역 정벌에 나서는 원인이 되었지만, 결과적으로 동서 교역로를 개통하게 된 단초를 제공한 셈이다.

1220~1221년 칭기즈칸은 아프가니스탄과 호라산의 오지에 통행로를 개통했다. 몽골제국의 실크로드 장악은 자유로운 통행으로 여행과 교역을 장려하기에 충분한 환경을 제공했다. 일부 사치품을 제외하고는 교역 물품에 부과하는 세금도 폐지했다. 칭기즈칸이 등용한 금나라 출신 야율초재의 제안으로 구리나 동이 아닌 지폐를 공식 화폐로 지정하여 편리성을 도모했다.

아울러 역참제도를 확립하여 안전과 편의를 제공했다. 심지어 대상들을 위해 역참 기지는 30~40㎞마다 간이 숙소를 설치해 말과 물품 보관소 역할을 했다. 또한 기지(네트워크)마다 우물을 파서 식수를 제공토록 했다. 실크로드를 통한 경제교류 활성화는 중앙아시아 도시들은 물론 유목국가인 몽골의 수입을 증대시키는 결과로 이어졌고, 문화 융성의 원동력인 부가 몽골제국에 집중되는 결과를 낳았다.

칭기즈칸의 경제사상은 기본적으로 중상주의 성격이 짙었다. 종교적 관용과 함께 외국 상인들에게 비교적 관대했다. 칭기크칸은 어록인 격언(빌리크) 18조에서 "상인들이 이익을 얻기 위해 물건을 잘 고르고 값을 잘 매기는 것처럼, 자식을 잘 가르치고 훈련시켜야 한다."고 강조하였다. 그는 몽골제국 구성원들에게 건전한 판단력과 상업적인 지혜를 강조했다.

몽골제국 건설과 함께 칭기즈칸은 국가 경영의 새로운 패러다임을 추구했다. 부족 내부 단결력을 높이고 경제적 목적을 위해 정복 전쟁에 나섰는데, 이는 13세기 기후변화로 몽골 초원이 황폐해지고 경제사정이 악화된 것과 무관하지 않다. 대외팽창을 통해 경제적 돌파구를 마련하려 했던 것이다. 결국 제국 건설의 시발점은 '경제적 목적'이었다고 해도 과언이 아니다. 그 과정에서 그는 야만적인 정복자로 기억되기도 했지만 종착점에서는 실로 위대한 업적을 남겼다. 동서양 교역과 문명의 교류가 활발해지면서 다방면에서 교류의 지평을 크게 넓혀 놓았다. 그야말로 글로벌 시대의 서막을 열었다.

33-10. 칭기즈칸 자립정신…'함께 서기'

성공한 사람들은 대체로 모든 문제를 자기 자신에서 찾으려고 했다. 칭기즈칸 역시 평소 자립, 자강, 자율을 강조하며 조직을 이끌었다. 그랬기에 그 넓은 땅을 효과적으로 정복했고 효율적 관리가 가능했다. 그런 측면에서 그는 현장에서 책임을 맡은 장수가 실제로 전투를 지휘하도록 위임했다. 부하들에게 평소 자립정신을 강조했고, 일단 수준에 오르면 과감히 위탁해서 관리했다.

칭기즈칸은 홀어머니 슬하에서 어린 시절 수많은 시련과 고난을 겪었다. 정신적, 육체적, 물질적 고통을 감내해야 하는 난제들이 산적했다. 연속적으로 찾아오는 시련과 굴욕, 모친과 형제를 제외하고는 아무도 그를 사심 없이 도와주지 않는 고립무원의 지경이었다. 하지만 그는 초원이 존재하는 한 몽골인은 생존할 수 있다고 굳게 믿었다. 칭기즈칸은 몸소 험난한 인생을 겪으면서 "자신의 힘에 의지하는 자만이 진정한 강자다"라는 관념이 확고했다.

이는 긍정적 도전 마인드와 함께 스스로 만들어 갈 수 있다는 강한 신념을 갖게 했다. 그야말로 그의 일생은 남에게 예속되거나 의지하지 않고 일어서려는 몸부림의 연속이었다. 그는 현장을 중시하고 실제로 진두지휘하는 스타일의 리더였다.

하지만 그는 홀로서기보다는 비전을 제시해 '함께 서기'에 좀 더 집중했다. 전우·동지들과 공동 스크럼을 구축하는 격이었다. 그가 초원의 정복자가 되고 위대한 정복사업을 이룬 비결이다.

그는 무엇보다도 핵심 참모들에게 자립심을 가지라고 강조했다. 그러면서도 어떠한 상황에서도 실패의 책임을 칭기즈칸 자신에게로 돌렸다. 잘되고 못 되는 것을 남의 탓으로 돌리려는 풍조는 매우 위험한 것으로 여겨 엄격히 배격했다. 솔선수범의 자세로 남을 탓하는 분위기를 일소했다. 자연스럽게 반목과 갈등이 사라지고 조직 내 협동심이 발휘되었다.

이러한 자립정신은 그의 자녀들에게도 강조했고, 어린 새와 같았던 아이들이 독수리로 성장하는 결과를 낳았다. 몽골 비사에 내려오는 이야기다. 어느 날 둘째 아들 차가다이가 씨름을 하던 도중 힘에 부친 나머지 장남 조치의 다리를 물었다. 그때 칭기즈칸이 동생 편만 드는 데 대해 조치가 불만을 표시하자, 이렇게 타이르며 자립정신을 강조했다.

"누군가 너를 지켜줄 것이라고 기대하지 마라. 또 다른 사람에게 대신 정의를 실현해 달라고 애원하지도 마라. 나는 평생 내 자신에게만 의지하도록 운명지어졌고 너도 마찬가지다. 환한 대낮에는 이리처럼 주도면밀해야 하고 어두운 밤에는 까마귀처럼 강한 인내심이 있어야 한다. 혼자 힘으로 살아가는 법을 배우면 너는 진정한 몽골인, 절대 말에서 떨어지지 않는 몽골인이 될 수 있다!"

그는 성장기의 열악한 가정환경과 피 튀기는 투쟁에도 불구하고 남을 탓하지 않았다. 자신이 처한 상황을 비관하지 않고 자립정신과 도전정신을 유감없이 발휘하였다. 아홉 살 때 아버지를 잃고 마을에서 쫓겨나 들쥐를 잡아먹으며 연명했고, 어려서부터 이복형제와 싸우면서 자랐다. 이복형제 백테르를 살해했기 때문에 어린 시절부터 "너의 벗은 그림자밖에 없을 것"이라는 저주를 들으며 자랐다.

성장 과정에서는 사촌과 육촌의 배신 속에서 핏줄과 같은 씨족들에 대한 실망과 비정함도 많이 느꼈다. 천신만고 끝에 부족장이 된 뒤에는 부족민들의 안전과 더 나은 삶을 위해 수많은 내부 전쟁을 벌였다. 몽골 제국 건국 후에는 고작 10만 몽골군대로 턱없는 숫적 열세를 딛고 연전연승을 거두어 넓은 땅을 점령했다. 이 모든 업적은 칭기즈칸 자신이 자기를 극복한 결과물이었다.

이러한 자립정신은 지금까지 몽골인들에게 이어져 오고 있다. 자신만을 믿으라는 굳은 신념이 담긴 몽골 속담이 이를 말해준다. "산에 의지하면 산이 무너지고 사람에 의지하면 사람이 무너지니 자신에 의지하는 것이 가장 좋다."

칭기즈칸 빌리크(격언) 제13조에는 "자신을 알아야 남을 알 수 있다."고 돼 있었다. 자기의 약점과 강점에 대한 철저한 이해를 통해서만 남에게 적절하게 대응할 수 있다는 것이다. 더 나아가 전투에서 승리할 수 있다는 측면을 강조한 것으로 그 바탕에는 자립정신이 깔려 있다. 자신이 없으면 남도 없다는 점과 함께 결국 나의 사정을 정확하게 먼저 인식해야 함을 강조했다. 자신이 처한 환경과 여건, 실행 동기, 추진 목적에 대한 정확한 자기인식(Self-awareness)이 선행돼야 자기 확신(Self-assurance)을 갖고 불확실한 미래를 뚫고 나아갈 수 있다는 것이다.

어떻게 보면 자립정신은 책임단위 체제인 천호제(千戶制) 시스템 구축에도 영향을 주었다. 칭기즈칸은 직접 출정하지 않고 대규모 전장마다 신뢰하는 장수에게 전권을 위임해 총지휘를 하게 했는데, 이런 분권형 위임체제의 기본정신에도 자립정신이 깔려있다고 볼 수 있다.

그는 시집가는 딸들에게도 남편에게만 의존하지 말고 확고한 자립정신에 입각한 행동과 처신으로 자리를 잡아 몽골 제국 경영에 지속적으로 기여하라고 주문했다. 이는 추후 엄청난 동맹 효과를 발휘하는데 결정적으로 기여했다.

칭기즈칸의 자립정신은 어디를 가든 주도적인 위치에서 중심을 잡고 역할을 수행하라는 주문이다. 어떤 시간과 장소에서도 사람·사건·사물의 영향을 받지 않고 부화뇌동하지 않으면서 스스로 판단하고 행동하라는 것이다. 이는 언제 어디서나 마음이 또렷하고 명명백백하고 믿음직한 사람으로 행동하라는 선불교의 가르침인 '수처작주(隨處作主) 입처개진(立處皆眞)'의 정신과도 맥이 닿아 있는 생각이다.

칭기즈칸은 전쟁에서 패하더라도 부하에게 책임을 묻기보다는 스스로 자책하며 밤을 새운, 가슴이 따뜻한 군주였다. "잘못되면 남의 탓"이 아니라 '자기 탓'이라고 여겼다. 모든 성공과 실패도 자기 자신에서 비롯된다는 점을 강조한 것으로 그만큼 철저하게 모든 것을 준비하고 대비하라는 것이다.

위대한 과업은 절대로 혼자서 이룰 수 없다. 그래서 한 사람의 꿈은 허상(虛像)이지만 만인(萬人)의 꿈은 현실로 구현될 수 있다고 한다. 비전(Vision)은 곧 보이는 것이기 때문이다. 칭기즈칸 군대는 너케르(동지) 모두가 협동심 이전에 자립심을 갖고 다 같이 자기 역할을 충실히 수행했다. 특히 보이지 않는 곳에서 보이는 비전을 달성하려고 모두가 최선을 다했기에 위대한 정복사업이라는 걸작을 이뤄냈다. 제대별로 톱니바퀴가 잘 맞물려 돌아가면서 유럽과 아시아를 아우르는 큰 톱니바퀴가 돌아가기 시작한 것이다. 마침내 동서 연결, 소통, 공유의 시대를 열었다.

33-11. 칭기즈칸 절제정신...자기극복과 인내심

칭기즈칸은 어린 시절부터 신독(愼獨)의 자세로 절제하고 인내하는 리더였다. 개인 생활에서는 철저한 자기관리와 절제의 생활신조를 고수했다. 조직 및 국가 경영 면에서는 할 일과 삼가야 할 일을 명확히 제시하였고, 인내심을 갖되 일단 결정되면 과단성 있는 집행 능력을 보여주었다.

이 모든 것은 자기 자신을 극복할 수 있었기 때문에 가능했고, 결국 천하를 평정하게 되었다. 이러한 그의 절제 정신은 격언과 그에 대한 인물 평전에서 고스란히 드러나 있다. "적은 밖에 있는 것이 아니라 내 안에 있다. 나를 극복하는 순간, 나는 칸이 됐다."고 그는 말했다. 절제 정신이 몽골제국의 수립의 밑바탕이 되었다는 것이다.

칭기즈칸은 어린 시절 부친이 사망한 후 동생 카사르와 함께 수렵한 물고기를 이복형제인 벡테르가 빼앗아 가자 화살로 쏘아 죽였다. 이로 인하여 어머니로부터 심한 질책을 받았고 막심한 후회를 하였다. 이 사건은 그로 하여금 인내와 자기 절제라는 쓰라린 교훈을 남겨주었다.

이에 칭기즈칸은 생사가 걸린 전쟁에서건 별로 주의를 끌지 않는 사소한 일상에서건 언제나 스스로 모범이 되고자 노력했다. 그는 자기 절제와 관련하여 "몸을 다스리고 싶다면 먼저 마음을 수양하고, 남을 탓하고 싶다면 먼저 자신을 탓하라"라고 했다.

칭기즈칸은 자식들에게도 지도력의 최대 덕목은 자기 절제라고 강조하였다. 그는 "자기 절제는 자만심과 분노를 극복하는 것이 가장 중요하다. 자만심을 삼키지 못하면 남을 지도할 수 없다. 절대 자신이 가장 강하다거나 가장 똑똑하다고 생각하지 마라"고 자주 훈계했다고 몽골 비사는 전한다는 전하고 있다.
하지만 이렇게 자기 절제를 강조했던 칭기즈칸도 분노를 삼키지 못한 사건이 발생했다. 이를 계기로 반성과 성찰을 통해 실로 본인이 직접 처절하게 느낀 일화가 브라질 소설가 파울로 코엘료의 산문집 〈흐르는 강물처럼〉에서 아주 흥미 있게 소개되었다.

칭기즈칸은 항상 자신의 어깨에 앉아 있는 매를 친구로 생각하였다고 한다. 그런데 한번은 칭기즈칸이 사냥을 나가서 옹달샘에서 은잔에 가득 물을 떠서 입에 가져다 대는 순간, 매가 날아올라 방해하는 바람에 손에서 은잔을 떨어뜨리게 되었다. 일국의 칸이 부하들도 보고 있는데 물을 먹으려 하면 매가 계속해서 엎질러 버리니 체면이 서질 않았다. 그는 끌어 오르는 화를 참지 못해 곧바로 매를 죽여버렸다. 그런데 나중에 알고 보니 옹달샘에 독뱀이 빠져 있었던 것이다.

만약 그 물을 마셨더라면 즉사할 수도 있었던 상황이었다. 영리한 매는 그것을 알고 물을 엎어 버렸던 것이었다. 그런 매를 죽여버렸으니…. 칭기즈칸은 자신의 조급한 성격을 반성하며 "앞으로는 화가 난 상태에서는 어떤 결정도 내리지 않겠다."고 다짐했다고 한다. 자신의 성급하고도 얕은 생각대로 결정하고 행동하는 것이 얼마나 어리석은지 깨달은 것이다.

그는 친구처럼 지내던 매의 죽음을 크게 슬퍼하면서 죽은 매를 가지고 돌아와 금으로 매의 형상을 만들고 한쪽 날개에는 "분개하여 판단하면 반드시 패하리라", 다른 날개에는 "좀 잘못한 일이 있더라도 벗은 벗이다"라고 새겨 넣었다고 한다.

칭기즈칸은 당시 몽골 사회에 만연했던 음주 습관에 대해서도 지적했다. 술을 마시게 되면 정신이 흐려진다고 늘 생각해 참모들에게 자제할 것을 강조했다. 금주령을 내린 칭기즈칸은 당연히 자신부터 모범을 보였을 뿐 아니라 평소 술에 대해서 자주 훈계를 했다고 한다. 자기 자신에게도 얼마나 엄격했는지 보여주는 대목이다. 몽골 비사는 칭기즈칸이 자기 부하들에게 "술을 좋아하면 귀먹고 눈먼 사람같이 되며 마음잡을 곳이 없어져 일을 맡아도 쓸모가 없게 된다. 술을 마시지 않는 사람이 있다면 그에게 중책을 맡겨야 한다. 정 술을 피할 수 없다면 한 달에 세 번 이상 마셔서는 안 된다."고 강조했다고 전하고 있다. 칭기즈칸의 빌리크(격언) 20조에도 금주 문제가 언급돼 있다.

제20조 만약 술을 끊을 수 없으면 한 달에 세 번만 마셔라. 그 이상 마시면 처벌하라. 한 달에 두 번 마신다면 참 좋고 한 번만 마신다면 더 좋다. 안 마신다면 정말 좋겠지만 그런 사람이 어디 있으랴.

칭기즈칸은 항시 참모들에게 절제하는 생활습관과 겸손을 당부했다. 몽골고원을 거의 통일할 무렵, 핵심 참모 제베 장군이 서몽골 강자 나이만 부족을 정복하고 서요와 동투르키스탄을 평정했을 때의 일이다. 칭기즈칸은 제베를 포상하는 대신 "절대로 우쭐대지 마라. 몽골고원의 리더들이 내게 패망한 것은 교만 때문이다."라고 엄한 경고로 대신했다.

아울러 그는 장수가 검소한 생활을 평소 습관화하지 않으면 전쟁을 수행할 수 없다는 점에서 사치를 멀리해야 한다는 말도 남겼다. 그는 "미인과 명마는 누구나 갖고 싶어 한다. 그러나 그것만 좇다 보면 명예도 지위도 다 잃는다."고 강조했다고 한다.

칭기즈칸은 자신의 자리를 지위나 특권으로 받아들이지 않았다. 권한과 권위보다는 리더로서의 책임을 우선시했다. 먼저 자기 절제와 솔선수범하는 자세를 견지했고 문제가 발생했을 때 먼저 자신을 탓했다. 수많은 고통과 난관이 그의 앞에 놓여 있었지만 좌절하지 않았다. 오히려 스스로 통제하고 나쁜 습관을 단절하려는 자제력을 발휘하였다. 자기 통제의 노력, 자생을 위해 제 살을 잘라내는 아픔을 겪어야만 했던 '자절(自切)'의 분투가 대제국 건설의 결과로 이어졌다.

그처럼 상상을 초월하는 인내심과 엄격한 자기 절제는 어디서 나왔을까. 그의 태생적인 기질, 미래의 자신에 대한 사회적 공감에서 비롯된 확고한 자기 확신과 철저한 신념은 그로 하여금 자기절제 의식을 강화시켰고, 더 나아가 몽골 민족의 번영을 위해 자기희생을 통해 국가적 비전을 실현하는 길을 삶의 최우선 순위에 두게 했던 것으로 파악된다.

바로 이러한 3가지 요인은 그로 하여금 줄곧 자기절제 정신을 유지토록 하였다. 어려서부터 열악한 생활환경과 죽을 고비를 여러 차례 넘긴 사건을 통해 칭기즈칸에게는 자기를 이길 수 있는 DNA가 자연스럽게 형성되어 갔다. 몽골 제국 이전부터 복수와 재기를 위하여 힘이 필요하다는 점을 뼈저리게 느낀 칭기즈칸은 사람들의 인심과 환심을 얻기 위하여 자기를 내려놓을 줄 알았다. 장기적인 목적 달성을 위해서 현재의 자기 이익과 체면을 과감히 제쳐 두었다. 몽골 민족의 자부심과 명예를 유지하는 것은 결국 전쟁에서의 승리를 통해서만 이룰 수 있다는 점을 처절하게 인식하였던 것이다. 패자로서 치욕적인 삶을 살지 않기 위해서는 그는 오로지 이기는 길에 모든 것을 다 걸었다고 해도 과언이 아니다.

칭기즈칸은 개인적으로는 자기를 이겨야 비로소 남을 이길 수 있다는 점을 실천해 나갔고, 내부의 적을 없애고 난 다음에야 외부로 향해 나갔다. 이러한 과정에서 칭기즈칸은 인내할 줄 알았다. 성숙되지 않은 여건에서 의지와 열정으로 무리하게 시간을 앞당기려 하거나 순식간에 목표를 이루려고 덤벼들지 않았다. 수십 년에 걸쳐 목숨을 건 인고의 시간을 가졌다.

당시와 상황은 다르지만 인내와 자기 절제라는 측면에서 세상을 평정했던 리더가 또 존재했다. 천하를 재통일해 일본 근세 에도막부를 개창한 토쿠가와 이에야스는 '두견 새가 울 때까지 기다리라'는 격언과 함께 '인내는 무사장구(無事長久)의 근본, 분노는 적이다'라는 유훈을 남겼다. 칭기즈칸 역시 인내심과 자제력의 정수를 보여주었다. 결국 그는 '인내는 쓰고 그 열매는 달다'라는 진리를 역사상 유례없는 가장 위대한 정복과업을 통해서 입증했다.

33-12. 칭기즈칸 권학(勸學)정신…인재 배양과 창조적 경영의 기초

칭기즈칸은 조직 및 국가 경영에서 부단히 혁신을 추구했다. 배움과 연구 분위기 조성은 창조적 발전의 계기가 되었다. 권학(勸學)정신을 통해 전투력 향상을 도모했고 새로운 패러다임에 발 빠르게 적응했다는 평가를 받고 있다.

그는 부하들에게 끊임없는 배움을 통한 개선 노력, 자신의 능력을 끊임없이 향상시키려는 자세, 모든 작전의 공격 대상에 대한 철저한 사전 연구와 준비, 꾸준한 병법 발전과 무기 및 장비 개발 등을 요구했다.

특히 무인이 득세했던 당시 상황에서 1215년 야율초재 같은 이민족 출신의 걸출한 학자를 참모로 발탁한 것은 칭기즈칸의 권학 정신을 잘 보여주는 사례다. 그는 당시 정치, 경제, 교육, 군사, 의학, 유교, 천문, 불교 등 대부분의 분야에서 풍부하고 다양한 학식을 갖고 있어서 민족과 종교를 초월한 칭기즈칸의 통치철학은 물론 유연한 사고방식, 다른 분야에 대한 상식과 포용력, 이민족과의 교역 확대 등에도 지대한 영향을 미쳤다.

야율초재는 "천하를 얻으려면 무신만 필요한 것이 아니다. 문신도 필요하다. 칼을 잘 사용하려면 칼의 재료를 잘 선택해야 하며, 칼을 잘 만드는 기술자도 필요하지 않은가. 이런 면에서 무신, 문신 모두 필요하다"라고 칭기즈칸을 설득했다. 또 "천하를 얻고 다스리려면 어느 한쪽에만 치우쳐서는 할 수 없다"고 말한 것으로 몽골 비사는 전하고 있다.

칭기즈칸의 권학정신과 문무를 겸비하려는 자세에서 대제국을 이룩한 힘의 원천을 찾을 수 있다. 칭기즈칸은 "나라를 정복하는 것은 군대를 정복하는 것과 다르다"면서 "명분이 있어야 확고하게 지배한다"고 강조했다. 화살과 칼, 말발굽으로 영토는 점령할 수 있으나 진정으로 그 땅과 사람들을 통치 내지 지배를 할 수는 없다는 의미이다.

전략과 전술이 우수하고 적 보다 전투력이 우세하면 얼마든지 정복할 수 있지만, 피지배국 백성들의 마음을 얻지 못하면 '통치'를 할 수 없다는 것이다. 칭기즈칸은 강권에 의한 통치를 넘어서 권학정신과 창조적인 연구가 가미되어야만 '정복과 통치'라는 두 가지 의도를 충족시킬 수 있다고 보았다. 강력한 전투력과 이를 뒷받침할 수 있는 사상적 포용성이 결합돼야 제국이 될 수 있다는 점을 간파하였던 것이다.

이에 칭기즈칸은 평소 꾸준한 사상 교육과 전투 훈련만이 승리를 보장할 수 있다는 확고한 신념을 갖게 된다. 그는 자기보다 뛰어나고 상호보완적인 인재를 발탁했다. 일단 발탁하면 지속적으로 다양한 교육과 리더십을 길러 주었다. 그리고 일정 수준에 올라온 장수에게만 장거리 정복과업을 맡겨 전장에서의 지휘를 책임지도록 했다.

칭기즈칸을 능가하는 명장이자 전략가로 평가받는 수부타이는 칭기즈칸에 의해서 장기간 계획적으로 양성된 장수였다. 그는 처음에는 칭기즈칸의 천막을 경비하는 병사였다. 일개 전투병에 불과했던 그는 결국 유럽 원정을 총괄 지휘하는 장수로 성장하였다. 칭기즈칸은 그를 교육 차원에서 주요 지휘관과 참모들이 모인 작전회의에 참관할 기회를 주었다. 그는 각종 작전회의에서 논의된 수많은 전술 토의를 통해서 자연스럽게 전술적 식견을 넓힐 수 있었다. 사례 교육과 함께 전투 경험이 많은 백전노장들로부터 가장 실전적인 교육을 받은 셈이다.

이러한 축적 과정을 통해 수부타이는 자신만의 전술적 개념과 전략적 사고를 키워나갔다. 여기에 수많은 실전 경험이 더해지면서 점차 대부대 운용 작전 및 현지 상황에 맞는 정교한 전술을 완성해 나갈 수 있었다. 수부타이가 이끄는 군대가 낯선 지형과 기후라는 불확실한 전장 상황을 극복하고 최상의 군사적 성과를 달성해 낼 수 있었던 것은 결국 탁월한 식견에서 비롯된 작전 운용 능력과 전투 경험, 반복된 실전적 교육 훈련에 있었다.

그는 일생을 거의 전쟁터에서 보냈다. 수부타이 평생 32개 민족과 치른 65차례의 전투에서 금나라와의 전투에서 패한 것 외에는 모두 승리했던 독보적인 장수다. 칭기즈칸의 무장 가운데 유일하게 두 차례나 칭기즈칸을 대신해서 유럽 원정에 나서 몽골 기병의 위력을 과시하며 유럽 전역을 공포에 몰아넣었다.

영국 BBC는 수부타이가 몽골 기병을 이끌고 유럽과 아시아를 떨게 했던 인물이자 동서 교류 역사의 큰 흐름을 바꿔 놓았다는 점을 들어 최고의 군사전략가로 꼽았다. 몽골의 명장 '수부타이 바토르(용맹한 사나이)'는 그야말로 창의적인 '교육'과 실전적인 '훈련'이 만들어낸 결과물이었다.

중국 전국시대 사상가 순자의 〈권학편(勸學篇)〉에 '청출어람 청어람(靑出於藍 靑於藍)'이라는 말이 나온다. "푸른색은 쪽(藍)에서 나왔지만 쪽빛보다 더 푸르다'라는 의미다. 제자는 학문을 그쳐서는 안 되고, 끊임없이 연구해서 스승을 능가해야 한다고 권면하는 내용이다. 칭기즈칸의 정복 사업은 권학정신을 살려 출중한 장수를 배양하고 자신을 대신해서 현장을 지휘하도록 하는 관리자와 집행자 역할을 충실히 수행한 결과물이다.

로마가 하루아침에 만들어진 것이 아니듯 칭기즈칸의 인재양성도 긴 시간을 두고 계획적으로 배양되었다. 칭기즈칸의 권학정신은 인재 양성의 토양을 제공했고, 창조적인 국가 경영에도 기틀을 제공했다. 그는 야만적인 정복자로 평가받기도 하지만 실제로는 정치가로서의 자질과 면모를 두루 갖추고 문무를 겸비한 지도자였다.

33-13. 칭기즈칸의 순혈주의 배격 사상...통합의 원동력

칭기즈칸은 13세기 초에 몽골제국을 건설했다. 당시 몽골고원과 그 주변에 흩어져 있던 여러 부족을 다 합친 인구는 고작 100만 명, 그나마 동원이 가능했던 병력은 10만 명 정도에 불과했다. 그런데 어떻게 유라시아를 평정하였을까. 턱없이 부족한 숫적 열세를 그는 포용과 수용을 통한 다양성, 실용성, 확장성으로 극복하며 몸집을 불려나갔다.

칭기즈칸은 갖가지 악조건을 무릅쓰고 수많은 땅을 정복한 데 대해 이렇게 말했다. "작은 나라에서 태어났다고 말하지 마라. 내가 세계를 정복하는 데 동원한 몽골 병사는 적들의 100분의 1, 200분의 1에 불과했다." 이를 가능하게 한 것은 순혈주의 배격을 통한 포용적 통합정신이었다.

칭기즈칸의 세계 정복은 몽골 민족을 중심에 놓고 정복 원정 때마다 필요한 인원들을 현지에서 흡수해서 적극 활용한 덕분이었다. 복종하면 받아들이고, 저항하면 파괴한다는 원칙 아래 필요에 의해 차출된 인원을 보강하면서 국력을 키워나갔다.

그는 유연한 자세로 정복지 포로들을 언제라도 끌어들여 필요한 곳에 보충 내지 활용하였다. 십진법을 군대편성에 끌어들여 표준화한 것이 대표적이다. 이에 따라 영토와 인구가 확장되어도 자연스럽게 전체적인 일관성과 통일성을 유지할 수 있었다. 이는 순혈주의를 배격하는 정신이 있었기에 가능했다.

과거 고대 황실의 풍습은 반란을 방지하고 권력을 유지하기 위해 4촌 이내 동족결혼이나 근친결혼을 원칙으로 삼았다. 하지만 12세기에 전 세계를 정복한 칭기즈칸에게 종족 내 결혼은 일절 없었다. 오히려 약탈혼이든 중매결혼이든 먼 부족, 먼 씨족과 결혼동맹을 맺어 세력끼리 연대하고 확장하는 전략을 구사했다. 이러한 풍습이 자연스럽게 이어지면서 피지배국을 확고한 자신의 지지 세력으로 만들기 위해 국제적인 황실 간의 정략결혼으로 발전했다.

칭기즈칸은 제국 건설 이전에 내 편, 네 편을 가르지 않았고 더 큰 목적을 달성하기 위해서는 주변 세력과 연대하려는 시도를 마다하지 않았다. 제국 성립 이후에는 정복사업도 어떤 의미에서는 경제 통합을 위한 정략적 수단이었다. 분명 칭기즈칸은 유목민의 틀 안에서 벗어나려는 개방적 사고를 지향하면서 영토를 넓히고 영향력을 확대하려 했다.

이런 차원에서 그는 생존전략과 힘의 확장을 위해 피지배 국가를 효율적으로 활용할 수 있는 분위기를 조성하였다. 피부 색깔과 종족, 출신 국가와 상관없이 누구든 전투력 상승과 경제발전의 당당한 한 축으로 여겼고, 통합전투력 발휘를 위한 소중한 자산으로 받아들였다.

그는 주변 여진족이나 거란족, 한족, 투르크족 등을 복속시켰다. 하지만 복속된 이후에는 차별을 두지 않았고 전사, 기술자, 통역으로 다양하게 활용했다. 고정관념에 얽매이지 않고, 외부 문화 및 문물 도입에 대해서도 개방적이었다.

칭기즈칸은 기마 유목민족에게 익숙하지 않은 공성 무기, 수군, 문자 등을 복속국으로부터 배워 국가경영 및 전쟁 수행에 효과적으로 활용했다. 아울러 전쟁 수행과정에서 정보전이나 심리전을 펼치는데에도 현지 상황에 맞추어 적절하게 활용하였다.

특히 종교도 기독교, 이슬람, 불교를 가리지 않았다. 이에 칭기즈칸의 며느리나 손자 며느리가 기독교를 믿었던 인연으로 전쟁 과정이나 국제 교류 관계해서 적지 않은 도움을 받았다.

백인대장, 천인대장, 만인대장에 대해서도 문호를 활짝 개방했다. 가족이나 최측근이 주로 차지하는 내부 승진 제도를 과감히 배격하고 능력주의를 채택하였다. 칭기즈칸은 "10명을 통솔해 작전을 성공적으로 수행할 수 있는 사람에게는 1000명, 10000명을 맡길 수 있다"고 하였으며 실제로 몇몇 용감하고 능력이 검증된 천민 출신들도 발탁하여 대장으로 승진시켰다. 누구라도 대장이 될 수 있다는 무한한 신분 상승에 대한 기대는 몽골 기마군단의 정신력과 전투력을 엄청나게 높여주었다.

그는 또한 실전에서의 업적에 따라 부하를 평가했다. 능력주의로 분명하게 전환하려는 시도였다. 이는 능력과 업적만으로 사회계층의 이동을 원활하게 하면서 조직에 활력을 불어넣고 역동성을 제공했다. 지나치게 충성심을 강조하다 보면 승진 제도의 폐쇄성과 제국 건설에 공이 많은 측근들이 독식하는 한계가 있기 마련이었다. 하지만 그는 능력 중심으로 인재를 발탁, 중용함으로써 국가 및 사회 주도세력이 자기 부족 및 측근 위주로 제한되는 것을 방지하고 다국적, 다종교, 다인종으로 확장하는 길을 열었다.

칭기즈칸의 세계 정복 전쟁이 가능했던 요인은 여러 가지이지만 순혈주의와 측근 우선주의에 대한 '맹신'이 깨진 것도 한몫했음이 분명하다. 칭기즈칸은 끝까지 저항하는 적은 물론 그곳에 사는 동물까지 모두 학살하는 공포의 초토화 작전을 구사했다. 하지만 인종, 나라, 부족 구분 없이 정복민도 필요하면 등용해 인재로 키워냈다. 정복지에 몽골식 제도와 전통을 굳이 강요하지 않는 유연함과 글로벌 감각도 그는 갖고 있었다.

이런 통합과 융합의 정신이 대대로 이어져 칭기즈칸의 손자 쿠빌라이는 인구가 몽골보다 인구 60배쯤 많은 6000만명의 송나라를 정복했다. 그 이후엔 철저한 '한화(漢化)' 정책을 통해 부족 국가였던 몽골이 원나라를 건국하고 중원의 안정적 지배자가 되었다.

이러한 배경에는 순혈주의 배격에서 비롯된 칭기즈칸의 인재관이 있었다. 야율초재 발탁은 칭기즈칸이 인종, 국가, 신분을 뛰어넘는 몽골의 통치 체제와 인재 등용의 상징이었다. 거란족 출신, 금나라 관리에서 몽골의 재상 자리까지 오른 야율초재는 칭기즈칸이 순혈주의를 배격하고 인재를 등용한 대표적인 사례. 이를 통해 수많은 이민족, 한족 출신들이 자신들의 능력을 발휘하고자 하는 경쟁적인 분위가 조장되었다고 볼 수 있다.

칭기즈칸은 현실을 직시하고 현실 타파를 위해 싸운 진정한 지도자였다. 몽골 민족과 자신에게 주어진 운명을 정면으로 응시하며 바꾸려고 노력했다. 자신에게 무엇이 없고, 무엇이 필요하며 어디를 향해 가고 어떻게 그 길을 내야 하는지에 대해 성찰하였다.

그는 위대한 정복 사업을 수행하기 위하여 '통합정신'에 기초를 두고 '포용 정책'에서 비롯된 순혈주의를 깨드렸다. 미국 예일대의 에이미 추아 교수는 〈제국의 미래〉에서 로마·영국·몽골이 역사에서 대제국을 건설한 때는 종교·인종을 뛰어넘어 통합했을 때였다고 했다. 반면에 종교와 인종 갈등으로 분열됐을 때 제국은 어김없이 붕괴되었다고 평가했다.

칭기즈칸은 순혈주의를 깨뜨리기 위해 노력했지만 그가 죽은 뒤 후대로 갈수록 순혈주의가 다소 강화되어 나가면서 몽골 제국은 몰락의 길로 접어들었다. 결국 정복은 강권에 의해서 가능하지만 진정한 지배는 큰 틀에서 창의력을 발휘하도록 분위기를 조성해줄 때 가능한 것이다.

33-14. 칭기즈칸의 낙관주의 사상... 긍정적인 마인드 창출

칭기즈칸은 천성적으로 비전을 가슴에 품은 낙관주의자였다. 항시 긍정적인 사고로 진취적이고도 창의적인 자세를 일생 동안 줄곧 견지했다.

유목민족들은 항상 한곳에 머물지 않고 더 나은 곳을 찾아 이동하는 DNA를 가지고 있다. 그래서 특정한 장소나 영역에 터전을 잡고 사는 대신 항상 이동하려는 기질이 충만한 민족이다. 'Made' 되어 있는' 완료형 사고보다 'Make' 하려는 미래형이나 현재진행형 개념이 그 성향에 더 부합된다고 볼 수 있다.

유목민족은 삶의 조건 때문에 태생적으로 '공동체적 미래지향형 DNA'를 갖고 태어난 민족이다. 그래서 '오늘'보다는 '내일'을 생각하는 미래지향적인 사고로 자연스럽게 이어졌다. 정복한 땅은 '소유 개념'보다는 '활용 개념'과 '공유 개념'에서 더 큰 이익을 창출하는 쪽으로 접근했다.

새로운 삶과 더 나은 생활을 추구하려는 도전적인 유목민들의 응집력을 유도한 칭기즈칸 군대는 농경사회를 기반으로 한 정착민들을 결국 정복할 수 있었다. 이는 몽골민족을 더욱 단합시켰고 더 넓은 세상을 향한 정복욕으로 발전되었다. 칭기즈칸은 선천적으로 타고난 진취적 몽골족들의 기질에 더해 강력한 리더십을 발휘하여 그들을 더욱 도전적이고 전투적인 사고를 갖도록 이끌었다.

하지만 실제 그의 어린 시절 인생 역정은 누구보다도 고달픔과 외로움의 연속이었다. 그가 어릴 때 아버지는 독살되었고, 사랑하는 아내는 신혼 총 적에게 납치돼 남의 자식을 낳아야 했지만 그는 자신의 운명으로 돌렸다. 칭기즈칸은 초원에서 버려진 외로운 생활과 포로생활을 통해 오랫동안 내면적인 성찰과 정신적인 단련의 시간을 가졌다. 극도의 절망감과 죽음의 공포가 끝없이 엄습했지만 그는 이겨냈다.

집안이 나쁘다고 탓하지 않았다. 가난하다고 불평하지도 않았다. 가진 것이 없고 작은 나라에서 태어났다는 열등감으로 좌절하지 않았다. 세력이 약하다고 주눅이 들지도 않았다. 배운 게 없다고, 힘이 약하다고 중단하지 않았다. 앞날이 너무 막막하다고 해서 절대로 포기하지 않았다.

그는 "산이 있는 한 땔감 걱정은 하지 않는다"라는 몽골 속담을 굳게 믿었다. 또 "초원이 있는 한 모든 것을 얻을 수 있다!"는 낙관적인 생각으로 불리한 상황을 유리한 상황으로 역전 시켰다고 몽골비사는 전하고 있다.

그는 이렇나 굳은 신념으로 자신을 키우고 난관을 이겨냈다. 더 나아가 조직을 추스르고 공감대를 형성해 응집력을 통해 몽골 제국을 세우고 더욱 확장력을 발휘하였다. 목숨을 건 전쟁이 칭기즈칸의 직업이고, 그의 일생의 유일한 과업이 정복사업이었다. 그의 사전에는 '불평' '포기' '책임 전가' '절망' '중단'이라는 단어가 존재하지 않았다. 이러한 낙천적이면서 긍정적인 마인드는 그로 하여금 최후의 승리를 가져오도록 만들었다.

특히 평소 몸에 밴 낙천적 성격과 온화한 친화력은 많은 사람들이 그를 추종하게 했던 요인이었다. 메르키트 부족의 기습을 받아 아내 보르테를 강탈당하고 혈혈단신 도망쳤을 때에도 그는 절망하지 않았다. 양아버지였던 옹칸의 배반으로 결혼동맹을 제안했다가 사전에 파놀은 함정에 빠져 전투에서 철저하게 패배하고 도망 끝에 구사일생으로 도착한 곳이 발주나 호수였다. 그 당시 살아남아 병사는 고작 19명일 정도로 최악의 절망적인 상황에서도 포기하지 않았다.

그들 앞에서 "나로 하여금 모든 어려움을 극복하고 대업을 이룩하도록 도와주소서. 만일 내가 이 말을 어기면 이 흙탕물처럼 되게 하소서"라고 재기를 다짐했다. 아무리 어려운 상황도 극복할 수 있다는 강력한 신념과 함께 낙관적으로 미래를 내다보았다.

당시 칭기즈칸과 전사들이 기진맥진하여 굶주림으로 쓰러져 갈 때 그의 이런 기도에 하늘도 감동했는지 몽골 민족이 가장 명예롭게 생각하는 말이 나타났다. 칭기즈칸은 말을 제물로 하늘에 기도한 후 말고기와 함께 흙탕물을 마셨다. 의식에 동참한 19명의 전사들은 " 우리는 형제다! 우리는 하나다!"라고 외쳤다.

그는 발주나 호수의 물을 두 손으로 떠서 머리 위로 올렸다. 그리고 19명은 그를 따라 두 손으로 호수의 물을 떠받치고 칭기즈칸 앞에서 다시금 충성을 맹세하면서 물을 모두가 함께 마셨다. 이른바 '발주나 맹약'이라는 상호 신의와 충성의 굳은 맹세를 통해 그는 더욱 강력하고 긍정적인 마인드로 무장해 재기의 발판을 다졌다.

칭기즈칸은 몽골 제국 건설 이후 이러한 도전적인 정신 위에 기름진 땅에서 풍요와 안정을 누리며 사는 정착민들의 국가로 응집된 에너지를 돌리게 된다. 늘 가축을 먹일 초지(草地)를 찾아 이리저리 이동하는 유목민 특유의 이동성과 도전성을 조직화하여 정복사업에 나서게 된 것이다.

그는 야성(野性)적인 습성과 이동 DNA를 결합하여 전투성을 최적화하였다. 명분과 논리를 앞세워 유목민적 에너지를 하나로 모았고, 외부 세계의 장점을 차근차근 추가하여 극대화된 시너지 효과를 창출해 냈다. 이러한 작업과정에서 시종일관 새로운 미래세계를 창출할 수 있다는 낙관적인 마인드로 구성원들을 독려했다.

칭기즈칸의 시대는 약육강식, 강자존(强者存)의 시대였다. 한번 패하거나 무너지면 재기가 그리 쉽지 않은 상황이었다. 하지만 그는 7전 8기의 정신을 보여준 몽골 초원의 부도옹(不倒翁)이었다. 하지만 단순히 희망의 마음과 긍정의 눈으로 본 것에 머물지 않았다. 현지 정황에 맞게 부단히 변혁을 거듭하면서 처절하게 힘을 키워 나갔다.

그는 매번 위기 때마다 긍정적인 사고로 자신을 극복하고 조직을 추스르고 감동시켜 응집력을 통해 큰 힘을 발휘하였다. 평생 목숨을 건 전쟁이 칭기즈칸의 직업이고, 그의 일생의 유일한 과업이 정복사업이었다. 그의 사전에는 '불평', '포기', '절망', '중단'이라는 단어가 존재하지 않았다.

이런 관점에서 칭기즈칸은 베트남 전쟁의 미군포로 중 가장 고위층인 스톡데일 장군의 이름에서 따 온 '스톡데일 패러독스(Stockdale paradox)'를 실천한 행동주의자였다. 스톡데일 장군은 수년간의 포로생활 중 극심한 고초를 겪었지만 많은 포로들이 살아서 고향으로 돌아가게 했고 그도 살아나온 영웅으로 기억되고 있다.

칭기즈칸 역시 위기에서도 그를 따르는 중간 관리자 격인 동지(너케르)들에게 힘을 합치면 불가능이 없다는 낙관론과 '꿈(비전)의 공유'라는 슬로건을 통해 자신감을 불러 일으켜서 승리 후에는 성과에 상응한 파격적인 혜택을 부여했다.

칭기즈칸은 분명 비관적인 현실을 냉정하게 받아들이는 한편, 앞으로는 잘될 것이라는 굳은 신념으로 냉혹한 현실을 이겨낸 합리적이고 낙관적인 지도자였였다. 냉철한 현실인식과 뚜렷한 목표 달성의 의지를 동반하였다는 점에서 막연한 낙관주의가 아니라 긍정을 포함한 현실주의적 사고로 모든 어려움을 실천적으로 헤쳐 나갔다.

그는 시종일관 부정 대신 '긍정적인 사고를 견지했다. 절망적인 현실에서도 희망의 끈을 한시도 놓지 않았다. 시련을 겪는 순간에도 일시적인 단련이라고 여겼다.

결국 포기하지 않고 재기하는 데 성공하여 몽골 민족을 통일하고 명실상부한 몽골제국을 이루게 되었다. 바로 이러한 과정에는 그의 낙천적인 사고와 긍정적인 마인드가 항상 강력하게 작용했고, 그는 "역사를 만든 사람"이 되었다.

33-15. 칭기즈칸 리더십... 시대를 초월하는 교훈

최근 미국의 워싱턴포스트지가 지난 1000년의 역사 인물 중 가장 위대한 인물로 칭기즈칸을 선정했다. 이는 시대를 초월한 그의 리더십 때문이다. 그는 분명 문과 무, 강함과 유연성, 포용과 보복, 관용과 살육이라는 상반된 이미지를 모두 가진 인물이었다. 그가 보여준 다양한 리더십은 다양한 각도에서 조명되고 있다.

첫 번째, 수평적 리더십이다. 칭기즈칸의 수평적 리더십은 수평적 마인드에서 출발하는 꿈의 공유와 포용력이다. 웅대한 비전 실현을 위해 다 같이 동고동락하면서 동지애와 전우애로 뭉치자는 것이다. 같이 노력하고 같이 얻어낸 과실을 같이 누리자는 공동부유의 개념이다.

그는 이민족을 차별하지 않았고, 이교도를 박해하지 않았다. 출신·민족·종교를 가리지 않고 포용하는 정책을 구사했다. 제국의 조건인 다원적 세계를 일찍이 인정하고 능력이 있는 이민족을 적극 등용했다. 동시에 법 앞에는 누구나 평등하다는 점을 강조하여 누구나 예외 없이 기율을 준수하도록 강조했다. 평등주의에 입각한 공정과 공평의식을 불러일으켰다.

수평적 리더십은 이러한 기본 정신위에 구성원의 능력을 극대화하는 지도방식이다. 칭기즈칸의 리더십은 카리스마 성격의 수직적인 리더십을 발휘하면서도 일방적인 강압적 수단으로 이끌지 않고 가르치고 육성하는 현대판 코칭 리더십(Coaching Leadership)에 가깝다고 볼 수 있다.

권유나 강압이 아니라 자발적인 참여 정신과 희생정신을 유도하여 최대한 전투력을 결집시키는 능력이다. 이를 위해서 그는 솔선수범과 동고동락하려는 자세를 견지했다.
칭기즈칸은 또한 아주 검소하고도 절제된 생활, 모범적인 생활을 영위했다. 권위만을 내세우지 않고 경청과 소통의 자세를 견지했다. 칭기즈칸은 "자만심을 삼키지 못하면 남을 지도할 수 없다. 지도자는 말이 아니라 생각과 의견을 보여 주어야 한다"고 강조하였다고 몽골비사는 전하고 있다.

도교의 영향을 받은 칭기즈칸이 중국 금나라의 장춘진인(長春眞人)에게 보낸 편지에서 평소 그의 생활신조와 구성원과 몽골 제국을 대하는 마음가짐을 엿볼 수 있다. 칭기즈칸은 귀국길의 장춘진인에게 보낸 편지에서 이렇게 말했다. "하느님께서는 중국의 오만과 사치에 싫증이 났습니다. 나는 북방의 야만인입니다. 나는 소와 말을 치는 사람과 같이 옷을 입고 같은 음식을 먹습니다. 우리는 같이 희생하고 같이 노획물을 나눕니다. 나는 우리나라를 마치 갓난아기처럼 보살피고 나의 병사들을 형제처럼 대합니다."

두 번째, 슈퍼 리더십이다. 칭기즈칸은 현장중심주의에 입각해 현지 지휘관에게 절대적 권한을 위임하는 정책을 폈다. 칭기즈칸은 적재적소에 인물을 배치하는 능력이 매우 뛰어났다. 오랜 기간 숙성시키고 검증하여 자신보다 우수하고 강점이 있는 장수들을 전진 배치하여 모든 권한을 위임하였다.

실례로 두 차례 장거리 유럽 원정 때 칭기즈칸은 수부타이와 제베로 하여금 출정케 하였다. 정작 자신은 주변국을 제외하고는 자신의 본토를 벗어나 본 적이 없다. 이는 자신의 무장들을 긴 세월에 걸쳐 꾸준히 교육·양성했기에 가능했다. 그는 부하들이 어느 정도 자기를 대신할 수준에 도달했다고 판단되면 광활한 전역을 맡겼다.

장거리 원정 과업 중 원정군 총사령관에게 전권을 주어 현지의 군주를 임명하고, 정복한 지역의 군대 동원령, 현지 작전권 등 일체의 모든 권한을 위임하였다. 서양세계의 정신적인 지주인 교황 처리 문제를 제외하고는 모든 권한은 현지 정황에 맞게끔 현지의 지휘관이 적시성 있게 권한을 행사하도록 철저히 위임했다. 전쟁의 대원칙만을 세우고 세부 행동강령은 현지 지휘관에게 맡기는 철저한 임장주의(臨場主義)를 지향했다. 당시 벌어지고 있는 전장상황에 능동적으로 대응할 수 있는 현장 중심주의를 중시하였다.

그는 4준마로 칭하는 수부타이, 제베 같은 걸출한 장수가 전장 상황을 주도적으로 이끌고 창의적으로 전술을 구사하게끔 위임했다. 전쟁사 전문가 리처드 가브리엘(Richard Gabriel) 캐나다 왕립사관학교 전쟁학과 교수는 칭기즈칸의 위대한 장군 수부타이와 관련해 "몽골 기병의 가장 큰 장점은 기동성이었다. 앞에 있던 적의 뒤편에 갑자기 나타나거나 후방 깊숙한 곳까지 침투해 유럽군을 흔들어 놓았다"고 평가하였다.

칭기즈칸의 전폭적인 현장 위임권한은 유럽 전역에서 기동성, 융통성, 즉응성을 보장하는 결과로 나타났다. 이는 신출귀몰하는 기습전, 유인 작전과 전격전을 성공적으로 수행 가능케 하였다.

셋째, 개방적인 리더십이다. 칭기즈칸은 시종일관 어떤 고정관념과 기존의 틀에 머무르지 않았다. 멈추지 않고 변화하려는 유목민의 특성인 노마드(nomad)적인 삶의 방식을 추구하였다는 평가를 받는다. 이러한 노마드 정신은 "성을 쌓는 자는 망하고 길을 닦는 자는 흥한다."라는 문구로 요약된다.

그의 마지막 유언 중의 하나도 "흙벽돌집에 살지 마라"라는 것이다. 흙벽돌 생활은 정착생활을 의미하며 곧 기병을 포기하는 것이라고 보았다. 정착하고 안주하면 허벅지와 배에 살이 쪄서 말을 타기를 싫어하게 되고 배부른 기름 맛을 알기 때문에 고통스러운 원정길을 포기하게 된다는 것이다. 유목민의 기질을 버리는 순간 제국의 미래가 없다는 점과 농경문화와 다른 이슬람문화의 장점은 받아들이되 심취하여 빠져 버리지 말라는 점을 강조한 것이다.

칭기즈칸의 개방적 리더십은 마음에 자신의 생각과 의견을 고집하고 성을 쌓는 사람은 자신의 한계에서 벗어나지 못하고 망할 수밖에 없다는 논리이다. 그러나 마음에 길을 많이 내서 다른 사람 들과 소통하고 새로운 것을 추구하면 더 넓은 세상이 보이고 열린다는 것이다.

그의 이런 성향은 거대한 대양을 이루려면 어떠한 물도 사양하지 말라는 '해불양수(海不讓水)' 정신고 닮았다. 실사구시 정신과 능력주의 원칙에 입각하여 칭기즈칸은 포용력과 관용정신을 통해 마음을 열고 너케르(盟友)도 얻고 이를 통해 천하도 얻을 수 있었다.

넷째, 창조적인 리더십이다. 칭기즈칸의 비전은 최초에는 아주 단순한 꿈이었다. 그의 어린 시절에는 "흩어진 부족을 되찾고 아버지의 원수를 갚는 것"이었다. 결국 갖은 모험과 역정을 거쳐 마침내 그 소원을 이루게 되었다. 하지만 여기에 머무르지 않고 더 나은 부족의 운명을 개척하기 위하여 부단히 목표를 제시하고 동기를 부여했다.

일찍이 과거에도 없었고 누구도 가능하리라고 생각하지 않았던 원대한 비전을 그는 제시하였다. 현대적 개념에서 보면 파이를 더 크게 하여 더 많은 것을 가져갈 수 있다는 인센티브 이론을 통해 더 창의적인 노력을 강조하였다. 동시에 나선형 상승방식의 목표를 설정한 이후 단계별로 계속하여 눈높이를 올리는 전략이었다.

최초로 몽골 민족을 통일하는 과업을 달성한 후 주변 국가로부터의 위협을 제거하는 것, 아예 중국 중원을 경영하는 것, 이슬람권과의 교역을 활성화하는 것, 유럽과 아시아를 관통하는 실크로드를 완전 장악하는 것, 명실상부한 몽골 대제국을 영원히 유지하는 것으로 점진적으로 발전되어 나갔다.

이에 새로운 영역을 개척하려는 곳에 창조적 의지와 역량을 집중했다. 그는 시대의 흐름, 전장 환경과 주변국 정세 변화를 정확히 읽는 눈을 갖고 몽골 제국이 처한 현실을 직시했다. 몽골 군대는 자기의 장점을 극대화하되 차별성 배양에도 집중했다. 정복 과정을 대폭 단축할 수 있는 병법과 전술을 연구·개발하여 실제 전투에 적용하면서 부단한 업그레이드 작업을 병행했다.

그는 창조적인 사고로 '압축성장 전략'을 위한 창조적 리더십을 발휘하였다. 장거리 원정을 통한 전쟁은 몽골 제국의 영향력을 확대하게 했다. 황실 공납과 교역권의 통제는 국부 창출로 이어졌고 이를 위해 각종 국내외적인 시스템 구축을 위한 창조적인 아이디어는 제도로 완성되었다.

다섯째, 글로벌 리더십이다. 칭기즈칸은 몽골 초원의 인구를 비롯해 천연자원과 기후 조건에 분명 한계가 있다고 판단했다. 이에 몽골 부족 통일 이전부터 발주나 맹약에서 나타난 것처럼 주변국 상황과 이민족에게 관심이 많았다. 특히 몽골 제국 건설 이후에는 내재적인 문제를 해결하는 데 외재적인 요소로 대체 또는 보강하는 방안을 구체적으로 실천해나갔다. 교역을 확대하고 주변국을 복속시키고 공납을 확대해 나가는 것이었다.

일단 전쟁을 벌인 적국이라 할지라도 전쟁이 끝난 뒤에는 제국의 일원으로 충성을 맹약하기만 하면 직접적인 제한을 가하지는 않았다. 그들의 재산은 물론 왕권, 심지어 종교까지 자율권을 부여했다. 전체적인 보편성을 해치지 않으면 각 국가가 가진 고유의 특수성을 보존하는 것을 허용했다. 상호 활용과 전체적인 통합 측면에서 나온 글로벌 포용 정책이었다. 이런 측면에서 칭기즈칸이 지배한 국가는 최초의 연방제에 해당하는 국가였다. 자체적으로 고유의 문화를 가지고 살면서 제국의 번영에 기여하는 다민족 공동체적 연합체였다.

정복 전쟁은 이기기 위하여 하는 것이지만 더욱 중요한 것은 간접적인 지배와 통치를 통해 실제로 경제적인 이익을 얻는 데 주된 목표를 두었다. 이러한 실용정신은 제국으로서 위신과 권위를 유지하는 동시에 실리를 얻게 했고 자연스럽게 강압적 간섭보다는 외교적 수단에 의지하려는 경향이 다분했다.
정복보다 몽골 황실에 대한 공납 관계를 유지하고 교역과 문화교류에 적극적으로 편입시키는 것이 몽골 제국의 유지에도 도움이 된다고 그는 판단했다. 실사구시적인 정신으로 이교도를 활용하여 실크로드를 통해 국익을 증대시켰고, 글로벌 개방정책으로 선진화된 문명과 각종 과학기술 교류를 촉진했다.

중국 대륙을 17년간 여행하고 자신의 고향 베네치아로 돌아가 〈동방견문록〉을 집필한 마르코 폴로가 몽골 제국에서 관리로 임용된 것은 당시 전통을 뛰어넘는 칭기즈칸의 글로벌 리더십 덕택이었다.

34. 몽골 제국이 남긴 유산... 실크로드 활성화
1. 몽골 제국이 남긴 유산... 페스트 와 유럽 봉건사회 몰락
2. 몽골 제국이 남긴 유산... 동서 문명의 진정한 교류
3. 몽골 제국이 남긴 유산... 몽골 기병의 음식문화 와 증류주 전파
4. 몽골제국이 남긴 유산... 고려의 대몽항쟁
5. 결혼동맹과 고려의 몰락
6. 대몽 항쟁과 삼별초가 주는 교훈
7. 몽골제국이 남긴 유산: 원의 풍습과 고려양의 유행
8. 몽골제국이 남긴 유산:칭기즈칸 정복사업과 현대판 디지털경영
9. 독일 기갑 전술과 러시아 군사 사상에 영향 미친 몽골제국의 유산

제 5장
몽골제국이 남긴 유산과 교훈

34. 몽골 제국이 남긴 유산... 실크로드 활성화

몽골 제국은 인류 역사상 가장 넓은 영토를 정복하였다. 13세기 몽골 기병은 당시 상호 왕래가 어려웠던 아시아와 유럽을 잇는 안전한 실크로드를 개척해 하나로 연결함으로써 '팍스 몽골리카'를 이룩했다. 이는 상호 교역을 비롯하여 인종과 문화, 종교를 뒤섞이게 만들면서 몽골제국으로 하여금 많은 유산을 후대에 남기게 했다.

실크로드는 문자 그대로 비단길이다. 고대 이래로 중국산 비단을 비롯하여 동아시아 지역의 물산이 중앙아시아 사막 지역을 거쳐 인도나 서아시아, 더 멀리는 지중해까지 전달됐던 교역로이다. 하지만 칭기즈칸이 몽골제국을 건설한 후에는 단순히 교역로에 그치지 않았다. 실크로드 자체가 하나의 거대한 경제문화권 네트워크인 동시에 동서를 관통하는 대동맥이었다.

통일 몽골제국을 세운 칭기즈칸은 중국 금나라를 정복할 때만 해도 문명을 파괴하거나 인명을 무자비하게 살상하지는 않았다. 하지만 비옥한 영토에 대한 정복욕과 함께 1219년 제1차 서역 정벌 때에는 450명의 무슬림 대상(隊商)을 살해한 '오트라르 사건'으로 호라즘 제국에 대한 보복심리가 작용하였다. 칭기즈칸은 장남부터 막내까지 동원하여 직접 실크로드를 정복하는 전쟁에 나섰다.

칭기즈칸의 군대는 규모는 작았지만 신속한 기동력과 다양한 전술로 실크로드의 강대국들을 차례로 무너뜨리고, 실크로드의 최강자로 군림하게 된다. 몽골 제국은 칭기즈칸에 이어 그 후손 3대에 걸쳐 세 차례 서역 원정을 단행함으로써 실크로드 통행을 완벽하게 장악했다.

몽골제국 시대에 서방으로 통하는 실크로드는 크게 두 갈래였다. 하나는 몽골의 카라

코룸이나 대도에서 출발하여 둔황(敦煌)을 거쳐 서북 방향으로 오트라르와 우르겐치를 경유해 킵차크한국의 수도 사라이에 이르는 '킵차크길'이었다. 또 하나는 둔황에서 텐산남로를 거쳐 파미르고원을 넘어 호라산과 타브리즈를 거쳐 바그다드에 이르는 '페르시아길'이었다.

'킵차크길'은 몽골 제2차 서역 원정군이 이동한 노선으로, 추후 유럽의 사절이나 여행가들이 몽골을 왕래할 때 많이 이용하였다. 바그다드에서 배를 타고 이탈리아의 베네치아 등을 통해 유럽에 접근할 수 있는 '페르시아길'은 몽골이 1차와 3차 서역 원정 때 이용한 길이다.

칭기즈칸의 군대가 지나간 도시는 때로는 초토화되기도 했지만, 실크로드는 칭기즈칸 군대의 보호 아래 그 어느 시대보다 안전한 길이 되었고 동서양의 교류는 더욱 확대될 수 있었다.

칭기즈칸의 1차 서역 원정과 바투와 훌라구의 서정(西征) 원정을 통하여 몽골은 알타이산맥 일대에 오고타이한국, 아무다리야 유역에 차가타이한국, 동유럽 지역에 킵차크한국, 페르시아와 소아시아 지역에 일한국 등 4개 한(汗)국을 세워 몽골 대제국의 위상을 널리 알렸다.

이로 인하여 유라시아의 동서남북에 걸쳐 광대한 지역을 차지함으로써 동서 문명의 융합과 교류에 적극 기여했다. 세 차례에 걸친 몽골의 서역 원정으로 전쟁 때의 길은 평시에 상업의 교통로로 전환되어 동서 왕래가 전례 없이 원활하게 이뤄졌다. 당시 서역과 동방을 잇는 교역로였던 실크로드는 여러 문명을 연결해 소통하게 하는 데 지대한 역할을 했다.

몽골 제국은 실크로드를 따라 육로로 연결된 동서 교통로에 역참(驛站)을 설치하여 동서를 오가던 대상들이 많이 이용했다. 역참 얌(Yam)은 몽골제국 네트워크의 대동맥이었다. 13세기에서 14세기 초까지 백전불패의 몽골 군대는 몽골제국 경영 측면에서 안전한 교역을 보장했다. 30~50㎞마다 역참을 설치하여 제국 전체의 교역로를 유지했고, 이는 자연스럽게 정보 유통과 문물 교류에 효과적인 네트워크 역할을 했다.

몽골 제국은 기본적으로 중상주의와 관용적인 종교 정책을 통해 대단한 유연성을 발휘하여 제국통치에 걸맞는 시스템을 구축했다. 몽골 제국은 이동에 대해 별다른 제약을 가하지 않았고, 해상을 통한 여행은 언제나 열려있었다. 불교, 이슬람교, 기독교, 힌두교 등 모든 종교에 개방적인 정책을 취함으로써 어떤 종교라도 신앙과 포교를 할 수 있게 했다.

동서 간 교역 장려 정책으로 쿠빌라이 칸에 이르러는 '지원통행보초'라는 지폐를 유통시켜 단일 지폐에 의한 경제체제를 형성했다. 그럼으로써 황실과 부족의 경제적 이익을 위해서도 역참을 통한 무역을 장려했다. 특히 주목되는 건 여권과 결제 기능을 합친 초보적인 유형의 신분증인 '파이자'를 사용하게 했던 점이다. 덕분에 국제적인 상인들은 물론 선교사와 종교인들의 여행도 덩달아 눈에 띄게 늘어났다.

몽골을 일찍이 방문했던 플라노 카르피니와 윌리엄 루브룩은 선교사였고, 마르코 폴로는 실크로드를 애용하던 상인의 아들이었다. 당시 마르코 폴로도 몽골제국을 여행하면서 역참을 자주 이용했다. 그는 이런 역참들이 아름답고 화려할 뿐만 아니라 왕에게 어울리는 비단이나 다른 모든 사치품까지 갖추고 있다고 묘사했다.

자연스럽게 이들이 애용하는 실크로드가 지나가는 주요 도시에는 경제와 문화 등이 크게 번성하였다. 실크로드를 통하여 유럽과 아라비아의 천문학, 지리학, 수학, 크리스트교 등이 중국에 전파되었고, 인도의 불교 경전도 중국에 널리 전해졌다. 또한 중국 송나라의 나침반, 제지술, 화약 등이 아라비아 상인의 손을 거쳐 유럽까지 전달되었다. 특히 중국에서 건너간 제지술은 유럽에서 지식을 널리 보급하는 데 크게 기여했다.

몽골 제국이 제공한 안전한 왕래길인 실크로드 덕분에 중국은 유럽과 아프리카에 대해서 인식하게 됐고, 이슬람권에서는 중국의 역사와 의학, 농업 분야의 서적들이 번역됐다. 당시 중국에서 발명된 세계 4대 발명품(화약·나침반·종이·인쇄술) 가운데 인쇄술을 제외한 3대 발명품이 유럽으로 전해지게 되었다.

몽골의 서역 원정으로 동서 문물교류는 더 이상 아랍 중간상을 거치지 않고 직접 전달되는 계기가 되었다. 이때 서구인들은 몽골군으로부터 다량의 화약을 구입함으로써 병기 발전과 전술에 획기적인 변화를 가져오는 계기가 되었다. 제지술과 인쇄술의 전파, 지도 제작 및 나침반 사용으로 인한 항해술의 발전 등은 서구의 개척사업과 문명을 크게 발전시키는 촉진제가 되었다.

이와 반대로 몽골군의 서역 원정을 계기로 하여 아랍-이슬람과 서구의 문명이 동방으로 대거 유입되었으며, 천문학과 의약 및 건축 분야 등 다양한 방면에 걸쳐 영향을 받았다. 더불어 기독교와 이슬람 등의 종교도 유입되어 몽골 제국의 사회와 문화 전반에 걸쳐 큰 변화를 가져오게 되었다. 동서양 간 수많은 사람들이 서로 왕래했고, 이들이 장기 체류하면서 자신의 경험과 지식을 기록으로도 남겼다. 세계사와 세계지도도 만들었다. 몽골 제국 당시 동서의 이동이 얼마나 자유로웠는지는 서양인들이 남긴 여행기와 지도 등 역사서에서도 잘 드러난다.

베네치아 출신 마르코 폴로가 쓴 〈동방견문록〉, 모로코인 이븐 바투타의 〈여행기〉 등은 실크로드를 따라 동아시아를 여행한 경험과 지식을 기록으로 남긴 것이다. 이란 출신의 라시드 앗 딘은 중국·인도·유럽·투르크·유대인을 망라한 몽골 대제국의 역사를 집필하였다. 자말 앗 딘이라는 지리학자는 대원제국의 군주 쿠빌라이의 지시로 세계지도를 만들었는데, 이는 훗날 '대명혼일도(大明混一圖)'와 '혼일강리도(混一疆理圖)'라는 중국과 조선의 지도제작에도 참고자료로 활용되었다.

칭기즈칸 군대는 동서양을 막론하고 불과 반세기도 지나기 전에 가장 길면서도 넓은 영역을 정복하게 된다. 말발굽과 창칼로 얼룩진 전쟁의 길이 전쟁 승리로 인해 일괄 통제가 가능한 생산성 있는 실크로드로 변하게 되었다. 실크로드는 몽골 대제국의 기치 아래 상호 각종 특산품이 오간 교역의 길이기도 하지만, 각종 기술·문화·예술, 종교까지 망라하는 문명 교류의 루트로 자연히 변하게 되었다. 그야말로 칭기즈칸의 군대가 정복한 안전 루트인 실크로드 활성화로 인해 동서양을 아우르는 역사상 '최초의 세계사'가 태어난 셈이다.

34-1. 몽골 제국이 남긴 유산... 페스트 와 유럽 봉건사회 몰락

몽골 제국의 등장과 더불어 전 세계는 연결되기 시작했다. 글로벌 네트워크를 통해 수많은 사람과 자원, 상품이 이동하기 시작했고 기술과 문화, 종교도 널리 확산했다. 서양과 동양이 비로소 하나의 역사 단위로 등장한 것이다. 칭기즈칸과 후손들은 유럽에서 고려까지 유라시아 지역에 평화와 질서를 가져왔다.

반면에 전혀 뜻하지 않은 전염병 확산의 원인을 제공하게 되어 유럽을 초토화했을 뿐만 아니라 유럽이 세계사사의 전면에 부상하는 결정적인 계기를 제공했다. 흑사병(페스트)은 원래 미얀마 북부지방의 풍토병이었다. 이것이 몽골 기병의 기동로를 따라 북중국으로 전파돼 1331년 크게 위세를 떨치다가 페스트균이 농부들의 곡물 마차와 교역 물자에 숨어들어 사방으로 퍼져 나갔다.

쥐벼룩을 통해 전염되는 이 질병은 피부에 검은 반점이 생기며 높은 치사율을 보였기 때문에 흑사병(Black Death)으로도 불렸다. 흑사병은 몽골 기병이 매개체가 되어 중국에서 시작해 칭기즈칸의 서방 원정을 따라 유럽으로 퍼진 것으로 추정된다. 몽골 제국이 구축한 동서교역로가 흑사병 이동로가 된 셈이다.

1347년 발생한 흑사병(페스트)은 불과 4년 만에 유럽 인구의 3분의 1에 해당하는 2500만 명을 죽음으로 몰아넣었다. 인간이 가져온 것이라는 도저히 믿기 어려웠기에 많은 사람들이 흑사병을 '신의 징벌'이라고 불렀다. 직접 침략한 것이 아닌데도 사소하고도 간접적인 사건이 엄청난 재앙을 가져오는 나비효과를 불러 일으켰다.

1346년 몽골 기마군단이 칭기즈칸의 손자 바투 칸이 세운 킵차크한국(Kipchak汗國)의 중심지인 사라이에 당도했을 때 크림반도의 무역 중심지 카파(Kaffa·지금의 페오도시야)에서 평민들의 반란이 일어났다. 카파는 13세기 초반에 이탈리아 제노바 상인들이 세운 교역 거점도시였는데 서방으로 진출하려는 야심을 갖고 있었다. 이에 통치자 자니백 칸이 이끄는 몽골군이 흑해 크림반도의 카파를 포위해 공격하기 시작했다.

포위 공격전이 한창인 와중에 몽골군 진영에서 정체불명의 전염병이 발생해 일시에 수십 명씩 죽어 나갔다. 부득이 퇴각해야만 했던 몽골군은 마지막 공격을 가하면서 전염병으로 사망한 병사의 시체를 투석기에 장착해 성안으로 던져 넣었다. 극도의 공포심을 자극하려는 의도였다. 하지만 페스트에 감염된 시체를 이용한 성곽 공격은 본의 아니게 엄청난 결과를 초래한 것으로 훗날 판명되었다.

성곽으로 둘러싸인 도시 안에서 원인 미상의 전염병이 빠르게 퍼지면서 카파 주민들은 극도의 공황 상태에 빠졌다. 원래 상술이 뛰어났던 이탈리아 상인들은 이전에 몽골 군대가 러시아 남부지역을 공략할 때부터 현지 정보를 제공하고 금을 대가로 받는 등 상당히 우호적인 관계를 유지해 왔다. 하지만 제노바 상인들은 도시 침공과 폐허로 인해 어쩔 수 없이 도시를 빠져나와 무역선을 타고 이탈리아로 피신하게 됐다.

1347년 12월 31일 카파를 떠난 배 세 척이 제노바에 도착했으나 전염병을 두려워하여 항구마다 정박을 완강히 거부했다. 갖은 고생 끝에 가까스로 이탈리아 제노바 상인들이 탄 무역선이 이탈리아 남부 시칠리아의 메시나 항구에 입항하면서 이 원인 불명의 질병은 유럽 전역으로 전파되기 시작했다.

위생과 의료기술이 발달하지 않았던 당시에는 마땅한 페스트 치료제가 없어서 마을마다 봉쇄하고 상호 차단하는 것이 대책의 전부였다. 흑사병은 빠른 전파력과 50~90%에 달하는 치사율로 유럽 전역을 최악의 비극으로 몰아넣었다. 당시 유럽인들은 전염병의 공포감을 떨쳐 내기 위해 교회에 의지했지만 종교집회는 집단감염을 부추기는 엄청난 재앙으로 이어졌다.

현재 스페인 마드리드의 프라도미술관에 소장되어 있는 네덜란드 화가 피터르 브뤼헐이 1562년에 그린 '죽음의 승리'는 중세에 만연했던 흑사병으로 해골의 군대(유령)가 살아 있는 인간을 학살하는 지옥 같은 당시의 상황을 적나라하게 묘사하고 있다.

원래 13세기 초중반부터 몽골제국은 유럽의 귀족 기사들을 학살하고 유럽의 군사력을 무력화했다. 하지만 중국이나 무슬림 국가들과 비교할 때 유럽의 경제적 빈곤함에 실망했기에 장기적인 지배에는 관심이 적었다. 몽골군이 유럽을 강탈할 때 가장 값진 귀중품은 헝가리 왕의 천막에 불과했다고 몽골 비사는 전한다. 이에 굳이 도시를 정복하려 하지도 않았고, 나라를 약탈하거나 제국에 편입하려 하지도 않았다.

14세기 당시 중세 유럽은 그때까지도 농노에 의해 대규모 농경지를 경작하는 장원제도를 경제적 기초로 한 강력한 봉건사회 체제였다. 당시 유럽은 봉건제 사회로, 주된 생산품은 농산물이었다. 왕에게서 토지를 하사받은 봉건 영주는 기사를 양성하여 외부 침입에 대비하며 권력을 행사할 수 있었다.

하지만 당시 유럽은 경제적으로 상당히 곤란한 처지로 접어드는 상황이었다. 약 200년간 이어진 온난한 기후가 14세기에 들어서면서 하강기로 접어들었고 강우량 변화로 농업 생산성이 대폭 떨어졌다. 설상가상으로 1315년 대기근이 유럽 지역을 덮쳐 7년 동안이나 이어졌다. 연이은 홍수나 쓰나미 같은 기후변화로 인해 사람들은 영양실조로 허덕였고 사방에서 아사자가 속출했다.

이러한 이유로 봉건사회 체제는 13세기에 절정에 달한 뒤 서서히 몰락의 길을 걷다가 14세기 중엽에 완전히 무너지기 시작했다. 유럽 역사상 최악의 전염병이라 불리는 흑사병이 봉건제의 경제적 근간을 흔들었기 때문이다.

여기에 십자군전쟁 실패로 인한 사회체제 동요, 농민반란, 길드의 등장과 상인계급의 성장으로 유럽 사회에서의 영향력이 높아지면서 봉건제도는 막을 내리게 된다. 특히 페스트로 인해 인력이 급감하면서 증기선 등 자연의 힘을 활용하는 중세 산업혁명을 가져오게 됐다. 여기서 더 나아가 더 많은 자원 획득을 위해 아메리카 신대륙까지 발견하는 개척자 정신이 싹트게 됐다.

문제는 의도적이었든 아니든 흑사병을 공성전의 공략 수단으로 활용한 몽골 군대 또한 결국에는 전염병의 희생자가 되었다. 몽골제국의 계승 국가들 가운데 원 제국은 마지막 흑사병이 창궐한 지 14년 만에 중국을 상실했다. 주치칸국도 흑사병으로 국력과 군사력에 타격을 입은 끝에 티무르 제국의 공격을 받아 사실상 멸망하고 말았다.

인류는 적과 질병과 끊임없는 전쟁을 벌여왔다. 영국의 의학자 윌리엄 오슬러는 "우리 인류에게는 세 가지의 큰 적이 있다. 전염병·기근·전쟁이 그것이다. 그중 가장 크고 무서운 게 전염병이다."라고 하였다. 몽골 제국의 군대는 전쟁을 통해 유럽을 정벌한 것이 아니라 전염병을 통해 초토화해버린 셈이 되었다.

몽골의 정복 전쟁과 제국 지배는 동서를 관통하는 네트워크를 구축하여 문명의 교류 기회를 제공했다는 평가를 받는다. 하지만 부정적인 측면에서는 무자비한 침략, 잔인하고 광폭한 살육과 약탈을 했다는 비판도 피할 수 없다.
특히 몽골 기병으로 야기된 페스트 감염은 야만적인 파괴를 자행한 '황색공포'로 유럽인들에게 각인 되었다. 신이 내린 대재앙이라고 당시에는 슬퍼했지만 페스트는 유럽 사회의 패러다임이 완전히 바뀌는 모멘텀을 제공했다. 더 나아가 유럽이 중세사회로 접어들면서 세계 패권을 장악하게 하는 기초를 다지게 했다. 역사의 묘한 아이러니다.

34-2. 몽골 제국이 남긴 유산... 동서 문명의 진정한 교류

몽골 제국 통치 시기에는 종교적 관용과 함께 인종의 평등을 지향했다. 제국의 평화와 질서 유지는 동서 교류를 활발하게 하는 원동력이 되었다. 교역을 통해 몽골 제국은 부유했고 자연스럽게 과학과 문화예술의 국제적인 교류가 함께 이루어지면서 동반 발전했다.

광의의 개념에서 하나의 통일된 체제는 실크로드라는 플랫폼을 통해 동서 문명·문화 교류가 활발하게 했다. 고대 오리엔트 문명을 비롯해 황하 문명, 인더스 문명, 유목기마 문명, 불교 문명, 페르시아 문명, 이슬람 문명 등 동서고금의 주요 문명이 교류하면서 일정 부분 교차, 융합했다. 실크로드를 위요(圍繞)한 지역을 중심으로 열매를 꽃피웠고, 이는 동서 교류를 관통하는 놀랍고도 경이로운 세계사의 산파역을 담당하게 되었다.

다양성 인종과 문화의 차이점을 존중하는 몽골제국의 다원주의는 정치, 경제, 문화, 종교 등 다방면에서 문물교류가 활발하게 이뤄지게 했다. 전통적인 비단길을 기초로 몽골제국이 이룩한 초원길은 더욱 안전하게 동서남북으로 이어지는 교역로로 이어졌고, 나아가 '대항해시대'의 바닷길도 열렸다. 이를 역사적으로 고증하는 마르코 폴로의 〈동방견문록〉은 성경 다음으로 가장 많이 팔렸을 만큼 서양인의 눈으로 고증한 역사적인 여행기라는 점에서 매우 중요한 의미를 갖고 있다.

자진해서 아시아 대륙을 횡단한 최초의 유럽인도 나타났다. 몽골 제국은 구유크 즉위식에 교황청 대표를 초청했다. 1182년 출생한 프란체스코 수도회 수도사 조반니 데 피아노 카르피니는 예순이 넘은 나이에도 교황이 몽골로 보내는 최초의 선교사절단장을 자진해서 맡았다. 그는 1245년 4월 유럽을 출발하여 유라시아를 횡단하여 1246년 7월 몽골에 도착해 즉위식에 참석하고 2년 만에 귀국했다.

뒤를 이어 중세 문학의 걸작 중 하나인 〈몽골제국여행〉을 기술한 뤼브록 역시 2년간에 걸친 몽골여행 결과를 왕에게 바치는 긴 편지 형식을 빌려 소상히 기술했다. 피렌체 출신의 페골로티는 〈상업실무서〉라는 저술을 통해 흑해에서부터 '키타이' 중국까지 가는 여행 루트를 자세히 묘사했다. 이는 동서양 종교 교류 역사에서 중요한 의미를 가지며, 칭기즈칸이 통치하는 몽골 대제국 관할 지역 내에서 그만큼 자유 통행이 가능했다는 점을 증명하고 있다.

전통적인 실크로드는 기존의 상인들이 이용했던 단순한 교역로 차원을 넘었다. 몽골군의 서역 원정을 계기로 특산품 교역뿐만 아니라 아랍-이슬람과 서구의 문명이 동방으로 대거 유입되었다. 천문학과 의약 및 건축 분야 등 다양한 방면에 걸쳐 서구의 영향을 받았다. 더불어 기독교와 이슬람 등 종교도 유입되어 사회와 문화 전반에 걸쳐 큰 변화를 가져오게 되었다.

몽골 제국 지배기에 회화 분야에서도 황하문명에 기반을 둔 중국과 페르시아 문명의 이란이 서로 영향을 주고받았다. 수천 년간 이어져 내려온 회화 전통에 기반한 천재적 화가들은 몽골제국의 문화적인 영향을 무조건 수용하지는 않았다. 단적인 사례로 송나라 전통의 간결한 단색 산수화는 명맥을 그대로 유지한 채 명나라로 그대로 전수되었다. 몽골 지배 후기에 그려진 이란의 세밀화는 상당히 중국화가 가미된 화풍을 보여주고 있다. 하지만 그들은 외세의 변화에 적응하면서도, 작품의 내면적 힘을 강조하는 전통양식을 고수했다.

도자기의 경우에도 몽골 유목민들은 과거 스키타이인들처럼 실용품이나 종교적 물품을 금·은·동을 이용해 비교적 화려하게 제작했다. 이 같은 작품들은 몽골 제국이나 왕실 오르도 차원에서 제작한 귀중품이었다. 역사 교류와 문화적 전통이 다소 뒤떨어진 황금 오르도 영토에서 훗날 이러한 유물들이 많이 출토되었다.

이와 관련 중국이나 이란 공방에서는 전쟁 등으로 우여곡절을 겪기도 했지만 다양한 전통이 어우러진 새로운 양식의 작품들이 재탄생했다. 셀주크 시대의 영향을 받은 14세기 초 이란의 술타나바드 도자기는 중국풍을 가미해서 중국산 도자기와 분위기가 매우 유사하다.

고대 문헌에도 양탄자가 등장하지만 전 세계에 양탄자를 퍼뜨린 것은 몽골 유목민들이다. 두꺼운 천을 의미하는 양탄자는 유목민의 전유물이었다. 양탄자의 존재는 기원전부터 알타이 산맥의 파지리크와 신장에서 발견된 양탄자 조각들을 통해 일찍이 알려졌다.

몽골 제국의 영향 하에 있던 13세기에 파란색과 밝은 빨간색이 주조를 이루는 다양한 종류의 페르시안 양탄자가 발견되었다. 이란과 아나톨리아에서 거주하던 셀주크족이 몽골 민족의 영향을 받아 양탄자를 도입해 제작·활용한 것으로 추정된다. 또한 13세기 중반에는 유목민들의 전유물이었던 양탄자 직조법이 중국에 전수되었고, 오랜 전통의 양탄자 직조 기술은 중국에서 화려하게 꽃을 피웠다.

이와 반대로 중국은 유선칠보 및 칠기에 귀금속을 상감하는 도자기 공예기법을 이란에서 전수받았다. 유약을 바른 청자 기법, 이후 수백 년간 인기를 얻은 '청화백자' 기법도 원래 페르시안 기법의 영향을 받은 것으로 알려지고 있다.

몽골 제국의 서민층의 생활 수준이 향상되면서 민중예술도 몽골 민족 특유의 풍류생활과 맞물리면서 꽃을 피우기 시작했다. 특히 몽골 민족은 금과 송에서는 매우 천시됐던 연극을 좋아했고, 그 결과 몽골제국 치하에서 연극은 높은 위치를 차지했다. 연극은 서민들의 생활을 사실적으로 묘사해 새로운 운문 장르인 '산곡(산곡)'의 기원이 되었다.

도시에서의 정주 생활을 견디지 못하는 일이 많았던 유목민 몽골 민족은 농경문화의 특성을 지니고 있는 정주민들의 생활습관을 많이 도용하게 된다. 제국으로서의 위상과 권위에 걸맞게 자연스럽게 도시 건축물에 각별히 신경을 쓸 수밖에 없었다. 그들은 기존의 도시를 꾸미는 것으로는 만족하지 못했다. 자연스럽게 인종과 종교가 혼용된 국제 도시건설을 건설할 수밖에 없었고 이는 다양한 건축물로 구현되었다.

그래서 종종 스텝 한복판에 다양한 민족을 상징하는 새로운 다국적 풍의 도시를 세우기도 했다. 시베리아 남부에 건설된 주치의 도시, 고비사막 남쪽의 상도, 황금 오르도의 바투와 베르케 두 사라이를 비롯해 페르가나와 안디잔 등 여러 곳에 새로운 문명 도시를 지었다. 민족의 특성을 대표하는 다양한 건축물들이 선보이기 시작했다. 몽골 제국의 국제적 교류와 교역 확대, 대규모 이주정책과 함께 도시 인구는 서양인들로서는 믿기 어려울 정도로 엄청나게 증가했다. 당시 제국의 주요 도시들은 신기하고 상상도 할 수 없는 국제적 집합소였다. 실례로 유럽인들은 이전의 사마르칸트를 "세상에서 가장 크고 아름다운 도시 중 하나"라고 극찬했다.

활발한 교류와 왕래는 역사가를 배출하게 만들었다. 페르시아의 이슬람 왕조인 일 칸(干)조 시대에는 라시드 앗딘이라는 천재적인 재상이자 역사학자가 탄생했다. 그는 타브리즈에 거대한 도서관을 설립하였고 역사적 사실을 단순히 나열하는 것을 넘어 풍부한 설명과 함께 다양한 교류 개념을 묘사한 삽화를 넣어 생생한 역사서를 저술했다. 특히 칭기즈칸 시대의 다양한 교류 활동을 담은 역사서를 발간해서 근대적인 역사학파 탄생을 알렸다.

이슬람국가에서 천문학은 고대부터 내려온 학문이다. 훗날 발굴을 통해 천문대의 지상 설계도와 건설 형태가 발견될 정도로 연구 활동이 왕성했던 것으로 추정된다. 상상을 초월하는 건축물로 평가받는 마라게의 거대한 천문대를 중심으로 우주의 원리를 파헤치려는 새로운 학파를 이끈 사람은 거장 나시르 앗 딘 투시(1201~74)였다. 그만큼 글로벌한 의식과 개념이 싹을 피웠다는 방증이다.

몽골 제국의 안정과 평화는 기술자, 문화 예술가들의 창조적인 분위기 확산으로 이어졌다. 이는 개방적인 창작활동과 폭넓은 과학기술 연구로 국가는 물론 개인도 혁신되는 계기가 되었다. 지식인과 고위층에 의해 억압되었던 민중적 전통문화가 부상하였고, 하층계급의 사회적 지위가 향상되었다. 다양한 문명이 서로 영향을 주고받았기 때문에 상호보완적 관계를 이루면서 글로벌 개념이 태동되었다. 지구상의 각 문명을 칭기즈칸이 유기적으로 연결시켰던 것이다. 몽골 대제국 하에서는 실크로드를 중심으로 동서양 문명과 종족의 네트워킹이 가능했다. 몽골제국은 하나로 연결된 세계, '하나의 세계사'라는 인식을 탄생하게 했다. 서방 유력언론들이 정복자 칭기즈칸을 밀레니엄 인물로 선정한 이유다.

34-3. 몽골 제국이 남긴 유산... 몽골 기병의 음식문화 와 증류주 전파

전쟁은 평화적인 교류 대신 무력을 통해 압박하는 수단이다. 역사는 문화의 전파와 수용, 대립과 갈등, 전쟁과 평화가 수없이 교차하면서 만들어진다. 결국 역사는 전쟁과 평화를 포괄하는 교류의 축적물이다. 전쟁만큼 대단위의 인적, 물적 이동이 이루어지는 경우는 없다. 군대의 이동은 대대적인 교류와 접촉의 기회이며 이 과정에서 음식문화의 교류를 동반할 수밖에 없다.

교류와 왕래는 그 지역의 음식문화와 융합되어 현지에서 적절한 음식문화로 발전한다. 몽골 제국에서 실크로드를 통한 역사와 문화의 교류는 물류 교역만큼이나 활발히 이루어졌다. 자연스럽게 음식문화도 일정 부분 영향을 미치면서 상호작용을 하게 되고, 칭기즈칸 시대에는 음식 문화도 정복 원정길을 따라 퍼져나갔다.

칭기즈칸이 유라시아에 걸쳐 대제국을 건설하는 과정에서 빼놓을 수 없는 것이 장거리 원정에 필수적인 식량이었다. 몽골은 드넓은 목초지를 배경으로 말, 양, 소 등의 가축을 키우는 목축업이 발달했고, 식생활은 육식 위주였다. 따라서 원정에 대비하는 전투식량도 육류와 마른 우유 덩어리 위주였다. 양고기, 말고기, 소고기 등 육류는 삶아서 먹고 남으면 육포처럼 건조하여 장기간 저장해두고 먹었다.

칭기즈칸이 대륙 정벌 원정길에 그 육포와 우유 덩어리 외에 가지고 간 또 하나의 전투식량이 순대였다. 칭기즈칸에게 가장 어려운 시련의 시기였던 발주나 맹약에서도 행운을 상징하는 말이 갑자기 나타나 말 순대 음식을 같이 먹고 하늘에 맹세하면서 재단합을 다짐했다고 몽골비사는 전한다. 순대는 말려서 오래 보관할 수 있는 대표적인 음식이었다. 칭기즈칸의 병사들은 양의 내장에 쌀과 갖은 채소를 섞어 넣어 말리거나 냉동해 휴대하기에 편리하게 만든 데서 유래하였다고 한다. 순대는 여름철에는 건조한 날씨에 잘 마르고, 겨울에는 추위로 얼게 되어 장기간 보관이 가능했다. 순대는 휴대가 간편하고 장기 원정 때 칼로리를 유지할 수 있는 고단백 식품으로, 어디서든 쉽게 먹을 수 있어서 전투식량으로 안성맞춤이었다. 몽골 기병의 대표적인 전투식량인 보르츠는 고기를 얇게 썰어 말린 몽골식 육포로, 몽골의 전통음식이자 마른 식량, 즉 건량(乾糧)이다. 병사들은 보르츠를 망치나 돌로 두드려 부드럽게 만든 다음 뜨거운 차나 마유에 풀어서 마셨다고 한다.

공교롭게도 칭기즈칸이 침공한 국가들에서는 모두 각각의 전통적 소시지에 순대 및 보르츠가 결합됐고, 패스트푸드인 햄버거 발달사에도 영향을 끼쳤다고 알려져 있다. 햄버거의 기원은 몽골 기병들이 러시아 원정 때 즐겨 먹었던 '타타르 스테이크'라고 한다. 이것이 독일의 '함부르크 스테이크'로 정착되어 유럽 출신 미국 이민자들을 통해 널리 전파되었다는 것이 정설이라고 한다.

몽골의 음식문화는 우리나라에도 영향을 미쳤다. 순대는 고려 때 몽골군이 침략하면서 우리나라에 전파되었다는 설이 유력하다. '순대'라는 말은 만주어로 순대를 가리키는 '셍지 두하(senggi-duha)'에서 비롯되었다고 한다. '순'은 피를 뜻하는 '셍지', '대'는 창자를 뜻하는 '두하'가 변형된 것이다. 순대국밥의 기원은 곧 순대의 기원과 맥을 같이한다. 하지만 순대가 순대국밥의 형태로 변화한 것은 농경 사회의 대가족제에서 연유했다. 고기는 부족한 영양분을 보충하기 좋은 음식인데 고기가 부족하므로 큰 그릇에 탕이나 국을 끓여 온 가족이 함께 먹었던 것이다.

칭기즈칸의 몽골 제국에서 유래된 가장 대표적인 음식이라고 하면 맨 먼저 칭기즈칸 샤브샤브(しゃぶしゃぶ)를 떠올린다. 하지만 칭기즈칸 샤브샤브라는 요리는 엄밀한 의미에서 칭기즈칸과는 직접 관련이 없는 일본식 중화요리이다. 다만 요리법이 몽골 기병들의 대표적인 전투식량인 보르츠(육포)와 다소 연관이 있다고 볼 수는 있다.

샤브샤브의 기원에 대해서는 의견이 분분하지만 13세기 칭기즈칸이 이끄는 몽골 군대에서 유래해서 19세기 일본에서 상업화돼 세계화에 성공한 뒤 일본요리의 대명사로 자리를 잡은 것으로 알려져 있다.

샤브샤브는 원래 '찰랑찰랑' '살짝살짝' 이라는 의미의 일본어 의태어이다. 샤브샤브는 13세기 칭기즈칸의 몽골군이 원거리 전쟁에 나설 때 간편성과 신속성을 고려해서 개발된 요리법이다. 몽골 기병은 항상 조리용 솥을 지니고 다녔는데, 철로 된 투구에 물을 끓여 즉석에서 밀가루 없이 얇게 썬 고기와 채소를 데쳐서 간편하게 먹은 데서 유래된 야전 요리이다. 양이 한정된 고기로 최대한 많은 사람들이 한꺼번에 손쉽게 먹을 수 있는 것이 장점이다. 특히 추운 지방에서 샤브샤브의 뜨거운 국물은 체온을 유지하는 데에도 도움이 되었다.

샤브샤브는 우리나라에서도 1990년대 '칭기즈칸 요리'로 불리며 널리 소개됐고, 중산층 이상이 즐기는 관련 프랜차이즈 전문점들이 잇달아 생겨나면서 2000년대에는 최고 인기를 끌었다.

증류주인 소주(화주) 역시 몽골 제국 영향으로 우리나라에 전해져 국민술이 되었다. 페르시아가 원조인 소주는 십자군과 몽골군에 의해 유럽과 고려에까지 전파되었는데, 칭기즈칸의 손자 쿠빌라이의 고려 침입 때 이땅에 전해졌다고 한다. 그 이전에도 원시적인 방법으로 증류주를 만든 흔적은 있었지만 소주다운 소주는 쿠빌라이가 일본 원정을 위해 1247년 한반도에 진출한 후 몽골군의 대본영이 있던 개성과 전초기지가 있던 안동·마산, 전진기지가 있던 제주도에서 많이 유행했던 것으로 알려지고 있다. 안동의 안동소주와 마산의 무학소주는 몽골 증류주의 영향을 받아 그 전통이 대대로 이어져 오고 있다고 볼 수 있다.

이처럼 몽골 제국의 음식과 주류 역시 몽골 군대의 정복 전쟁과 실크로드의 영향으로 관련 지역에 자연스럽게 전파되었다. 요리 방법이 간편한 데다 고칼로리 음식이라는 점, 보관이 쉽고 가벼워서 휴대하기도 편리한 몽골 군대의 전투식량이 정복사업과 함께 세계화되었다.

34-4. 몽골제국이 남긴 유산… 고려의 대몽항쟁

유라시아 원정으로 대제국을 건설하던 몽골은 여진족이 세운 금나라와 송나라를 공격해 중국 대륙을 정벌하려고 했다. 하지만 이들의 후방에 있는 고려에 대해서는 굳이 적국으로 만들 필요가 없었다. 몽골의 입장에서 고려는 금나라와 송나라의 배후 세력이라는 지정학적 가치가 있을 뿐 군사전략상으로는 우선순위에서 밀려 있었다. '적의 적은 친구'라는 전략개념을 갖고 있었던 것이다.

칭기즈칸은 1207년 서하를 공격한 이후 1211년부터 금나라를 공격했고, 1215년에는 수도인 연경(베이징)을 함락한 데 이어 거란(요)의 잔당 세력을 소탕하는 차원에서 고려를 침입했다. 1221년에는 헝가리와 폴란드를 침공했다. 1220년대에는 몽골 제국의 전투력이 급상승하는 시기였다.

몽골 제국은 고려와 접촉하면서 처음에는 비교적 친근한 이미지로 접근해 화친하려는 의도가 강했다. 그 계기는 몽골과 고려 사이에 자리 잡은 거란 왕조의 잔당세력인 금산(金山) 태자 일당 제거였다. 금산 태자 일당은 1215년 몽골군에 쫓겨 수십만 명이 고려의 강동성(평안남도)을 거쳐 충북 제천까지 쳐들어왔다. 이들을 추격하던 몽골군이 고려에 협공을 요청했고 몽골과 고려는 상호 협력하여 이들을 격퇴했다. 이에 몽골 원수 합진(哈眞)과 고려 장군 김취려를 비롯해 양국은 '만년에 이르는 영원한 형제국'이 되기로 맹세했다. 엄밀한 의미에서 고려는 몽골의 힘을 빌려 이들을 물리쳤지만 결국 화근이 됐다.

중국 대륙 정벌을 통해 자신감이 충만해지고 힘을 비축한 몽골 제국은 고려에 대한 외교 전략을 수정하게 됐다. 형제국이 된 지 8년 후 고려에 조공을 독촉하러 왔던 몽골 사신 저고여(着古歟)가 몽골로 돌아가던 길에 압록강에서 피살됐다. 몽골이 이 사건을 고려 침략의 명분으로 활용했다고 우리 국사에서는 기술하고 있다. 하지만 이 사건 전에도 사실 형제국이 되자고 한 지 얼마 되지 않아 몽골 장군 찰라가 살해된 사건이 발생했다. 그 후에도 고려는 이런 행위를 책망하러 온 몽골 칙사에게 다섯 차례 비협조적인 도발 행위를 했다. 고려는 내심 몽골의 강압적인 수탈 요구에 대한 거부감과 함께 당시 남송과의 호혜적 관계를 염두에 두고 있었기 때문이었다.

1227년 칭기즈칸 사망 이후 칸의 뒤를 이은 셋째 아들 어거데이 칸은 재위 3년째인 1231년에 이르기까지 고려에 여러 차례 사신을 보내 사죄만을 요구했다. 하지만 별다른 반응이 없자 고려에 대한 악감정이 누적되었다. 몽골 제국은 1221년에는 헝가리와 폴란드를 침공했다. 몽골은 1233년 만주를 장악했고, 1234년 1월에는 금을 멸망시켰다. 어느 정도 정복사업이 순조롭게 완성된 결과 동아시아와 중앙아시아, 유럽의 상당 부분을 정복한 세계 최강국 몽골군은 고려 정벌에 나선다.

1231년 1차 침입이 시작되었다. 1231년(고종 18년) 8월에는 몽골군 총사령관 살리타이(撒禮塔)가 고려를 침공하여 내정 간섭을 하려 했다. 이후 당시 무신정권 실권자 최우는 천도를 제의했다. 고려의 제23대 왕 고종(재위 1213~1259년)은 몽골에게 굴복하는 대신 1232년 7월 6일 강화로 천도했다. 살리타이는 고려가 강화로 천도한 그해 용인(처인성) 전투에서 승려 김윤후에 의해 전사했다. 그 이후 1270년까지 38년 동안 몽골은 고려를 총 아홉 차례 공격했다.

고려 조정이 몽골의 침략에 맞서 단행한 강화 천도는 '신의 한수'였다는 평가를 받는다. 이후 강화는 39년간 고려의 임시수도로 기능을 했다. 단지 강화도의 자연환경만이 아니라 천혜의 요새인 강화도에 궁성에 해당하는 내성과 도성에 해당하는 중성, 강화도 전체를 아우르는 외성까지 공성전을 수행할 수 있는 철통같은 고수 방어 조건을 갖췄기 때문이다. 아울러 고려대장경 조성이 상징하듯이 백성들의 강인한 응집력과 무신정권의 특수부대인 삼별초 의 상무 정신은 장기 항쟁의 든든한 토대가 되었다.

강화도 천도는 수전 능력이 약한 몽골의 공격을 방어하며 장기간 항전하는 데 유리하다는 점 외에도 결사항전 기간 중에도 한강과 서해 연안 해로를 따라 개경까지 물류 시스템을 지속적으로 활용할 수 있다는 점이 고려되었다. 게다가 몽골의 적대국인 남송과 해로를 통해 지속적으로 무역 및 우호관계를 유지하는 등거리 외교 차원에서도 강화는 유리한 해양거점이었다. 아울러 무신정권 지도부로서는 왕권을 옹위한다는 명목으로 막후통치를 하기에 쉬운 기회였다.

이런 가운데 몽골 군대가 고려와 벌인 아홉 번의 전투는 완전한 영토 정복 전쟁이라기 보다는 내정 간섭과 영향력 차원에서 수탈을 위한 약탈 전쟁 성격이 강했다. 고려는 때로는 항전으로, 때로는 노련한 외교술로 몽골의 침입을 쿠빌라이 등극 때까지만 28년간이나 버텨냈다.

몽골 제국이 고려의 강화 천도를 질책하자 고종은 천도 이유에 대해 그럴듯한 외교적 수사를 통해 변명했는데 이는 고려의 외교력을 높이 평가하는 대목으로 전해지고 있다. 고종은 "유민이 흩어지면 누가 해마다 공물을 마련해 상국(몽골)을 섬기겠습니까. 차라리 섬으로 들어가서 변변치 않은 토산물이나마 상국에 올리는 게 낫습니다. 그것이 신하의 명분을 잃지 않는 상책입니다."라면서 어디에 있건 몽골제국을 섬기겠다고 하면서 몽골을 회유하였다고 고려사(1232년 11월)는 전하고 있다. 전 국토가 몽골에 유린당하지 않도록 항쟁하면서도 회유책을 강구했던 것이다.

고려는 1231년부터 만 28년에 걸친 몽골과의 항쟁을 마무리짓기 위하여 결국 늙고 병든 고종을 대신해 태자(원종)를 항복 사절로 보낸다. 그 도중에 1259년 몽골의 황제(몽케)가 남송 원정에서 사망하는 중대 사건이 발생했고, 몽골 제국은 극심한 내분과 혼란에 빠졌다. 대 칸 뭉케의 사망은 유럽을 향한 서역 원정군의 발목을 잡을 정도로 충격이 큰 사건이었다. 헌종(뭉케)의 두 동생인 쿠빌라이와 아릭부케가 치열한 황권 다툼을 벌였다.

몽골제국에 가서 누구를 예방해야 할지 모르는 상황에서 고려 태자가 강남에서 작전을 펼치다 북상 중인 쿠빌라이를 만났다. 몽골 제국으로서도 30년 가까이 완전히 정복하지 못했던 고려가 제발로 화의를 청하는 것에 대해 쿠빌라이도 감개가 무량하다는 듯 벅찬 소회를 밝혔다.

결국 동생인 쿠빌라이 칸이 뒤를 잇고, 1271년 국호를 원으로 개칭했다. 그 과정에서 고려는 태조 세자와 맺은 인연을 계기로 쿠빌라이의 편을 들어 외교적인 성공을 거뒀다. 그 결과 유리한 화평 조건으로 1270년 다시 개경으로 천도하면서 쿠빌라이 칸의 부마국이 됐다.

34-5. 결혼동맹과 고려의 몰락

고려와 몽골의 관계는 다른 나라와 여러모로 달랐다. 먼저 지리적으로나 경제적으로나 직접적인 연관이 비교적 적었다. 이에 몽골 제국은 세계 정복과정에서 고려를 다른 국가와는 달리 비교적 친근감 있게 다루었다.

몽골제국은 변경을 맞대고 있고 역사적으로 서로 침략과 약탈을 주고받은 직접적인 원한과 증오 관계에 있는 중국은 침공을 통해 복속시켜 직접 통치하는 형식을 선호했다. 반면 원거리에 떨어져 있고 교역 및 경제적·문화적 교류와 왕래가 필요한 경우에는 킵차크한국, 일한국처럼 몽골의 왕족이나 친족을 통해 직접 통치관리 하는 형식을 취했다.

하지만 고려의 경우 부마국 지정 및 결혼동맹을 통해 내정을 간섭하는 간접적인 통제 방식으로 다스리려고 했다. 고려의 대몽 항쟁이 종식되고 1270년 원종이 개경으로 환도하면서 전쟁이 막을 내렸다. 이를 계기로 1260년 왕위에 오른 원종(재위: 1260~1274년)은 4대에 이르는 60년 동안의 최씨 무신정권 영향에서 벗어났지만 여전히 몽골의 내정 간섭으로 명실상부한 왕권은 사실 확립되지 않았다.
고려라는 국호는 그대로 유지했지만 제후국으로 위상이 격하되었다. 주권이 완전히 상실된 것은 아니지만 몽골의 내정 간섭이 노골화되기 시작했다.

그러자 왕권 강화 차원에서 세자를 몽골 공주와 결혼시키려고 했는데, 10년 전 원종과의 인연으로 호감을 갖고 있던 쿠빌라이 칸도 관례를 깨고 고려가 주청한 국혼을 받아 주었다. 원종의 세자였던 충렬왕은 제국대장 공주와의 국혼이 성사되어 쿠빌라이 칸의 사위가 된 셈이다.
고려의 충렬왕도 세자 자격으로 몽골 주요 국사를 다루는 쿠릴타이 회의에 참가할 자격이 주어질 정도로 목소리를 낼 수 있었다.

229

우리나라 역사 교과서에 다루가치라는 용어가 나온다. 다루가치는 고려가 몽골에 예속됐던 시절 왕의 통치를 감독하기 위해 몽골이 파견했던 총독 격이었다. 하지만 이미 쿠빌라이와 사돈 관계가 된 원종은 다루가치 철수, 호구조사 요구 철회, 동녕부 및 탐라총관부 반환 등 파격적인 요청을 관철할 수 있었다.

고려 25대 충렬왕과 1271년 원(元)나를 세운 쿠빌라이의 딸 쿠둘룩켈리쉬(제국대장공주) 사이에서 태어난 충선왕은 우리 역사에서 드물게 탄생한 몽골계 혼혈 왕자였던 셈이다. 이는 고려의 친원화를 유도하려는 몽골제국의 장기적인 전략과도 일치되었다. 장차 고려를 이끌어 나갈 인재를 미리 원나라 식으로 교육시키는 전략의 일환이었다.

고려가 원의 지배를 받게 되면서 원 제국은 고려에게 왕자와 실세 귀족의 자제를 인질(몽골어로 뚤루게·禿魯花·독로화)로 보내서 원에서 숙위(宿衛)의 일을 맡게 하였다. 특히 고종·원종·충렬왕 때에는 계속 보냈는데 고려와 원의 관계가 친숙해짐에 따라 다소 느슨해졌다. 하지만 원나라는 고려 왕자는 반드시 원에서 일정 기간 생활할 것을 요구했다. 쿠빌라이 칸의 외손자였던 충선왕도 소년 시절 원 조정에 들어가서 고려 국왕 수업을 받으면서 세자 시절부터 부왕인 충렬왕을 능가하는 권력을 누렸다. 훗날 충렬왕과 극심한 왕권 투쟁을 벌일 정도로 그 폐해가 심각했다. 충선왕은 이미 세자 시절 심양왕으로 책봉됐다. 명목뿐이었지만 만주 일대의 고려인이나 여진족들을 다스리다가 부왕이 사망하자 왕위를 계승하여 충선왕과 심양왕이라는 두 개의 왕위를 가졌던 것이다.

한편 원나라에 복속되었던 고려 말기에는 고려 여인들을 징발해 원나라에 공녀로 봉납하는 경우가 잦았다. 공녀 중에 원나라의 마지막 황제인 순제(토곤 테무르)의 황후가 된 기황후(奇皇后)는 황제에 버금가는 권력을 휘두르면서 실권을 행사했다. 그만큼 원나라와 고려는 결혼동맹을 통해 상호 권력 핵심부에 영향을 미치는 일들이 적지 않게 발생했다.

몽골에서 결혼동맹 차원에서 고려 왕실에 시집온 몽골 공주들은 고려의 왕후가 되었지만 몽골의 작위가 더 중요시했기 때문에 '왕후'라는 호칭 대신 '공주'라고 불렀다. 결국 고려는 몽골 항쟁에서 살아 남았지만 몽골의 깊숙한 내정간섭을 받는 반독립 상태이자 반식민지 국가인 제후국으로 전락했다.

원 복속기에 고려 국왕의 위상은 크게 세 가지였다. 고려라는 국호를 가진 국가의 지도자임과 동시에 원나라 황제의 부마였다. 그리고 원나라가 고려에 설치한 정동행성이라는 지방 행정단위의 총독부 장관(승상)이었다. 몽골 제국과 결혼동맹을 통하여 몽골 황족과 친연관계에 있기 때문에 초기에는 고려 국왕의 권위가 외세에 의해 추락되었다기보다는 추가적인 지위를 통해서 당시 무신정권 치하에서 제약받던 왕권을 회복하는 데 도움이 되었다. 하지만 갈수록 원나라 황실의 입김이 강해지다 보니 고려 후기에는 왕권은 취약해지고 역효과를 내게 되었다.

충렬왕 이후 고려 국왕은 폐위와 복위가 반복되는 자리였다. 충렬·충선·충숙 등 세 왕이 각각 중간에 한 차례씩 폐위되었다가 복위하였고, 충혜·충목·충정의 세 왕은 각각 5년도 채 안 되어 폐위되었다. 고려 국왕의 단명은 원나라 황제들의 빈번한 교체와도 깊은 연관이 있었다. 1279년 몽골 제국은 남송을 멸망시켰지만 군사력 상실과 황실의 라마교 신봉으로 서서히 국력이 쇠퇴하기 시작했다. 원나라는 1294년 세조가 죽은 직후부터 반세기 동안 황제만 11명이나 바뀌었고, 공위 상태만도 3~4회씩이나 되풀이되었다.

원래 고려 원종은 무신정권 종식을 위해 원나라와 결혼동맹을 추진했고, 원은 고려를 감시·통제하기 위한 정략적 이유로 공주를 고려에 출가시켰다. 하지만 고려 왕실은 원나라 공주와의 결혼으로 고려의 자주성이 훼손되고 친원파가 득세하면서 오히려 왕권이 약화되는 현상이 초래됐다. 국가 통치구조와 질서 왜곡, 정치 제제와 사회기강이 무너져 내리기 시작하였다. 결국 사회 혼란이 가중되어 고려의 파국으로 이어지는 결과를 초래했다. 원나라가 지배하던 고려 말기는 원 황실과의 친소 여부와 충성도에 따라 왕권이 흔들리거나 하루아침에 폐위될 정도로 자주권과 독립권이 없었던 혼란기였다.

고려의 마지막 왕이자 개혁 군주로 잘 알려진 공민왕도 전례에 따라 12살에 원의 연경에 볼모로 가서 약 10년을 살아야 했다. 21세에 원나라 위왕(魏王)의 딸 보타시리(寶塔實理, 노국대장 공주)와 혼인해 왕위를 계승할 수 있었다. 공민왕은 원의 내정 상황과 대륙 각지에서 일어난 반란으로 이미 원나라의 몰락을 예견하고 있었다. 공민왕은 즉위하자마자 몽골 풍습 타파와 함께 영토회복과 국권회복 운동을 위해 친원 세력을 제거하고 반원 정책을 가시화하였다.

하지만 노국대장 공주가 난산(難産)으로 죽자 아들을 얻지 못한 공민왕은 방황하다 신돈의 비첩 반야를 통해 아들을 얻었으니, 그가 바로 훗날 폐위의 비극을 겪게 되는 우왕이다. 결국 공민왕은 대세를 따라 친명정책으로 전환해 명나라로부터 공민(恭愍)이라는 시호를 받았다. 고려에서 공민왕의 존재가 사라지면서 몽골 제국의 존재감이 완전히 사라지게 되었다.

34-6. 대몽 항쟁과 삼별초가 주는 교훈

1206년 몽골 제국 건립과 더불어 동아시아의 질서가 급격하게 재편되기 시작했다. 칭기즈칸은 1207년 거란족의 서하(西夏)를 공격한 이후에 당시 동아시아 최대 강국이던 여진족의 금 정복을 제1차 목표로 삼았다. 1211년~1218년 두 차례에 걸친 대규모 침공을 통해 중국 중원 장악에 대한 자신감을 얻었다. 몽골과 변경을 직접 맞대기 시작하면서 고려 역시 정복 대상에서 예외일 수 없었다.

몽골 제국은 사실상 거란족 잔당 섬멸 전투였던 강동성 전투(1218~1219년)를 통해 형제맹약을 맺은 것을 계기로 고려에 대해 정치적·경제적으로 간섭하기 시작했다. 몽골 제국의 군사력 증강과 함께 고려에 해마다 과중한 공물을 요구하고 사신을 보내 고압적인 자세를 취하면서 고려에서는 반몽 정서가 확산하기 시작했다. 하지만 당시까지만 해도 몽골 제국의 전략적 중점은 서역이었다.

몽골 제국의 2대 칸으로 즉위한 오고타이 대칸(재위 1229~1241년)은 금나라를 치기 위해 배후의 위협세력을 사전에 차단하려는 목적으로 1231년(고종 18) 8월 사리타이(撒禮塔)를 총사령관으로 임명해 군사 3만으로 고려를 침공했다. 1234년 금나라 수도 카이펑(開封)을 함락하고 금을 복속시킨 후 중국 대륙의 원조인 송나라를 겨냥했다. 몽골은 고려 고종 18년(1231년)을 시작으로 고종 46년(1259년)까지 무려 아홉 차례나 고려를 침략했다. 차근차근 일련의 계획적인 정복 전쟁이 진행되었음을 알 수 있다.

몽골의 2차 침공 때 고려에서는 불리한 전황 속에서 화의론자와 강경론자 사이에 격론이 벌어졌다. 하지만 무신정권 실권자인 최우의 의중이 반영되어 1232년 음력 6월에 수도를 개경에서 강화도로 옮겼다. 고려가 몽골과의 장기 항전 태세에 돌입하자 전국 곳곳에서 대몽항쟁의 역사가 시작되었다.

몽골군의 2차 공세(1232년 음력 8월-12월)로 개경과 남경(지금의 서울)이 함락되었다. 계속 남하하는 몽골군을 당시 용인 백현원(白峴院)의 김윤후 스님은 처인성(處仁城)으로 피란해 성민들을 지휘하면서 몽골 원수 살리타(撒禮塔)를 활로 쏘아 죽이고 몽골군을 퇴각시켰다. 경기도 기념물 44호로 지정된 처인성은 고려의 대표적인 대몽항쟁 승전지다. 이에 경기 용인시 처인성의 역사적 가치를 알리는 '처인성 기념사업회'가 창립되었다.

몽골군의 5차 침입 때인 1253년(고종 40년) 10월 승려 김윤후는 충주산성 방호별감을 맡고 있었다. 이때 그는 70여일 동안 몽골의 대군을 맞아 뛰어난 지휘통솔력을 발휘해 적을 격퇴했다. 충주산성 전투의 공로로 충주는 국원경(國原京)으로 승격됐다. 충주시는 2003년 9월 대몽항쟁에서 처인성 전투만큼이나 큰 전과를 올린 충주산성 전투 승리를 기념하기 위해 대몽항쟁 전승기념탑을 세웠다.

몽골의 강압적 힘에 밀려 강화도로 천도했던 고려가 몽골과 화의를 맺고 몽골의 요구에 따라 개경으로 환도(1270년)했다. 이는 100년간 계속된 무신정권에 대한 왕족과 귀족들의 반감이 커진 데다 38년간의 저항과 전쟁의 피해로 인한 피로감, 강도 정부에 대한 불신과 개경 환도를 통한 왕권 회복을 바라는 백성들의 기대 등이 복잡적으로 작용한 고육책이었다.

특히 삼별초의 대몽항쟁은 상무정신과 함께 고려 해상세력 발달의 진면목을 여실하게 보여준다. 삼별초를 비롯한 천도 반대파들은 격렬하게 저항했고, 삼별초는 해산명령에 불복하였다. 삼별초는 몽골과의 전쟁이 장기화되자 조직과 역량을 확대하며 강력한 군사세력으로 부상했고, 개경으로 환도한 원종의 고려 정부를 전면 부정하고 봉기하였다.

무신정권의 사병집단으로 출발한 삼별초는 진도를 거점으로 예전의 후백제 지역과 남부 해안 지역의 연안 해양세력권을 구축했다. 또 제주도를 배후 거점으로 삼고 개경 정부 및 몽골 군대와 대결하면서 대몽 항쟁을 계속하였다. 심지어 삼별초는 해양왕국으로서 일본 정부에 외교문서를 보내기도 했다.

삼별초는 해양 국가를 지향하려고 했던 고려의 전통을 이어받으려는 노력을 기울였다. 이들은 몽골의 외압에 대응하는 방편으로 일본과의 공동전선 구축을 시도하였다는 점에서 몽골 제국의 신경을 더욱 자극하였다. 이에 1273년(원종 14) 2월 고려와 몽골의 대규모 연합군이 제주도를 공격해 삼별초군을 대패시키고 현지 삼별초 대장격인 김통정은 자결하였다. 삼별초는 진도 정부 1년, 제주 정부 2년 등 총 3년에 걸쳐 여몽 연합군과 대결하였다.

제주도의 지정학적 가치를 파악한 몽골은 제주도를 직할령으로 삼아 최후의 저항을 하는 남송을 공격하는 한편 마지막으로 남은 일본을 공격하고자 했다. 제주는 수도 개경은 물론 한반도 내륙과도 해운으로 통하고, 중국 남송 및 일본을 잇는 중간 지점이자 멀리 동남아 지역으로도 열려있는 해상 요충지로 여겼기 때문이다.

그 후 몽골은 제주도에 몽골군을 파견하고 몽골국립목장을 설치해 제주를 남송과 일본 정벌의 전초 및 병참기지로 활용하려 했다. 제주지역 산촌은 목축업 번성의 최적지로 여겨졌다. 원은 제주에 몽골 제국 차원에서 전쟁의 필수 기동력을 제공하는 14개 국립 목마장(牧馬場) 중 하나를 설치해 운용했다. 이에 원나라 시절 제주도(탐라도)에 입도한 몽골인은 군인, 수행원, 목수, 죄수 등을 포함해 약 1400명에 달해 몽골 제국의 존재가 깃든 다양한 문화유산들이 제주도에 현존하고 있다. 삼별초의 대몽 항쟁은 고려인의 자주정신을 보여줬다는 긍정적인 평가도 있다. 하지만 몽골에 절대 굴복하지 않고 40년 가까이 강화도에서 버텨냈지만 내륙의 전 국토가 처절하게 유린돼 엄청난 경제적·문화적 피해를 입었고 민심은 극도로 피폐해졌다.

칭기즈칸의 손자인 몽골 제국의 5대 칸 쿠빌라이(재위:1260~1294)는 장기적인 3단계 전략을 갖고 고려에 접근했다. 1단계에서는 삼별초 항전으로 대변되는 강도 정부를 존속시키면서 송나라와 일본 정벌을 위한 중간 기지로 구상했다. 충분한 힘을 키워 주 정복지를 침공할 때까지 단순한 조공관계를 유지하면서 좀 느슨한 부마국(駙馬國) 관계를 유지했다.

2단계는 1270년(원종 11년) 11월 삼별초를 완전히 진압한 후 고려를 원제국(元帝國)에 복속시킨 것이다. 원은 고려 영토 내에 직접 통치기관인 쌍성총관부(함흥 일대), 동녕부(평도 일대), 탐라총관부(제주도)도 설치했다. 몽골군이 압록강 유역부터 안동, 광주(光州), 창원(마산), 제주까지 고려 전역에 주둔했다. 3단계에서는 1271년 원나라를 건국하고 일본 정벌 지원 기관으로 정동행성을 설치하고, 관리도 파견했다.

제주도 점령 직후 몽골은 고려를 압박해 1274년과 1281년 두 차례의 일본 원정에도 동참하게 했다. 원나라와 쿠빌라이 칸은 두 차례의 원정에 모두 실패했지만 자체 전력에는 별로 손실이 없었다. 오히려 수군 양성과 배 건조에의 많은 경험을 축적해 송나라를 칠 때 많은 도움이 되었다. 정치적으로는 고려를 실질적으로 지배하게 되면서 친원 정책에 대해 강하게 드라이브를 거는 계기가 되었다. 하지만 고려는 여몽연합군의 일원으로 원치 않는 전쟁에 동원되어 패배와 함께 전비를 충당하느라 국가 경제가 도탄에 빠지게 되었다.

장기간에 걸친 삼별초의 항몽 전쟁 관련하여 명분과 실리의 측면에서 다양한 해석이 존재한다. 삼별초는 해상세력의 위상과 역할을 대변하였지만 내륙을 확실하게 장악하지 못해 몽골군에 의한 민폐는 막심했다. 하지만 3면이 바다인 지정학적인 환경에서 해상세력 배양과 해운 활용을 통한 대내외 교역 활성화는 반도 국가로서 국가 방위체제 확립과 국력 강화에 필수적이라는 교훈을 준다.

몽골 제국도 이후 제주도를 전진 및 병참기지로 삼고 고려의 해양능력을 적극 활용하려 했다. 반도 국가 고려를 사주하고 압박하고 연합해 1274년과 1281년 일본을 침공하였다. 또한 몽골이 남송을 정벌하면서 해양 측면지원 세력을 구축하기 위해 제주도를 효율적으로 활용하려고 한 사실은 해양세력이 얼마나 중요한지를 반증하고 있다. 몽골제국은 바다와 경제, 해양과 안보를 연계한 고려의 핵심적 국가 전략을 십분 이용하였다. 원나라 군대의 전투 의지 부족과 태풍 등 자연재해, 막부의 반격으로 인해 일본을 점령하지 못했다.

몽골 제국은 대륙과 해양을 동시에 장악한 '해륙국가'로 부상하지는 못했다. 몽골 초원의 지리적 한계를 벗어나지 못하고 단순히 유라시아부터 중국 중원과 동북아시아를 장악했던 대륙국가라는 한계를 벗어나지 못했다. 이 때문에 명실상부한 제국의 반열에 오르지 못했고 장기간의 집권에 한계가 있었다고 하면 지나친 비약일까.

34-7. 몽골제국이 남긴 유산: 원의 풍습과 고려양의 유행

한·몽 관계의 인연을 엄밀히 따지자면 고려가 거란 잔당 소탕을 위해 몽골제국-동진 연합군과 협력하였던 강동성 전투가 시초였다. 이를 계기로 1219년 고려와 몽골은 형제의 맹약을 맺었다. 비록 얼마 지나지 않아 맹약은 유명무실하게 되었지만 이미 800년이 넘는 역사적인 관계를 이어 온 셈이다.

몽골은 1231년 금나라를 정복하기에 앞서 고려가 배후의 위협이 되지 않도록 차단하려고 하면서 본격적으로 한반도 침략의 야욕을 드러내기 시작했다. 이후 고려를 복속시키려고 40년간 아홉 차례의 침공에도 불구하고 고려는 처절할 정도로 강력하게 저항함으로써 정체성을 지켜낼 수 있었다.

몽골은 황자였던 쿠빌라이가 제5대 대 칸으로 즉위하기 직전 해인 1259년 후베이(湖北)성 샹양(襄陽)에서 만난 고려 태자 왕식(원종)에게 '불개토풍(不改土風)'을 약속했다. 원 세조 쿠빌라이가 만주 지역을 영지(領地)로 받은 동방 3왕가(칭기즈칸의 동생 카사르·카치운·테무게)를 견제하고자 부마국 고려를 이용하려는 속셈이었다. 그래서 고려 왕조를 유지시키는 한편, 고려의 풍속과 관습을 절대로 강요하거나 통제하지 않겠다는 점을 강조했다. 그만큼 이미 맺은 형제지국의 우애를 유지하겠다는 공언이었다.

원종은 개경으로 환도한 뒤인 1271년에 쿠빌라이에게 무신정권 견제와 왕권 강화를 위해 지원군과 결혼동맹(통혼)을 오히려 요청했다. 쿠빌라이가 1271년 국호를 중국식 왕조 이름인 대원으로 바꾼 후 고려의 왕은 원 황제의 부마가 되었다. 당시 원나라 황제인 칭기즈칸의 친손자 쿠빌라이 칸은 자신이 가장 사랑하는 막내딸(제국대장공주)을 고려 25대 충렬왕에게 시집보냈다. 그 후 고려의 세자가 원 황실에서 황실의 공주와 혼인한 뒤 귀국해 왕이 되는 관행은 계속되었다. 아울러 100년 가까운 세월

동안 원나라의 공주 7명도 연이어 한국 왕에게 시집을 와서 일생을 보냈다.

이때부터 고려와 원나라의 얽힌 역사를 한마디로 요약하면 몽골 제국(칸)의 사위가 고려왕이고, 몽골제국 공주가 고려 왕비였다. 이러한 왕실 간의 결혼동맹 전략으로 사돈관계를 구축하며 촉발된 양국 간의 인적·물적 교류가 활발해지면서 몽골풍과 고려양이 상호 교차·공유·공존했다. 특히 원나라가 최고로 강성했던 13세기 후반부터 14세기 초까지 고려에 강력한 영향력을 행사했던 시기에 몽골문화의 파급력은 가장 컸다.

몽골풍이 본격적으로 확산된 것은 충렬왕 때부터였다. 그는 1274년 5월 원 황제 쿠빌라이의 친딸인 제국공주와 결혼한 덕분에 황실 내 서열 7위에 오를 정도였다. 당시 원나라는 색목인을 우대하였는데, 그들 중엔 이슬람교도가 많았다. 이에 원나라 공주를 수행하며 들어온 사람들 중에 회회인(위구르족)들이 많았고 그들에 의해서 이슬람교가 고려에 널리 퍼지게 되었다. 그 가운데는 첨의참리라는 높은 벼슬을 지낸 회회인이 있었는데 그가 하사받은 성이 장씨였다. 그는 바로 덕수 장씨의 시조 장순룡이다.

심지어 충렬왕은 세자 시절인 1272년, 몽골에서 귀국할 때도 몽골식 변발(辮髮)과 호복(胡服)을 입고 있었다. 이를 목격한 고려 사람들은 사대주의에 젖어 버린 세자의 모습에 충격을 받아 눈물을 흘렸다고 한다. 하지만 충렬왕은 왕에 즉위한 후에도 그러한 몽골 복식과 변발 습관을 본인은 바꾸지 않았지만 정작 신하들에게 강압적인 요구를 하지는 않았다고 고려사는 전하고 있다.

원의 간섭과 지배가 100여 년 동안 지속되면서 고려에도 왕실과 귀족 등을 중심으로 이른바 몽골풍(蒙古風)이 유행했고 민간에까지도 널리 파급됐다. 몽골식 머리 모양과 복식이 고려 왕실과 귀족사회에서 유행하였다. 남자들이 앞쪽 머리를 짧게 밀고 나머지 머리를 길러 땋은 '변발'이라는 머리 스타일이 대표적이다.

몽골식 옷인 호복은 활동성을 중요시한 북방 기마민족의 전통의상이다. 이에 비해 고려시대에 통상 남성들의 입었던 백포는 소매가 헐렁하고 길이가 짧은 옷이었다. 하지만 몽골의 전통의상 '델'의 영향을 받아 소매는 약간 작아지고 길이가 길어져서 훗날 조선 시대에 두루마기로 발전되었다. 한편 상의를 짧게 입고 바지를 입는 습관은 저고리(赤古里) 의상 변천에도 일정 부분 영향을 끼친 것으로 추정되고 있다.

조선시대 궁중에서 왕과 왕비를 부르는 존칭인 '마마', 궁녀를 뜻하는 '무수리', '수라상(임금님 밥상)' 등의 용어도 모두 고려시대 몽골 궁정에서 유래되었다. 특히 몽골 군대용어가 많이 전파되었는데, '다루가치(지역사령관)'와 '잠치'(안내인)에서 알 수 있듯이 '장사치'와 '벼슬아치'처럼 직업을 뜻하는 '치' 등의 어휘는 모두 몽골에서 유래되어 우리말이 된 사례이다. 전통혼례 때 신부가 머리에 쓰는 족두리는 원래 몽골 여인의 외출용 모자였고, 뺨에 찍는 연지·곤지도 몽골 영향을 받은 풍습이다.

장례문화도 몽골의 영향을 받아 사람이 죽으면 쓰는 관도 이때부터 사용되었다. 몽골 식문화도 자연스럽게 전래되었다. 고려는 불교문화와 해양문화를 기반으로 했던 사회여서 채식과 어류 위주의 식생활을 하고 있었던 반면 목축업을 기반의 유목민족이었던 몽골은 육류와 마유 위주의 음식문화였다.

지금 우리가 먹는 만두는 몽골식 만두튀김(호쇼르)과 몽골식 진빵(보즈)의 영향을 받았다. 고기와 뼈를 우려내 국물을 만드는 '사골' 문화의 일종인 설렁탕과 가축 내장을 이용한 순대 음식도 몽골 식습관에서 유래되었다.

증류식 소주도 당시 몽골에서 유래된 것으로 허준 선생의 '동의보감'에서 "소주는 예부터 내려온 것이 아니다. 원나라 때에 처음 빚는 법이 알려졌다."라고 기록되어 있다. 원나라 군대가 일본을 정벌하려고 장기간 고려에 주둔하면서 그들의 술 제조 방식이 전수된 것이 소주의 기원이 되었다.

몽골 군대가 제주도에서 삼별초를 제거한 뒤 탐라총관부를 설치하고 국가 목마장을 경영하면서 장기간 병참기지로 활용하였는데, 이로 인해 몽골이 제주방언과 문화에 끼친 영향이 적지 않았다. 몽골 영향으로 생겨난 음식 명칭으로는 아이락, 순다리, 돔베괴기, 호쇼르, 불떡(만두), 상애떡 등이 있다. 산을 나타내는 오름과 제주도 물항아리인 허벅, 제주 여인들이 물건을 나를 때 짊어지는 '구덕(요람)'도 몽골어 'guduk'에서 차용한 것으로 추정된다.
한국어 가운데 몽골어에서 전래된 것이 500단어 정도인데, 제주 방언에 무려 240여 개 단어가 있을 정도로 몽골 영향을 많이 받은 지역이다.

이와 반대로 고려판 한류(韓流) 격인 고려양(高麗樣)도 몽골 상류사회를 중심으로 전파되었다. 당시 고려가 원나라의 속국이었지만 수많은 고려 공녀와 환관이 끌려가 자연스럽게 원나라 상류사회에 고려의 문물과 풍속을 전파하게 됐던 것이다. 이동성의 기마문화와는 전혀 다른 정착 위주의 농경문화 영향을 받은 고려의 음식문화 및 의복, 전통 특산품 등도 몽골에 전파되었다.

한·몽 문화교류사에 기록된 자료에 따르면 부마국이 된 고려에게 원은 공녀와 공출 등 막대한 인원과 재화를 요구했다. 이에 고려는 금은 세공품, 모시, 자기, 나전칠기,

인삼, 가죽, 매 등 다양한 특산품을 원에 공납하게 되었고, 일부 인기 품목의 경우 교역을 통해서도 몽골에 흘러 들어갔다.

당시 원으로 끌려간 고려인은 공주, 시녀, 노비, 공녀, 상인들을 포함해 약 20만 명 정도로 추정된다. 이들은 훗날 몽골에 정착해서 고려촌을 형성해 고려풍속을 전했다.

몽골 복식과 달리 한복 특유의 풍성한 치마와 짧은 저고리, 농경문화의 특색이 깃들어 있는 쌀과 찹쌀, 밀가루로 만든 전통약과 등의 고려병(高麗餠)과 시루에 떡을 찌는 기법, 육류와 곁들여 상추에 쌈을 싸서 먹는 식문화 등이 몽골에 퍼져 나갔다. 심지어 상류사회에서조차 문화적으로는 고려가 원나라보다 앞서 고려양의 인기는 매우 높았던 것으로 알려졌다.

그야말로 '문화는 왕래와 교류를 통해 경계가 없다'라는 개념이 역사적으로 증명된 것이다. 이는 수백 년 간 단절된 역사에도 불구하고 800년이 지난 지금도 제주도에서 몽골축제를 통해 동질감을 자아내는 유사성을 발견할 수 있다.

몽골 나담(Naadam)축제는 몽골 혁명일을 기념하기 위해 7월 11일부터 13일까지 수도 울란바토르에서 매년 개최되는 몽골의 대표적인 민속 축제다. 활쏘기, 씨름, 말타기 등 3가지 전통 경기가 주를 이룬다. 활쏘기와 말타기 대회에 나서는 기마 선수들을 보면 우리의 국궁과 제주도 조랑말을 연상케 한다. 아울러 세계를 정복했던 몽골 기마병과 기마민족의 기상을 대변하는 고구려의 조상들을 상기시킨다.

특히 칭기즈칸 군대의 체력 훈련에서 유래된 몽골 전통 씨름 부흐(Bökh)는 조선시대 김홍도의 풍속화에 나오는 전통 씨름과 근원적인 뿌리가 같다는 생각조차 하게 한다.

한국과 몽골은 지정학적인 위치로 인해 지나온 역사도 유사한 길을 걸어왔다. 800년 전 원나라와 고려가 한때 맺었던 특수한 인연이 상호보완적인 개념에서 미래지향적인 관계로 꾸준히 이어지길 기대한다.

34-8. 몽골제국이 남긴 유산:칭기즈칸 정복사업과 현대판 디지털경영

흔히들 "기업경영은 전쟁이다."라고 한다. 기업경영은 시장개척을 통해 시장을 장악하는 것인데 비해 전쟁은 영토를 점령하는 것이다. 추구하는 목표만 다를 뿐 수행 과정과 양상은 아주 유사하다.

먼저 자신의 현재 능력을 정확히 검증하고 경쟁 상대를 비롯한 주변 환경에 대한 정확한 정보수집이 우선해야 한다. 그래야 현재 자신의 정확한 위치를 파악할 수 있고, 그에 상응한 전략과 맞춤형 준비작업이 이뤄질 수 있기 때문이다.

치열한 약육강식 시대에 기업경영이나 전쟁이나 생존을 위한 치열한 싸움이기는 마찬가지다. 승패에 따라 죽느냐 사느냐가 갈라지는 싸움이다. 따라서 강자의 전략과 약자의 전략이 다르다. 강자는 유리한 시간과 공간을 선택하여 공세적인 입장을 취해 일시에 정복 사업(시장개척)을 선택할 것이며, 약자는 수성(방어)을 바탕으로 전력 보강작업(R&D)에 들어가면서 시간을 끌면서 기회를 엿볼 수밖에 없다.

이러한 관점에서 21세기 디지털경영 시대에 경영자와 관리자들은 타고난 전략가이자 정복자였던 칭기즈칸을 주목하고 있다. 특히 칭기즈칸의 전략과 사상은 매번 색다른 전장 환경에 맞춰 창조적인 파괴와 실전 경험을 통해서 부단히 업그레이드하며 구현한 것이라는 점에서 기업 경영에 참고하고 연구할 가치가 충분하다.

그의 전쟁 접근 방식을 21세기 기업경영의 각도에서 보면 시대를 관통하는 철학이 일맥상통한다. 워싱턴포스트가 지난 1,000년간 인류사에 가장 큰 영향을 미친 인물로 칭기즈칸을 선정한 것은 이런 까닭이라고 생각한다.

첫째, 칭기즈칸은 창조와 혁신의 리더였다. "계속 이동하면 살고, 성을 쌓으면 패배한다"라는 말로 변화를 두려워하지 않고 진취적이고 창의적인 사고, 신속성과 이동성을 강조했다. 공룡의 멸종이 보여주듯이 결국 살아남는 종은 힘이 세고 덩치가 큰 동물이 아니었다. 찰스 다윈은 '종의 기원'에서 "가장 강한 종(種)이 살아남는 것이 아니다. 단지 변화에 잘 적응하는 종이 살아남는다."고 갈파했다. 칭기즈칸 군대의 전쟁 승리 역시 전장 환경에 능동적으로 대처할 수 있는 조직개편과 꾸준한 인재 영입, 취약점 보강을 통한 능동적인 변화 관리, 유연한 전략·전술 전개, 장비와 보급품의 부단한 혁신, 상대의 허를 찌르는 병법 구사 등을 통해서 이뤄낸 것이다.

둘째, 칭기즈칸의 기술우선주의와 정보중시전략은 오늘날 기업 경영에 시사하는 바가 크다. 기업경영도 남보다 먼저 시장의 변화를 감지해야 성공한다. 세심한 시장조사와 부단한 정보수집 활동은 본질적인 측면에서는 같은 개념이다. 칭기즈칸 군대는 사전에 교역과 문화 교류를 통해 가상 적의 동태를 지속적으로 탐지했다. 그는 교인들을 비롯한 문명의 전달자들은 물론 중앙아시아와 중국 중원을 오가며 교역을 하는 상인들을 적극 활용했다. 교역의 활성화로 부를 창출할 수 있었을 뿐만 아니라 변경 지역과 실크로드를 대동맥으로 삼아 곳곳을 떠돌아다니는 상인들은 실핏줄 같은 정보 수집망이었다.

상대를 공략하기 위해 필요하다고 판단되는 인재라면 적이라도 파격적으로 발탁해서 병기 제조 기술과 각종 국가 경영의 업그레이드를 위해 적극 활용했다. 특히 역참제도를 활성화해 전시·평시 지휘통신 체계 및 병참보급 시스템을 구축했다. 기업경영에서도 매일 같이 신상품이 쏟아져 나오는 치열한 스피드 경쟁 사회에서 살아남으려면 고객의 니즈와 트렌드에 부합하는 상품을 한 발 앞서 출시하는 게 중요하다. 부단한 기술개발과 창의적인 아이디어로 무장해서 선제적으로 대응해야 살아남을 수 있기 때문이다.

〈손자병법〉의 모공편(謀攻篇)에 '지피지기(知彼知己)면 백전불태(百戰不殆)'라고 했다. 전쟁의 승리를 위해서는 먼저 적을 알고 나를 알면 효율적인 방책을 수립할 수 있다는 점을 강조한 대목이다. 칭기즈칸이 전투마다 승리한 비결은 남다른 정보 마인드를 갖고 사전에 철저히 준비했기 때문이다. 통상 초원의 유목 생활은 본질적으로 방어적인 목축업과 공격적인 수렵 위주였다. 부족 간의 패권갈등으로 항상 도전적이면서도 위협적인 요소가 사방에 존재하고 있었다. 유소년 시절부터 배양된 유목민의 사주경계 의식과 주변 상황에 대한 염탐 습관, 남의 말에 귀를 기울일 줄 아는 탁월한 경청 능력은 자연스럽게 정보수집에 대한 중시로 이어졌다고 볼 수 있다.

셋째, 칭기즈칸은 목표 달성을 위해 단계별 로드맵을 세워 실천했다. 그는 일생의 대부분을 전쟁터에서 보냈다. 세상을 떠나기 7년 전인 1220년에도 대군을 직접 이끌고

700km를 달려 중앙아시아 거점도시 부하라를 기습 침공했다. 그는 부하들과 동고동락하며 대부분의 정복 전쟁을 직접 지휘했다. 명확한 로드맵을 통해 무리한 정복사업을 추진하지 않고 철저한 현실주의자로서 현장중심 경영을 하였다.

그는 미래를 막연한 상상력으로 예측하지 않았다. 유목민의 수렵기술을 정복전쟁 과정에서 현실에 맞게 응용하거나 반복적인 실전을 통해 점차 업그레이드했다. 실전경험을 고집하지 않고 이를 통해 현지 정황에 맞게 리모델링을 계속했다. 그는 부단한 혁신과 기술개발을 통해 새로운 세상을 창조하려 하였다. 과거형이 아닌 미래형 목표를 갖고 줄기차게 실천적인 진행을 한 순간도 멈추지 않았다.

하지만 능력이 되는 만큼 영역도 점진적으로 넓혀갔다. 원정 대상도 가까운 곳부터 충분한 경험을 쌓은 후에 장거리 원정으로, 직접 출정부대를 진두지휘하다가 점차 위임방식으로 전환했고, 출정 병력도 정복지역의 면적이 늘어나는 만큼 증가시켰다. 사람을 쓰는 것도 주변 인재 풀에만 의존하지 않고 당시 상황 발전에 맞게 인재를 발탁해서 날로 확장되는 몽골 제국의 경영에 부응했다.

이러한 칭기즈칸의 인재등용 방식과 새로운 전장에 대응하기 위한 준비과정은 경영측면에서 보면 성공적인 '아웃소싱(outsourcing)' 전략이다. 기업이 리스크를 줄이기 위해 현장 팀 중심으로 책임을 지게 하거나 핵심역량 외의 주변 업무를 외부에 맡기는 경영전략과 상통한다.

칭기즈칸은 대정복 사업을 위해 하나씩 점진적으로 업그레이드해 야금야금 조각내는 치밀한 '피스밀 전략'을 갖고 단계적으로 실천해 나갔다. 독립적으로 작동하는 작은 톱니바퀴를 유기적으로 연결하여 큰 톱니바퀴로 전환시키는 전략이었다. 기업경영도 장기적인 로드맵(큰 그림)을 그리고 그것을 바탕으로 중·단기 로드맵(작은 그림)을 구현해 나갈 때 실패 확률이 적다.

큰 톱니바퀴는 한번 고장이 나면 일시에 모든 것이 멈추게 된다. 그야말로 전략(숲 조성)을 염두에 두고 전술(나무 배치)을 구사하는 단계별 로드맵 완성 및 연결 개념이다. 장기적인 요소를 고려해서 단기적인 부분 전술을 착실히 실행해서 큰 목표를 달성하겠다는 전략이다.

그는 또한 강한 자가 진정한 승자가 아니고 마지막까지 살아남는 자가 진정한 승리자라는 것을 증명했다. 충분히 비상할 능력이 없으면 추락하기 때문에 시의적절한 목표를 설정해서 단계별로 정복해 나갔다.

넷째, 칭기즈칸 군대는 작지만 강하면서도 민첩함을 강조했다. 격의 없는 소통과 정보 공유를 통해 신속성을 보장했다. 십진법에 의한 책임제 조직 체계와 효율적인 정보망을 구축하고 신분·종족·종교를 따지지 않고 임무에 부합되는 맞춤형 전문가를 우대했으며, 공적에 따라 전리품을 분배하는 현대판 인센티브 제도를 도입했다.

이러한 밑바탕에는 외적인 강인함은 물론 자신을 절제하면서 주위를 돌아보는 내적인 성숙함을 동시에 지녔기 때문이다. 평생 게르 거주를 고집했고 검소한 생활이 몸에 배었다. 그는 강력한 수직적인 리더십과 유연한 수평적인 리더십을 겸비했다. 씨줄과 날줄의 긴밀한 조합을 통해 직물을 짜는 작업을 통해 걸작을 만들어 낸 것이다.

마치 최근 스타트업들 사이에서 새로운 패러다임으로 등장한 '애자일(Agile)' 조직문화를 칭기즈칸 군대는 추구하였다. 기존의 관습과 전통적인 조직문화에서 탈피하여 조직원 간의 격의 없는 소통으로 더 빠르고 효과적인 결론을 도출하고 실행에 옮길 수 있도록 유도했다. 조직을 책임제 형태로 분사시켜서 몸집을 가볍게 만들어 최고의 스피드로 역량을 집중해 최고의 성과를 내는 전략이다.

칭기즈칸은 전장을 주도해 나가기 위해 남의 것을 모방하고 쫓아가는 '패스트 팔로우(fast follower)' 자세를 금기시했다. 현장 지휘관이 책임을 지고 창조적인 실천자(first mover)가 되어 자기가 유리한 장소와 시간에 집중타격을 통해 전승을 이루도록 하였다. 이에 기동력과 영활성 보장을 위해 제대별 책임제를 강조했다.

이와 관련해 가장 고객중심적인 초일류기업으로 급성장한 아마존의 사례는 최단시간에 가장 넓은 땅을 정복한 칭기즈칸 정복사업과 유사하다. 아마존의 혁신 성장 비결로 '애자일 운동'이 꼽힌다. 좋은 기업문화와 일하는 방식, 신속한 의사 결정, 전문화되고 효율적인 작은 조직 구성이 결정적인 역할을 했다는 분석이다.

결국 조직의 3S 추구가 성공비결이다. 슬림(slim), 스피드(speed), 전문화(specialization)만이 경쟁력을 보장하며, 뛰는 경쟁자를 압도하는 속도로 잡을 수 있다는 것이다.

칭기즈칸은 국가경영에서도 같은 방식을 적용했다. 몽골 주변의 초원지대와 중동 이슬람권, 동유럽까지 정복한 칭기즈칸은 자신이 건설한 대제국을 네 개의 칸국(khanate)으로 나눠 아들들에게 물려주었다. 문화와 종교의 이질성이 강해 분사시켜 독립적으로 경영케 하는 것이 더욱 효과적이라고 판단했기 때문이다. 기업으로 말하자면 그룹(홀딩스) 영역별로 책임경영 부서장(CEO)을 임명한 것이다. 서로 독립적인 체제를 유지하되 협력과 공존을 통해 상호 시너지(synergy) 효과를 창출하기 위해서였다. 이에 네 아들은 경쟁적으로 국력을 확장해 몽골제국의 영역을 동북아시아부터 유라시아 대륙 전체로 확대시켰다.

다섯째, 공동체 구성원들의 꿈(dream)과 비전(vision)의 공유다. 칭기즈칸은 웅대한 비전을 제시하고 공동체 구성원에게 꿈을 공유하게 해 강력한 동기를 부여했다. 몽골 초원의 내전을 종식하고 외부로 응집된 에너지를 돌렸다. 몽골 부족 상호 간의 치킨 게임을 접고 더 나은 세상을 열자는 꿈을 제시했다. 안다(의형제)와 너케르(동지)를 중심으로 그들이 선두에 앞장서서 모범적인 헌신을 보였다.

법령에 따라 신상필벌 원칙을 평등주의 개념에 의거 엄격하게 적용했다. 심지어 전장터에서 장렬히 전사한 가족들도 물심양면으로 끝까지 챙겨주었다. 이는 '한 가족'이라는 의식을 강화했고 공동체의 일원이라는 자부심은 주인정신을 확산시켰다.

그는 자신의 꿈을 믿고 따르려는 사람들과 전리품을 공유했다. 점차 정복사업이 확대되면서 더 큰 파이를 획득해서 공헌한 만큼 공정하게 나눈다는 분배원칙을 실천했다. 이는 결국 모두가 '전원 주주'라는 공동체적 의식을 불러일으켜 동참의식과 멸사봉공하는 분위기를 조성했다.

칭기즈칸과 그를 추종하는 모든 참모들은 "한 사람이 꿈을 꾸면 몽상(夢想)이 되지만, 만인이 꿈을 꾸면 반드시 현상(現狀)이 된다"는 강한 신념을 지녔다. 꿈의 공유는 '정복사업'과 '제국 성장'의 강력한 디딤돌이 되었다. 비전 공유는 내부 역량의 질적 고도화로 발현되면서 응집력과 추진력을 배가했다.

그야말로 '우리가 있기에 내가 있다'는 우분투(UBUNTU) 정신이 부족공동체 사회에 널리 퍼지게 되었다. 미래를 향한 비전을 구성원 모두가 공유한다면 얼마든지 세상을 바꿀 수 있다는 확신을 가지게 되었다.

그 결과 칭기즈칸은 인류 역사상 무력을 통해 가장 넓은 영토를 정복할 수 있었고, 최초로 동양사와 서양사가 연결되는 '세계사'를 탄생시켰으며, 동서양 교류를 통해 '진정한 문명교류 플랫폼'을 탄생시켰다.

800년 전의 칭기즈칸의 정복전쟁과 21세기 경제전쟁은 과연 무엇이 유사하고 무엇이 다를까. 당시 정복의 목표는 젖줄이 흐르는 영토였고 수단은 병기였다. 21세기 정복 목표는 세계시장이고 수단은 일류 상품이다. 세계를 정복하는 조직은 군대가 아니라 초일류기업이다. 21세기에는 국가의 최전선에 글로벌 기업이 있다. 물론 최후의 보루는 군대가 뒷받침해야 한다.

13세기 초 몽골 초원에 혹독하게 몰아친 기후변화로 인한 기근은 식량문제 해결을 위한 탈출구를 필요로 했고, 주변 침공과 약탈로 이어졌다. 점차 탄력을 받아 그 파괴력은 나비효과로 이어져 세계사가 바뀌는 엄청난 후폭풍을 초래했다.

예나 지금이나 국가를 이끌어가는 두 축은 크게 안보와 경제문제다. 먹는 문제 해결과 민족의 생명과 안전을 책임지는 것이다. '경제가 안보이고 안보가 경제'라는 개념은 여전히 시대를 초월하여 동서고금에 적용되는 불변의 진리이다. 미·중 패권 경쟁 체제와 우크라이나 사태로 인해 '경제안보'의 개념이 더욱 새롭게 중요시되고 있다.

이런 측면에서 칭기즈칸의 정복사업의 배경과 실체에 대한 재조명과 21세기 디지털 경영에 미친 영향과 상관관계에 대한 연구는 매우 흥미로운 영역이다. 시대를 관통하여 기업경영과 강군 건설에 널리 응용되고 통용되고 있다. 원칙(原則)은 영원하고 진리(眞理)는 만고불변하기 때문이다.

34-9. 독일 기갑 전술과 러시아 군사 사상에 영향 미친 몽골제국의 유산

몽골 제국의 칭기즈칸 군대는 가장 짧은 시간에 가장 넓은 영토를 정복했다. 불과 25년 만에 400년간 통치한 로마제국의 영토보다 훨씬 넓은 땅을 정복했다. 칭기즈칸 기마군단은 상상을 초월하는 기동력과 기상천외한 전술로 적을 압도하며 전쟁에서 매번 승리했다. 이것은 오늘날 현대 군사전략의 사상적인 기초를 제공했고, 세계 각국의 무기·전술·군사조직에 적지 않은 영향을 미쳤다.

전쟁 승리의 3대 요건은 무기체계, 정신력, 전술·전략이다. 칭기즈칸 군대는 이런 3대 요소에 가장 최적화되고 극대화되었다. 자신의 전투역량을 부단하게 끌어 올리면서 새로운 전장 환경에 능동적으로 대처하는 전법을 개발해 나간 결과다.

최고 성능을 유지하되 경량화를 지향하는 병기와 보급품, 의식화된 기마군단, 고도로 훈련된 현장 지휘관의 창조적인 아이디어에서 분출되는 즉응적이며 신출귀몰하는 기병 전술은 위대한 정복 전쟁을 승리로 이끌었다. 칭기즈칸 군대는 '기동성과 간편성', '야성과 근성', ' 영활성과 융통성'을 갖췄던 것이다.

군사 전략가들은 1200년대 몽골 군대와 800년이 지난 21세기 세계 최강을 자랑하는 미군과의 전력을 비교하였다. 이들 두 군대는 세 가지 요소가 우위에 있는 공통점을 갖고 있었다. 작전 반경이 전지구적이고, 우수한 무기체계 시스템을 갖췄으며, 기동성이 뛰어나다는 것이다.

〈칭기즈칸의 위대한 장군 수부타이〉를 쓴 리처드 A. 가브리엘 캐나다왕립사관학교 교수는 "수부타이가 알렉산더, 칭기즈칸, 나폴레옹, 한니발보다 뛰어난 세계 최고의 전략가이자 책략가이다."라고 극찬했다. 그는 두 차례나 유럽원정에 나서 신속한 기동력으로 유라시아 전역을 공포로 몰아넣었다. 당시 몽골군의 기병도(刀)는 가볍고 살상력이 큰 만곡이 있는 칼이었다. 그는 생전 보지 못하던 전법으로 폴란드 기병들을 아주 당혹하게 만들었다.

몽골군의 전통적인 전법을 유럽에 직접적으로 보여준 것은 레그니치 전투였다. 위장 퇴각을 통해 적의 추격을 유도하여 적 전열과 지휘계통을 무질서하게 만든 후 기동성 있는 몽골 기병의 전통적인 올가미 전법으로 공포심을 자극해 대단한 위력을 발휘했다.

칭기즈칸 군대가 남긴 유산은 현대 군사작전 이론과 실전에 지속적으로 적용되고 있다. 800년이 지난 현대전에서 속도전, 기습전, 포위 및 우회 공격, 종심 전투, 전력집중을 통한 섬멸전 등 그가 유럽원정에서 실행한 전술들을 많이 참고한 것이라고 가브리엘 교수는 평가했다.

제1차 세계대전이 끝난 1918년 이후 승전국의 군 지휘관들은 대부분 상호 소모적 교착상태를 초래했던 막강한 방어력에 여전히 매력을 느끼고 있었다. 하지만 제1차 세계대전의 패자인 독일은 방어 중심의 소모전을 타개할 새로운 기갑 전술을 창안했다. 칭기즈칸의 전략을 연구해 현대 군사작전에 응용했던 대표적인 나라는 2차 세계대전을 일으켰던 독일이다.

독일은 기병과 포병이 하나로 통합된 형태라고 볼 수 있는 탱크를 개발했고, 몽골 기병군단의 기동성과 강습 돌파력에서 탱크전을 운용할 기본 모델의 단서를 찾았다. 기동성이 뛰어난 기갑부대가 빠른 속도로 적진 깊숙이 강습해 적을 혼란에 빠뜨리도록 하는 전술이다. 2차 대전 초기 독일 기갑사단이 곧잘 운용했던 이 전격전은 몽골 기병전술에서 유래되었다. 롬멜은 1,2차 세계대전에서 칭기즈칸의 전술을 응용한 전격전을 통해 '사막의 여우'라는 별칭을 얻었다.

'기갑부대의 아버지'라고 불리는 하인츠 구데리안은 기동력과 집중력이 '전투의 생명력'이라고 여겼다. 그는 강력한 기갑부대가 일거에 충격을 가하면서 전선을 급속히 돌파해 적의 배후에 있는 전략 거점을 빠르고 완전하게 제압하는 전법을 구상했다. 그의 전술은 2차 대전 중 연합군을 공포에 떨게 하였던 독일 전격전(Blitzkrieg)의 기초가 되었다.

적의 약점을 찾고 예기치 못한 방식으로 적의 지휘본부를 집중 공략하는 기습전 신화의 서막을 올린 것이다. 전차·포병·보병·공군이 함께 속도를 맞춰 입체적으로 작전을 펼치는 통합전략이었다. 이처럼 전투방식의 획기적인 패러다임을 바꿔준 배경은 칭기즈칸의 기동성, 집중성, 돌파성에서 힌트를 얻었다고 볼 수 있다.

2차 대전 때 독일뿐 아니라 러시아 군부도 몽골 기병의 기만전술인 유인 작전을 실제 전장에서 적용했다. 당시 독일군은 러시아의 유인 작전에 휘말렸다. 독일 전차 군단이 대책 없이 러시아 벌판 깊숙이 파고들었다가 맹위를 떨친 동장군으로 기동이 불가했다. 이에 러시아는 발이 묶인 독일군을 각개격파 식으로 공격해 결국 반전을 유도했다. 러시아의 이 유인전술은 과거 칭기즈칸의 맹장 수부타이가 러시아에서 펼쳤던 '칼카강 전투'를 응용하였다는 평가를 받고 있다.

몽골 기마군단의 전쟁 방식이 제도화된 것은 소련군 내에서 투하쳅스키와 프룬제 등 두 사람이 있었기 때문이다. 프룬제는 몽골의 군사 체계를 최초로 분석해 20세기 중반의 러시아 붉은 군대에 새로운 교리 기반을 닦았다는 평가를 받고 있다. 프룬제의 동료였던 투하쳅스키는 몽골 기마군단의 전쟁 방법 연구를 통해 기계화부대 창설 및 전시 응용 이론을 제시하였다. 비록 외부 상황으로 인해 수포로 돌아갔지만 러시아가 칭기즈칸 기병의 전쟁 방식을 현실에 반영하려는 노력은 곳곳에서 찾아볼 수 있다.

1차 대전 이후에 영국의 전술가 란체스터는 기동력과 집중의 원리 측면에서 이론을 제시했다. 몽골 기병 전법이 나폴레옹 군대 사상으로 이어져 1~2차 세계대전 전법에도 영향을 미쳤다고 추정할 수 있는 대목이다. 란체스터의 법칙에 따르면 전력상 차이가 있는 양자가 정면 대결을 벌이면 전력 차이의 제곱만큼 전력의 격차가 더 커지게 된다. 일반적인 상황에서는 전투를 하게 되면 약자는 강자를 이길 수 없다. 하지만 숫적 우세에 있는 강자는 그만큼 방어선이 넓고 길어 기동성이 떨어지고 지휘·통제·관리에 신속성과 즉응성이 떨어질 수밖에 없다.

이 법칙은 제2차 세계대전에서 연합군의 중요한 전략으로 이용되었고, 1960년대 경영학의 주요 원리로 다시 부각되었다. 한정된 전력(자본)을 어디에 집중 투입(투자)해야 경쟁자보다 효율적인 승리(수익)를 거둘 것인가를 결정하는 중요한 전략이론이다.

그래서 약자는 전력집중을 통해 적이 예측하지 못하는 시간과 장소, 창조적인 전술로 제압해야 한다는 것이다. '약자의 생존법'은 강자와의 전력 차(差)가 가장 작은 영역이나 적의 종심에 위치한 지휘부를 비롯한 취약 부위(작전지휘부)에 전투역량을 집중해서 양적 열세를 순간적인 집중 역량으로 극복해야 한다는 것이다. 이러한 군사 사상은 현대 기갑 전술에도 적지 않은 영향을 끼쳤다.

또한 칭기즈칸은 현장 전투에서 큰 틀에서의 명시된 임무만 지시할 뿐 구체적인 작전 행동계획은 현장 지휘관에 위임했다. 이른바 목표 달성에 필요한 수단과 방법은 현장 지휘관이 결정하도록 맡겨두었다. 현지 정황에 맞게 신속하게 대응할 수 있는 역량을 평소에 교육·훈련시켜 현장 지휘관이 능동적으로 전투를 지휘하도록 했다. 당시 몽골군의 최대 강점으로 꼽히는 혁신적인 독창성과 실행의 유연성은 전장 승리의 비결이 되었다.

이와 관련, 독일 제국의 전신인 프로이센 왕국 시절 부터 현장 지휘관들의 '사고의 경직성'에서 비롯된 '피동적인 지휘' '즉각적인 대응능력 부족'이 전쟁 패배에 기인하였다고 지적되었다. 이러한 문제의식을 바탕으로 독일 군대가 새롭게 정립한 원칙은 칭기즈칸의 현장지휘권 보장에 기초한 '임무형 지휘 체계(Mission-oriented Command System)'로 구현되었다.

몽골 군대는 기동력 우위의 장점을 최대한 살리면서 자신의 취약점인 숫적 열세는 차별화되고 창의적인 전술로 극복하고 기습을 통해 종심을 돌파하여 순식간에 적의 사령탑을 마비시키는 데 주안을 두고 있다. 이는 보병·전차·포병으로 이루어진 통합된 기갑전력을 활용한 기습적인 전격전에 영향을 주었다.

군사학 관점에서 역사를 분석하는 저널리스트 말콤 글래드웰은 그의 저서 〈다윗과 골리앗〉에서 다윗이 골리앗에게 승리한 이유는 골리앗이 예상치 못하는 차별화된 전략을 구사했기 때문이라고 지적하고 있다. 이러한 관점에서 몽골 군대는 수는 적지만 가장 빠르고 용감한 조직을 지향했다. 신속한 기동력을 바탕으로 '전투력 중시 전략'보다는 적의 강점은 피하고 적의 취약점을 집중 공격하는 '취약점 타격 전략' 구사에 주안점을 둔 것이다.

자기의 한계를 극복하기 위해 전장마다 자기만의 우수성을 극대화했다. 전장을 넓게 활용하되 시간과 공간의 주도권을 쥐고, 약점은 피하고 강점은 최대한 살리는 등 전쟁 경영을 효율적으로 수행하였다.

현대전에서는 병력 규모 자체가 중요하지는 않다. 체계화, 경량화, 기동화, 살상능력화, 입체화, 첨단화, 은밀한 침투화가 얼마나 됐는지가 관건이다. 이러한 관점에서 칭기즈칸의 군대 전술과 전략사상은 현대전 개념과 원칙에도 여전히 적용되고 있다. 시대를 초월하는 전쟁 원리를 칭기즈칸은 그 당시에 실천했다. 그가 21세기에도 진정한 전쟁의 신이자 위대한 전략가로 평가받는 이유이다.